IT审计

用SQL+Python提升工作效率

涂佳兵 / 著

电子工业出版社
Publishing House of Electronics Industry
北京·BEIJING

内 容 简 介

无论是审计师还是会计师，在工作中都会遇到如何获取数据、分析数据的问题，甚至有时想制作一些自动化的工具或利用编程技巧来辅助完成重复性的工作。本书正是从审计师、会计师的实际工作场景出发，讲解 IT 审计的学习技巧、SQL 基础与实战技巧、Python 基础与 Python 实战技巧，以及数据可视化技巧等。

未经许可，不得以任何方式复制或抄袭本书之部分或全部内容。
版权所有，侵权必究。

图书在版编目（CIP）数据

IT审计：用SQL+Python提升工作效率 / 涂佳兵著. —北京：电子工业出版社，2022.6（2025.9重印）
ISBN 978-7-121-43346-7

Ⅰ.①I… Ⅱ.①涂… Ⅲ.①信息系统—审计 Ⅳ.①F239.6

中国版本图书馆CIP数据核字（2022）第069759号

责任编辑：官　杨
印　　刷：北京天宇星印刷厂
装　　订：北京天宇星印刷厂
出版发行：电子工业出版社
　　　　　北京市海淀区万寿路173信箱　　邮编：100036
开　　本：787×980　1/16　　印张：20.25　　字数：387千字
版　　次：2022年6月第1版
印　　次：2025年9月第7次印刷
定　　价：79.90元

凡所购买电子工业出版社图书有缺损问题，请向购买书店调换。若书店售缺，请与本社发行部联系，联系及邮购电话：（010）88254888，88258888。
质量投诉请发邮件至zlts@phei.com.cn，盗版侵权举报请发邮件至dbqq@phei.com.cn。
本书咨询联系方式：010-51260888-819，faq@phei.com.cn。

前言

无论是审计师还是会计师,在工作中都会遇到如何获取数据、分析数据的问题,甚至有时想制作一些自动化的工具来辅助完成重复性的工作。而想要完成这样的工作,就需要借助工具。也许你平时能够熟练使用 Excel、IDEA、财务软件、审计软件等数据处理工具,但这些工具有时不能满足你的所有需求。这个时候,就需要利用编程让计算机帮助我们。

当你听到编程这个词的时候可能已经心生惧意,想起了当年学数学时痛苦的时光,心想:"我一个文科生,能学会编程吗?"其实,编程语言和任何一门语言一样,都是用来沟通的,区别是:我们学英语是为了和说英语的人交流,而学编程是为了和计算机交流。

当你有了这样一个概念后,在学习的过程中就能体会到编程的快乐了,因为你是在和计算机交流,让计算机完成你交给它的任务。就像下面这一段代码一样,这里定义了一个 work(anything) 函数,你可以让它做满足某些条件的事情。当你通过 work(your_mind) 调用它的时候,它就会实现你的想法。这个函数其实已经包含了编程的一些基本要素:循环、条件判断、输入、输出。看上去也没有那么困难,对吧?

```
# 让程序为你工作
def work(anything):
    while not completed:
        if condition:
            do(anything)
    return your_result


work(your_mind)
```

编程,不仅不枯燥,相反,它是一件非常有意思的事情。它让一个平凡人从此拥有了"上帝视角"。你拥有了"创世纪"的能力,你可以创造完全由你的想法、意念创造的世界,你就是这个世界的主宰。

也许这些话让你对编程产生了一些兴趣，我希望你在整个学习的过程中保持这份兴趣，并且克服自己的恐惧。因为无论学习什么，兴趣是你最大的导师，恐惧是你最大的敌人。

我和大家一样不是程序员，我从军校毕业后在边防部队当了 4 年排长，复员后自学考了 CPA，在会计师事务所当审计员，由于在工作中需要处理大量数据和做很多重复、枯燥的工作，因此自学了 Excel VBA、SQL 和 Python。虽然我不是编程专家或者编程高手，但我熟悉如何学习一门新的知识。我擅长思考如何将编程与具体业务结合起来，解决实际工作的问题。

因此，如果你想利用编程辅助完成工作，提高工作的效率，那么跟着我一起学习 SQL 和 Python 的基础知识，以及数据分析实战吧。

注意，关注微信公众号"nigo81"，回复"图书资料"，获取本书配套资源。

自序

"顺着我手指的方向,在前方 30 米处占领进攻出发阵地!"

"全班注意,卧倒!"

"爆破手,对前方 50 米处的铁丝网实施爆破!"

我的思绪回到军校毕业后刚到某边防部队和战士们一起训练的情景。从那时起,我在大学所学的专业知识就荒废了,每天就是训练、边防勤务、农副业劳动。日子一天天过去。有一天吃完晚饭,照常在菜地里进行农副业劳动,我抬头望着明亮的月亮,周围是荒无人烟的森林。突然一个想法击中了我,"我想改变,这不是我想要的生活,我想靠专业知识创造价值。"就这样,我打了复员报告,然后复员离开了部队。

当时,我的妻子是学会计的,由于她考初级会计考了两次都没有通过。我问她:"你们会计里最难考的证书是什么?"她告诉我 CPA(中国注册会计师)是这个领域中含金量最高的证书。我想了想,加上自己那时对股票估值很有兴趣,就对她说:"那我就学习 CPA,考过了再来教你。"

CPA 包含了会计、审计、税法、经济法、财务成本管理、公司战略与风险共 6 门课程。我大学学的是工科,对这些课程完全没有概念。我从网上买了教材和辅导书,就一个概念一个概念地从头学起,这个过程并没有想象的那么轻松。

在看《会计》这本书的时候,里面有一个最基本的概念,就是"借""贷"两个记账符号,当时我难以理解。沿用以前自学的经验,我在搜索引擎里搜索这个概念和用法。

自学方法 1:搜索引擎

任何一门学科,都有大量学习者走过无数弯路,其中不少人将自己的解决方法分享了出来。因此,作为一名自学者,第 1 步就是学会使用搜索引擎,学会在网络上检索问题的答案。

也许你会说："我平时就用搜索引擎搜索,这有什么好说的?"但实际上在我和很多人交流的时候,我发现很多人并"不会用"搜索引擎。其实这个"会用"与"不会用"并不是指什么高深的技巧,而是一种习惯和观念。具体讲可以分为下面 3 点:

1. 用什么搜索引擎。

2. 在哪里搜。

3. 搜什么。

例如,关于"借""贷"的解释在搜索引擎中搜索到的结果是:

在借贷记账法中"借""贷"记账符号是会计核算中采用的表示核算对象增减变化的记账标记,资产、费用的借方表示增加,贷方表示减少。负债、权益、收入的贷方表示增加,借方表示减少。

当然这个结果对我是没有任何帮助的。初学者的疑问是:

1. 对负债和权益没有概念。

2. 对资产、负债、权益不知道放在借方还是贷方。

当你在知乎或者专业论坛里搜索答案的时候,可以搜索到更有用的信息。比如,有人根据"资产 = 负债 + 所有者权益"这个公式,仅用等式左边资产的变化来理解整个借、贷的含意。因为资产对于个人来说是容易理解的,某作者用"'借'是借入,是财产增加;'贷'是贷入,是财产减少"这句话来解释所有会计分录。对于初学者来说,自己"创造"一个"理论",让自己对一门新知识有一个直观的认识,能快速增加自己的学习进度。即使在最开始你"创造"的这个"理论"是错误的,后面你再进行修正,也会比普通学习者理解得更加深刻。

自学方法 2:联想

当你学习难以理解的新知识时,尽量将其与生活常识或自己熟悉的知识建立联系,随着学习的深入,再不断修正之前的理解。

当时我对某些问题不太理解时,我并没有一直纠结这个问题,而是先学其他知识。因为学科知识之间是有联系的,当你学一个知识的时候可能会把另外一个之前你难以理解的知识搞懂。

自学方法 3：总结

当学习完知识后，剩下的工作就是总结、做题，这个过程就是"输出"。总结前面思考和理解的知识，将其整理成体系化的知识架构，这个过程能再次深化、检验你的理解，同时在你快遗忘的时候能够加深记忆。

最终我通过了 CPA 考试，进入了会计师事务所，从一名非会计专业的工科生成为了一名审计员。

这本书是讲编程的，为什么要讲我当时备考 CPA 考试的事呢？因为学习的过程是相通的，都是学习一门新的知识，都是从输入、思考、总结，到输出的学习闭环。整个学习的过程具有相似性。无论从事什么工作，都需要不停地学习，因为社会在变化，知识在更替，唯有不断学习，才能不被时代淘汰。

当我做了半年的审计工作后，发现很多工作都是重复的，可以使用计算机完成。审计师平时的主要工具就是 Excel，因此我用和备考 CPA 考试一样的方法自学了 Excel VBA 程序开发，做了很多自动化工具，帮助我完成枯燥、重复的工作。工作两年后，单位新成立了 IT 审计部门，我加入了 IT 审计团队。

随着项目做得越来越多，我发现仅仅用 Excel VBA 已经不能很好地完成工作了，拿到的客户数据量通常很大，或者收入、成本核算逻辑十分复杂，用传统的审计工具、手段已经不能完成数据分析了。因此，我只能适应工作需要，学习了 SQL 和 Python。有了前面学习 Excel VBA 的基础，再学习 SQL 和 Python 是十分轻松的。通常，客户的大量数据用 SQL 能够简捷、快速地分析处理，而一些逻辑复杂的运算通过 Python 能够解决。如果你是一名财务工作者，日常需要完成处理报表、生成分析报告、做竞业分析等相对固定的工作，那么完全可以编写一个 Python 程序自动帮你完成。

最后，我想感谢电子工业出版社的编辑为本书出版付出的辛勤劳动，给我提供了大量的支持和帮助。同时我想感谢带我入门的 3 位高级经理，Shelly、Ricky、Ginger，因为你们我才有机会从事这份有趣的工作。

作者

目 录

第1章 学习之路

1.1 零基础学习编程的注意事项 2

1.2 面向搜索编程 4

1.3 Git 7

1.4 搭建自己的知识库 23

1.5 数据分析在 IT 审计中的应用 25

第2章 SQL 基础

2.1 MySQL 安装 28

2.2 Navicat 配置 32

2.3 导入数据 35

2.4 导出数据 45

2.5 SQL 查询 47

2.6 SQL 练习 59

2.7 数据透视和数据去重 70

2.8 快速查询之索引 72

2.9 随机抽样 74

2.10	分层抽样	78
2.11	关于时间	79
2.12	关于文本	89

第 3 章　SQL 实战

3.1	固定资产折旧计算	94
3.2	编号连续性分析	102
3.3	接口测试	104
3.4	收入真实性分析	107

第 4 章　Python 基础

4.1	Anaconda 安装和使用	120
4.2	VS Code 安装	125
4.3	什么是代码	126
4.4	读写文件	128
4.5	数据结构	134
4.6	条件判断	142
4.7	循环	144
4.8	函数	147
4.9	调试及常见错误类型	154
4.10	模块与包	161

4.11 处理二维表数据 165

4.12 访问 MySQL 数据库 185

4.13 关于时间 190

4.14 执行终端命令 197

4.15 多线程和多进程 198

4.16 面向对象编程 203

第 5 章 Python 实战

5.1 计算稳定性 214

5.2 银行流水核对 218

5.3 公司名称模糊匹配 238

5.4 BOM 穿透 242

5.5 邮件回函真实性验证 246

第 6 章 数据可视化

6.1 Plotly 使用方法 252

6.2 散点图 262

6.3 折线图 270

6.4 柱状图 276

6.5 饼图 287

6.6 旭日图 290

6.7 桑基图 295

6.8 直方图 301

6.9 瀑布图 306

6.10 蜡烛图 308

第1章

学习之路

有时厌恶当下的工作，有时羡慕别人的生活，而有时内心埋藏已久的想法突然窜入脑海中，然后告诉自己需要改变，追寻自己的梦想。

相信很多人会有相同的感受，当初考上大学时有几个人是根据自己兴趣爱好选的专业？可能当时父母帮你填的专业，或者当时做选择的你还是懵懂无知的。然后，你从事着一份不喜欢的工作。

"种一棵树最好的时间是十年前，其次是现在。"当你下定决心改变的那一刻，你将朝着你的梦想出发，而学习会为你插上一双翅膀，带你飞向远方。

无论是学历还是以前的工作经验都已成为过往，它们并不能在如此快速发展的社会中给你长久的依靠。而你唯一能够依靠的是获取学历、增长经验过程中锻炼的学习力。

1.1 零基础学习编程的注意事项

对于零基础学习编程的人在开始学习编程时总有很多困惑：

1. 不知道从哪里开始学。

2. 遇到程序 Bug 不知道怎么解决。

3. 学习了具体知识点后，不知道怎么运用。

一门编程语言是有很多应用方向的，比如 Python 可以应用到网页开发、数据分析、机器学习、网络爬虫等领域。由于侧重方向的不同，需要学习的知识也会有非常大的差别，不可能完全掌握一门语言的所有知识，这也是最开始大家看书或教程后的困惑：不知道从哪里开始学，学了不知道怎么应用。

笔者在大学的时候也上过一系列的计算机课程，如 C 语言、数据结构与算法、汇编等。当时跟着老师或是教材学习，也只是完成老师布置的任务，由于没有内在动力再多做练习，所以基本上还是不会，难以写出一个完整的项目代码。

当在会计师事务所的时候，为了解决自己重复劳动的问题，笔者自学 Excel VBA、SQL、Python 时感觉到了强大的动力和现实需求。而就是这一两年的时间里，笔者掌握的知识远远比笔者在大学时期学到的知识多得多。而且整个学习过程并没有很大的困难，因为网上的公开资料和别人分享的解决问题的方法非常丰富，在掌握基本语法后，就可以直接上手做自己想要的工具，做出来小工具后，强烈的成就感继续推动自己学习，形成良性循环。而当学习到一定程度后，针对平时常用的库，再去系统地看官方文档，让知识更加体系化。

所以，笔者结合自己的自学经验认为零基础学习编程的人需要牢记以下几点：明确学习编程的目的、不要有畏惧心理、动手练习、总结整理。

明确学习编程的目的

这一点非常重要，这也是为什么有些人在大学的时候有老师教，有专门的时间，却没有学会，反而在工作后没有很多的学习时间却能够快速学会的原因。你要清楚学习编程是要解决哪些实际问题，比如要想获取某个网站的数据，那么就主要学习与 Python 爬虫相关的 requests、BeautifulSoup、lxml、scrapy 等库；要想分析处理数据，那么就学习 pandas、numpy、re 等库；要想处理 Excel、Word 文件等，那么就学习 pandas、docx、xlwings 等库。当有了明确的目标后，才能确定学习的范围。

不要有畏惧心理

很多人还没开始学就说："不知道看什么教材"。不知道就随便选择一个教程开始看，远比你原地不动要好。不要害怕选择错误，不合适就换一本教程，有些弯路自己还是非走不可的。很多人在安装编程环境时，看到有人说用 Jupyter Notebook，有人说用 Pycharm，有人说用 VS Code，就又迷惘了。其实无法决定的话就都安装一遍，看看哪个更适合自己。又比如有人在跟着教程写好代码后出现运行报错就不知所措了，但其实只要在网络上搜一下报错的关键词就会有很多答案。总之，从你开始学习的时候就会遇到各种各样的问题，但不要有畏惧心理和畏难情绪，不要怕犯错，不要怕失败，大胆尝试。

动手练习

学习的时候跟着教程的代码一起练习，最好把代码手动"敲"一遍，尽量不要复制、粘贴。一来检验自己是否理解正确；二来熟悉"敲"代码的感觉，掌握基本的语法规则。

总结整理

在学习的过程中或者解决某个问题的过程中，及时把自己的解决方法和思考过程记录下来，因为同样的问题你可能还会再次遇到，如果没有记录，当下次再遇到类似问题的时候，你可能已经遗忘了。因此借助一些云笔记软件，例如印象笔记、为知笔记、有道云笔记等，将你的学习思考过程记录下来，最好选择有导航、有链接的软件，这样能够将零散的知识体系化并方便检索。

有了以上的心理准备后，下面介绍一下在正式开始学习编程前需要掌握的技能。

1.2 面向搜索编程

作为一名自学者需要学会用搜索引擎，这对于学习编程的初学者而言尤其重要。你不可能指望像在学校时一样有老师给你解答疑惑，也不可能指望一本书能教会你所有的知识。你需要依靠自己和强大的搜索引擎在丰富的网络资源中探索学习。

在哪里搜索

关于搜索引擎笔者推荐使用 Google 或 Bing。在搜索引擎搜索的结果中，有一些比较好的论坛社区的文章也会包含进来，如 CSDN、开源中国、博客园等，所以不喜欢逛论坛的人直接在搜索引擎里搜索也没有问题。如果看到一些比较好的文章，那么可以先关注作者，再详细看该作者的其他文章。

当中文搜索不到结果的时候，可以尝试用英文描述问题后再搜索，或者用英文在 Stack Overflow 里搜索，通常能够找到解决方法。英文不好怎么办？不会的单词用翻译软件查，输入几个关键词就行。

微信公众号里也有大量的好文章，有时用微信的搜一搜功能会有意外的惊喜。当然，对于编程学习者来说还有一个宝库就是——GitHub，这是全球最大的程序代码交流社区，你可以在这里与众多开发者交流学习。

常用搜索技巧

site：在指定网址中搜索

当你只想要某个网站的搜索结果的时候，就在结尾或开头加上 site 关键词和对应网址。

例如：python site:csdn.net

搜索结果就只会出现 CSDN 社区中关于 Python 的文章，如图 1-2-1 所示。

图 1-2-1

inurl：在模糊网址中搜索

在上面的示例中用"site："筛选出指定网址的内容，此处需要填写完整的网址，但是如果记不住完整的网址怎么办？比如 CSDN 社区不清楚它究竟是 .com 后缀还是 .net 后缀，只用"csdn"来指定会出现什么结果呢？由图 1-2-2 可以看出，这样搜索不出来任何结果。

图 1-2-2

而如果采用"inurl："来指定网址就可以达到我们想要的效果，它不需要输入完整的网址，效果如图 1-2-3 所示。

注意，Bing 不支持该语法，但 Baidu 和 Google 支持。

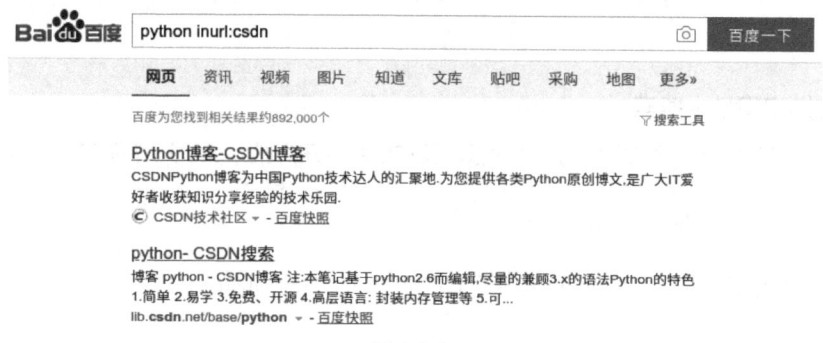

图 1-2-3

filetype：指定搜索文件类型

有时想找 PDF、Word、epub 等指定类型的文件的时候，就可以用这个关键词来进行限定，例如想搜索包含 SQL 内容的 PDF 文件，如图 1-2-4 所示。

图 1-2-4

对关键词添加双引号

如果需要在搜索结果中必须包含某一个关键词，那么可以对该关键词添加双引号。如输入 python "sql" 数据分析，那么在所有搜索结果中一定会包含 "sql" 这个词，如图 1-2-5 所示。

这样的搜索技巧有很多，有些时候需要更换、拆分搜索的关键词以检索出你想要的结果。最后给大家布置一个小作业，通过这个小作业，大家可以练习更多的搜索引擎使用技巧。

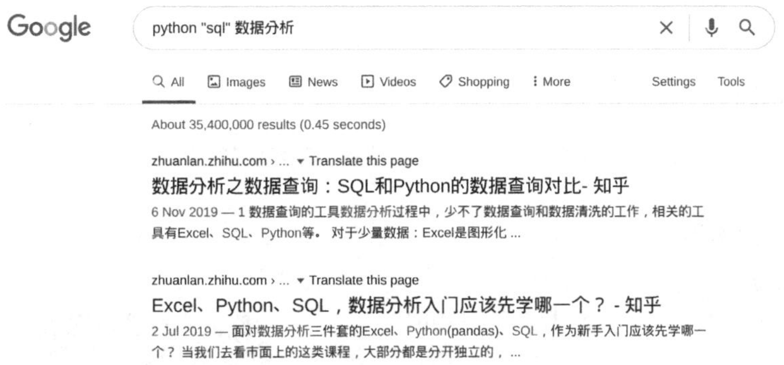

图 1-2-5

作业：

1. 在搜索引擎中搜索：Google 搜索技巧。

2. 在搜索引擎中搜索：Google search tips。

1.3　Git

你是如何管理文档的？很多人对于文件的管理是非常混乱的，尤其是当多个人协作的时候，经常发现别人发给自己的文档居然是在之前的版本上修改的，这让人十分头疼。管理稍微好一点的人，可能会给不同版本的文件名上加上类似 V1、V2 这样的版本信息以做区分，但时间一长就会发现自己的文件夹里存了大量不同后缀的文件。

如果有一个工具能够记录一个文档的不同版本，那么就不用担心把文件弄混了，并且可以方便地回退到各个历史版本中去。更重要的是和他人协作的时候，能够保证其是在最新的版本基础上修改的。那么有具有这样功能的工具吗？答案是有的，如 Git。

在学习过程中如果你有任何操作上的问题，可以查看 Pro Git（中文版），文档里有对 Git 的详细介绍。学会看文档也是我们在学习编程过程中必不可少的技能。

安装

Windows 用户

在 Git 官方网站找到下载页面，选择对应操作系统的版本进行下载，如图 1-3-1 所示。

图 1-3-1

在安装过程中单击"Next"按钮，即可采用默认配置。安装完成后在 Windows"开始"菜单里会增加一个"Git"文件夹，如图 1-3-2 所示。选择"Git Bash"选项，打开命令终端，之后对版本控制的操作就需要在这个终端中进行，如图 1-3-3 所示。

图 1-3-2

图 1-3-3

Ubuntu 用户

对于 Ubuntu 系统的用户，可以不用上述安装过程，直接在命令终端里运行命令即可：

```
sudo apt-get install git
```

Mac 用户

Mac 和 Ubuntu 都是类 Unix 系统，都可以在命令终端里用命令安装：

```
brew install git
```

建立 Git 仓库

安装好 Git 后，如果想对本地计算机中的一个文件夹进行版本控制，那么需要怎么做呢？

很简单，从命令终端（Windows 中为 Git Bash）打开需要进行版本控制的文件夹，执行：

```
git init
```

平时用 Windows 的人可能不清楚如何从命令终端打开某个文件夹，例如，在计算机 D 盘下有一个名为 IT 的文件夹，那么要打开这个文件夹可执行：

```
cd d:/IT
```

这里的 cd 命令就是切换目录。如果文件夹路径比较长，记不住怎么办？可以通过使用 cd 命令，再使用 ls 命令查看当前文件目录下有哪些文件，再使用 cd 命令切换到需要的目录，如图 1-3-4 所示。

```
MINGW64:/c/Windows

User@WinDev2012Eval MINGW64 ~/Downloads
$ cd c:

User@WinDev2012Eval MINGW64 /c
$ ls
'$Recycle.Bin'/   'Documents and Settings'@   'Program Files'/        Scripts/                    Windows/
'$WinREAgent'/     DumpStack.log.tmp          'Program Files (x86)'/   swapfile.sys                □□□□□□.txt
 bootmgr           pagefile.sys                ProgramData/            'System Volume Information'/
 BOOTNXT           PerfLogs/                   Recovery/               Users/

User@WinDev2012Eval MINGW64 /c
$ cd Windows/

User@WinDev2012Eval MINGW64 /c/Windows
$
```

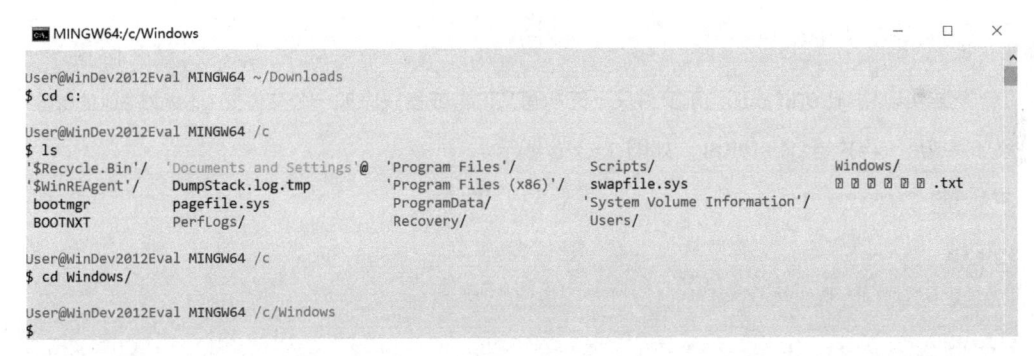

图 1-3-4

注意，输入路径时可以使用 Tab 键补全。

当执行 git init 进行初始化后，就会在当前文件夹下出现一个扩展名为".git"的隐藏文件夹，用来存储版本控制的数据和资源。当然，我们现在还不会对当前文件夹下的文件进行跟踪和版本控制，只能先进行结构化框架的初始化。下面执行：

```
git status
```

这个命令是使用最频繁的命令之一，作用是检查文件状态，简单理解就是通过该命令可以查看系统是否有记录文件修改，以及修改是否有提交。只有系统进行了记录，将来如果我们想回退到某个之前的版本时才有可能进行操作。

为了演示方便，这里新建了一个 audit.txt 文件，该文件中只有一行字符串"this is an initialtext"。执行 git status 后，显示 audit.txt 未被跟踪，如图 1-3-5 所示。

```
User@WinDev2012Eval MINGW64 ~/audit
$ git init
Initialized empty Git repository in C:/Users/User/audit/.git/

User@WinDev2012Eval MINGW64 ~/audit (master)
$ git status
On branch master

No commits yet

Untracked files:
  (use "git add <file>..." to include in what will be committed)
        audit.txt

nothing added to commit but untracked files present (use "git add" to track)

User@WinDev2012Eval MINGW64 ~/audit (master)
$
```

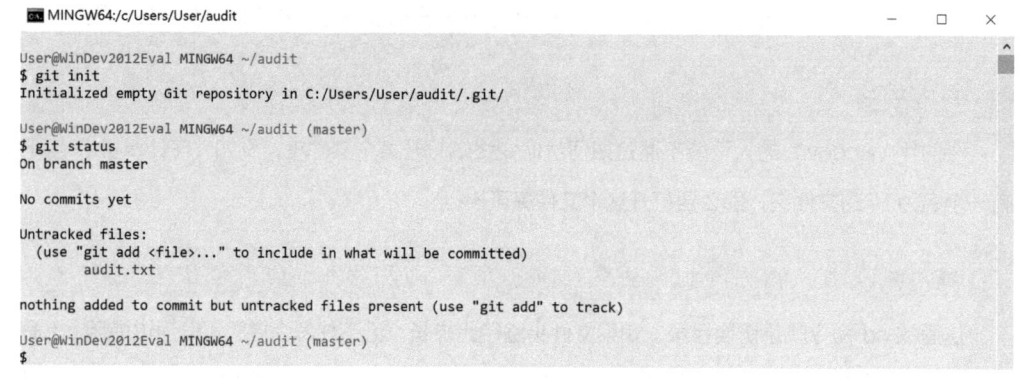

图 1-3-5

如果要将该文件纳入版本控制，那么需要使用 git add 命令跟踪这些文件，执行：

```
git add 文件名
```

这里可以用 git add 添加当前文件夹下的所有文件，或者只添加一个文件如 git add audit.txt。添加完成后，再执行 git status，如图 1-3-6 所示。

```
User@WinDev2012Eval MINGW64 ~/audit (master)
$ git add .
warning: LF will be replaced by CRLF in audit.txt.
The file will have its original line endings in your working directory

User@WinDev2012Eval MINGW64 ~/audit (master)
$ git status
On branch master

No commits yet

Changes to be committed:
  (use "git rm --cached <file>..." to unstage)
        new file:   audit.txt

User@WinDev2012Eval MINGW64 ~/audit (master)
$
```

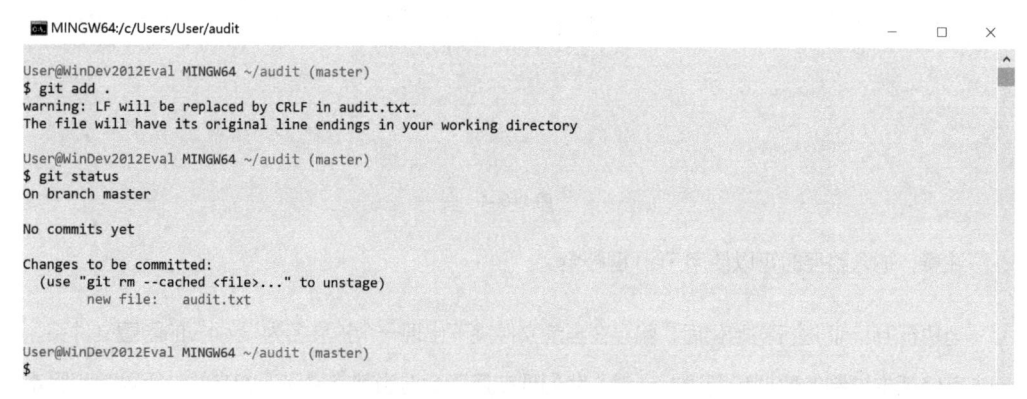

图 1-3-6

系统提示"changes to be committed",意思是对修改进行了提交,并且对需要提交的文件进行了列示。可能第一次接触 Git 的人会有疑惑,刚刚不是已经用 git add 对文件进行添加并跟踪了吗?怎么还需要提交?

这就需要说明一下 Git 有一个暂存区(staged)的概念,使用 git add 只是将文件的修改记录到了暂存区里。在文档的编写过程中,可能会有多次修改,通过 git add 可以跟踪到每一次修改并添加到暂存区,而最后需要再做一次提交。执行:

```
git commit -m' 提交描述 '
```

这里的"提交描述"是对本次提交版本的说明,以便之后进行识别。在执行 git commit 后,并没有提交成功,系统反馈是"please tell me who you are.",如图 1-3-7 所示。

```
User@WinDev2012Eval MINGW64 ~/audit (master)
$ git commit -m 'init my documnt'
Author identity unknown

*** Please tell me who you are.

Run

  git config --global user.email "you@example.com"
  git config --global user.name "Your Name"

to set your account's default identity.
Omit --global to set the identity only in this repository.

fatal: unable to auto-detect email address (got 'User@WinDev2012Eval.(none)')

User@WinDev2012Eval MINGW64 ~/audit (master)
$
```

图 1-3-7

执行下面两条语句:

```
git config--global user.email "you@example.com"
git config--global user.name "Your Name"
```

设置邮箱和用户名,以此作为身份标识。如图 1-3-8 所示,在设置后,再执行 git commit 就能正常完成提交了。用 git status 查看状态,可以发现设置成功。

```
MINGW64:/c/Users/User/audit
$ git config --global user.email "tujiabing81@163.com"

User@WinDev2012Eval MINGW64 ~/audit (master)
$ git config --global user.name "nigo81"

User@WinDev2012Eval MINGW64 ~/audit (master)
$ git commit -m 'init my document'
[master (root-commit) 74fe3be] init my document
 1 file changed, 1 insertion(+)
 create mode 100644 audit.txt

User@WinDev2012Eval MINGW64 ~/audit (master)
$ git status
On branch master
nothing to commit, working tree clean

User@WinDev2012Eval MINGW64 ~/audit (master)
$
```

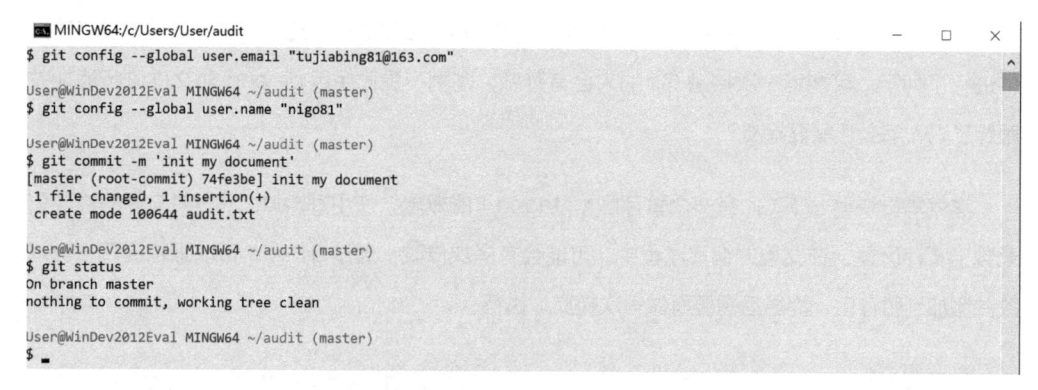

图 1-3-8

有时候一些文件并不想用 Git 记录，比如一些临时生成的 ".pdf" ".exe" 等文件，并且不想每次 git status 的时候系统弹出提示信息，那么此时可以在文件夹中新建一个 ".gitignore" 文件。这个文件的作用就是记录不想跟踪的文件。可以用文本编辑器打开：

```
*.pdf
*.exe
```

写上不想跟踪的文件后进行保存。

以上是对本地已有的工作目录创建仓库，还有一个创建的方式是对已有仓库克隆，命令如下：

```
git clone 网址
```

由于本书的附件资源在 gitee 上建立了远程仓库，因此也可以使用克隆的方式将远程仓库复制到本地。在 gitee 网站上任何一个项目都可以找到克隆的网址，如图 1-3-9 所示。

图 1-3-9

```
git clone git@gitee.com:nigo81/it-audit-resources.git
```

使用 git clone 命令完成克隆后,就可以在本地学习、修改、运行代码了。

记录文件修改

显示更改信息

对于每一次文件的修改更新都可以用 git add 添加到暂存区,再用 git commit 完成提交。这两个命令是最简单和常用的,下面介绍在文件修改过程中可能会用到的命令。

```
git diff
```

git diff 用来查看修改后与已存入暂存区的版本的差异。在创建的仓库中 audit.txt 添加一行文字"第二行文档",再执行 git diff 命令,如图 1-3-10 所示。

```
MINGW64:/c/Users/User/audit                                          —  □  ×
User@WinDev2012Eval MINGW64 ~/audit (master)
$ echo "第二行文档" >audit.txt

User@WinDev2012Eval MINGW64 ~/audit (master)
$ git status
On branch master
Changes not staged for commit:
  (use "git add <file>..." to update what will be committed)
  (use "git restore <file>..." to discard changes in working directory)
        modified:   audit.txt

no changes added to commit (use "git add" and/or "git commit -a")

User@WinDev2012Eval MINGW64 ~/audit (master)
$ git diff
warning: LF will be replaced by CRLF in audit.txt.
The file will have its original line endings in your working directory
diff --git a/audit.txt b/audit.txt
index a21b939..b48b02c 100644
--- a/audit.txt
+++ b/audit.txt
@@ -1 +1 @@
-this is my book
+第二行文档
User@WinDev2012Eval MINGW64 ~/audit (master)
```

图 1-3-10

如果使用的时候有中文乱码,那么通过执行以下命令,修改 core.quotepath 参数即可:

```
git config--global core.quotepath false
```

删除文件

对于已经提交的文档,如果直接删除,那么在使用 git status 的时候还是会显示出该文件。因此需要使用 git rm 删除该文件。

```
git rm 文件名
```

移动文件

当我们想将某个文件移动到仓库中的路径的时候，需要使用 git mv 命令，当然修改文件名也是用这条命令。

```
git mv 旧文件名 新文件名
```

对于文件的新增、修改、删除的操作我们都已经掌握了，那么在写文档的时候，如果想保留以前的修改，该怎么回退到以前的版本呢？由于 Git 的文件分为未记录到暂存区、已记录到暂存区、已提交 3 种状态，因此我们需要掌握这 3 种状态下的版本回退。

未记录到暂存区

我们已经在"audit.txt"里添加了一行记录并用 git diff 查看了修改的差异，但还没有用 git add 记录到暂存区。如果想放弃修改，那么要先用 git status 查看文档状态。

```
$ git status
On branch master
Changes not staged for commit:
  (use "git add <file>..."to update what will be committed)
  (use "git restore <file>..."to discard changes in working directory)
        modified:   audit.txt
```

这里可以看到系统提示使用 git restore 放弃修改。通过执行：

```
git restore audit.txt
```

回退到修改前的版本。注意，有些 Git 版本是使用 git checkout 文件名来放弃修改的，具体看系统提示。

已记录到暂存区

在 audit.txt 文档中添加一行记录并使用 git add 将其添加到暂存区，执行 git status：

```
$ git status
On branch master
Changes to be committed:
```

```
(use "git restore--staged <file>..."to unstage)
        modified:   audit.txt
```

可以看到系统提示使用 git restore --staged <file> 以放弃将记录添加到暂存区。由此也可以看出，并不需要一开始记住那么多命令，跟着系统提示操作即可。

已提交

当提交次数过多的时候，则可以使用 git log 查看历史提交的版本：

```
git log
```

可以看到现在仓库里有两个版本，包含了 SHA-1 值、作者、日期、commit 描述信息。

```
$ git log
commit d6a60f80169d019675953c08d0f9a857b8846e8b (HEAD -> master)
Author:auditor <452548582@qq.com>
Date:   Thu Feb 6 19:05:55 2020 +0800

    添加第二行
commit 6e8e0545ebd86fca1faa8d78f48a331f90d64886
Author:auditor <452548582@qq.com>
Date:   Thu Feb 6 00:08:11 2020 +0800

    init my document
```

当 commit 多次后，如果直接使用 git log，那么展示的历史信息就会很冗长，为了限制查看的版本数，可以使用命令：

```
git log -2
```

显示最近两个版本，当然数字可以修改。如果在显示版本时，还想看每个版本具体做了哪些修改，那么可以使用命令：

```
git log -p -2
```

-p 参数能够显示每个版本的具体修改内容。

除此之外，git log 还有很多参数可以选择，感兴趣的人可以使用 git log --help 查看。

这里推荐使用：

```
git log--all--graph--decorate--oneline
```

- all 表示同时显示所有分支的记录。

- graph 表示以图形化展示版本记录。可以方便地看出分支的合并情况。

- decorate 表示美化显示。

- oneline 表示每条版本记录只显示一条关键信息。

显示效果如下所示：

```
*   06f0897 Merge branch'master' of github.com:nigo81/XXXX
|\
| * e7d2b06 定期报告披露部署
* | 6ace55c makebook 添加字段 note
|/
* 3a20fc1 预披露
```

接着刚才回退的话题，如果想回退到"init my document"这个版本，那么可以使用命令：

```
git reset SHA-1 值
```

这里的 SHA-1 值就是执行 git log 的时候显示的字符串。比如想回退到最初始的版本，那么就执行：

```
git reset 6e8e
```

这里的 SHA-1 值不需要输入完整，输入前面几个字符就可以，如"6e8e"。这个时候已经回退到了初始的版本。如果只有一个文件需要回退到之前的历史版本，对其他文件的修改还想保留，那么可以进行如下操作：

```
git reset SHA-1 值 -- 文件名
```

如果又想恢复到之前的版本怎么办？可以使用 git reflog 查看引用日志。当你在工作时，Git 会在后台保存一个引用日志（reflog），引用日志记录了最近几个月的 HEAD 和分支引用所指向的历史。执行以下命令：

```
$ git reflog
6e8e054 (HEAD -> master)HEAD@{0}:reset:moving to 6e8e
d6a60f8 HEAD@{1}:commit: 添加第二行
6e8e054 (HEAD -> master)HEAD@{2}:reset:moving to HEAD
6e8e054 (HEAD -> master)HEAD@{3}:reset:moving to 6e8e
bffdeb6 HEAD@{4}:commit: 添加一行文字
6e8e054 (HEAD -> master)HEAD@{5}:commit (initial):init my document
```

这里可以看到回退前的版本 SHA-1 值为 d6a60f8，继续使用 git reset 命令回到回退前的版本。

```
git reset d6a60f8
```

分支的使用

有时候需要对文档进行较大幅度的修改，甚至是尝试一条新创作方向，但是最终是否成功我们并不知道。如果把之前的创作比作主路的话，那么再创建一个分支就是尝试新的道路。如果失败了，还能重新切换到主路去。创建了一个"dev"分支。

```
git branch dev
```

使用 git branch 查看当前所有分支：

```
$ git branch
  dev
* master
```

可以看到显示出了两个分支 master 和 dev，前面的星号代表现在还停留在 master 分支上。如果要切换到 dev 分支，则可以用命令：

```
git checkout dev
```

当然可以使用 git checkout -b 命令将创建分支、合并分支两个步骤在一条命令中执行完：

```
git checkout -b dev
```

比如新建一个 tax.txt 文档后进行添加、提交。于是在 dev 分支下就有了 3 个文件：

```
$ ls
```

```
account.txt    audit.txt    tax.txt
```

切换回 master 分支：

```
$ ls
account.txt    audit.txt
```

用 ls 可以看到本地只有两个文件，这说明 master 和 dev 分支是完全独立的，我们再也不需要像以前那样先复制整个文件夹再进行修改了，并且不用担心弄混文档。假如要将 dev 分支的修改合并到 master 分支上，那么只需要使用 git checkout master，再使用 git merge dev 合并 dev 分支：

```
$ git merge dev
Updating 037cb60..194b41d
Fast-forward
 tax.txt | 1 +
 1 file changed,1 insertion(+)
 create mode 100644 tax.txt
```

合并成功后，dev 分支的修改就都保存在了 master 分支上了。如果不再需要 dev 分支，那么可以使用 git branch -d 命令进行删除：

```
git branch -d dev
```

对于分支的使用，初学者掌握到这里就差不多了，如果有更多需求，可以查看 Pro Git 文档。

添加远程仓库

前面所有的操作过程都是在本地计算机完成的，也就是说我们使用 Git 进行版本控制时可以不需要网络。但是如果有多台工作设备或者需要和他人协作，那么文档只存到本地计算机里就不行了，我们需要远程仓库。远程仓库是指托管在因特网或其他网络中的项目的版本库。而 Github 就是最知名的免费远程仓库了，可以将本地的版本库托管到上面。由于网络原因，这里使用国内的 gitee。

注册好 gitee 账号后，新建一个空项目，填写好仓库名称、仓库介绍等，如图 1-3-11 所示。

图 1-3-11

创建后，网站会给你一个远程仓库的网址，以及和远程仓库连接的命令，如图 1-3-12 所示。

图 1-3-12

添加远程仓库

将本地的 IT 项目添加远程仓库后，就可以使用 git push 命令将本地的仓库进行推送了。

```
git remote add origin https://gitee.com/nigo81/it.git
```

推送到远程仓库

直接使用 git push 会报错，如图 1-3-13 所示。

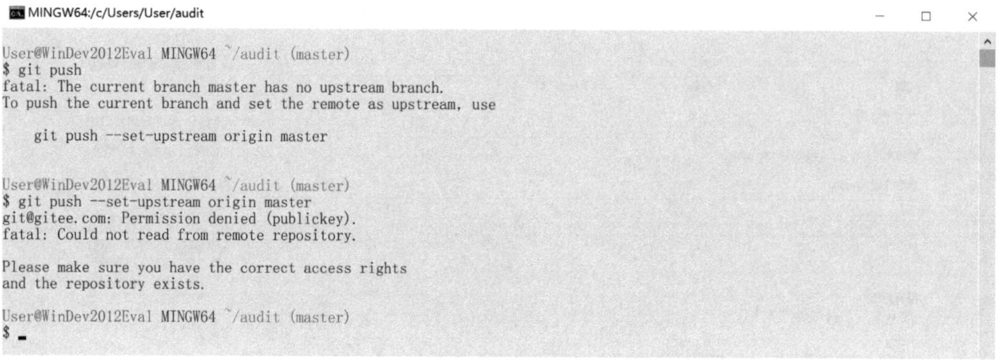

图 1-3-13

由于这是一个新项目，所以提示我们使用命令：

```
git push
git push--set-upstream origin master
```

如果添加远程时使用的是 https 的网址，则会提示你输入账号、密码，然后推送成功。如果添加过程时使用的是 SSH 协议的网址，则会提示没有权限。因此得进行配置让远程知道谁是这个远程库的拥有者。

删除远程仓库

为了测试，先将前面添加的远程仓库的连接删除：

```
git remote rm origin
```

免密码添加远程仓库

此处只需要在前面的网址中添加上用户名和密码，这样后续的推送就不需要再输入了。

```
git remote add origin https://USERNAME:PASSWORD@gitee.com/username/reponame.git
```

输入以下命令（填写自己的信息）。

```
git remote add origin https://nigo81:xxxxx@gitee.com/nigo81/it.git
```

当然，如果是一个新项目，那么可以在 gitee 上新建后直接使用 git clone 克隆下来，这是对于初学者最方便的方式。对于这种方式，可以使用 SSH 协议传输，不用对每个新建的项目都去建立与远程仓库的连接，并且不用每次输入密码。

可以看到远程仓库的网址是 https 协议的，单击 SSH 后，可以得到"git@gitee.com: nigo81/it.git"网址。如果使用 SSH 协议传输，那么就用 git clone 克隆这个网址。为了以后每次上传不输入用户名、密码，则需要生成一对 SSH 的公钥、私钥，将公钥文本设置到 gitee 中。

生成 SSH 密钥

在终端输入命令后，在提示中一直按回车键，会在 C 盘（C/Users/yourname/.ssh）生成 .ssh 文件夹，这里的 yourname 是当前的 Windows 系统用户名。

```
ssh-keygen -t rsa -C "youremail@example.com"
```

如果是 Ubuntu 系统，则路径为"~/.ssh"。文件夹里有公钥 id_rsa.pub 和私钥 id_rsa 两个文件。用记事本打开公钥 id_rsa.pub 复制所有文本内容。打开 gitee 网站上的"setting->SSH and GPG keys"，将复制的公钥文本粘贴上去，如图 1-3-14 所示。

图 1-3-14

添加完成后，gitee 上有公钥，而我们的本地计算机有私钥，这样就可以安全通信了，使用 git push 的时候也不用再输入密码了。

推送和拉取代码

push

将本地分支推送到远程仓库对应的分支。

```
git push
```

fetch

将远程仓库拉取到本地计算机。

```
git fetch
```

pull

将远程仓库拉取到本地计算机并与本地版本合并。

```
git pull
```

pull request

当克隆了别人的项目后,如有一些非常好的修改,怎么能让原项目作者采纳呢?这也是开源项目的魅力所在,所有人都可以做贡献,同时所有人都能够受益。以 gitee 上的项目 https://gitee.com/nigo81/audit-guid 为例进行说明。如图 1-3-15 所示,找到一个开源项目,单击"Fork"按钮。

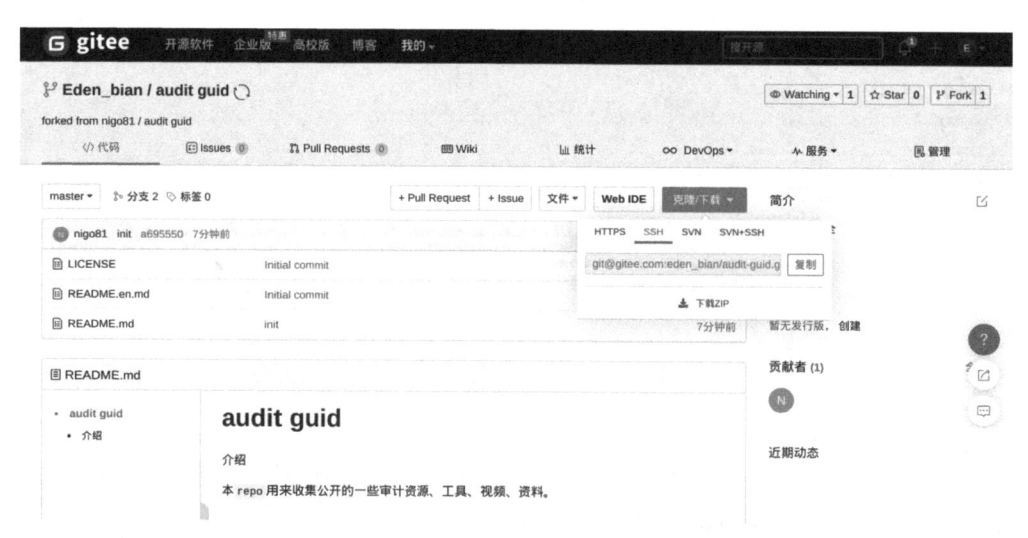

图 1-3-15

找到 Fork 后的项目网址，使用 git clone 克隆到本地计算机，切换到 dev 分支（也可以使用 master 分支），可以帮助原作者修改一些错别字或者 Bug。

```
git clone 克隆网址
git checkout -b dev
```

修改完成后，提交并推送修改：

```
git add
git commit -m'test'
git push
```

- 在自己（不是原作者）的 gitee 上切换到 dev 分支，并单击"New pull request"按钮。填写好描述信息后，单击"pull request"按钮，编辑标题并做简要描述。
- 此时你的"pull request"请求原作者就能看见了，如果原作者觉得你的修改不错，那么就会 merge 到他的分支上，这样大家就一起完成了一次协作。

作业：

1. Fork audit-guid 项目，创建一个分支，发现并修改一些错误后提交 pull request。

2. 遇到问题可以查看 Pro Git，或者通过搜索引擎寻找答案。

1.4 搭建自己的知识库

在学习编程的过程中，笔者发现最快的学习方法就是直接上手做。

网络上或书籍中有无数优质的教程，一般初学者拿着一本教材从头开始学，诚然这样的方式可以让你有一个整体的知识体系，但缺点也是明显的，那就是难以坚持。对于初学者，最重要的是找到自己的兴趣点，知道自己要学什么，学了要用来解决什么问题。其实只要有一点点的基础知识就可以直接上手做你想做的项目，当用编程解决了实际问题的时候，那种成就感，是加速你学习的催化剂。

作为初学者可能会遇到一个问题，例如今天学会了一个模块的函数用法，明天又学会了另一个模块的函数用法，时间长了，之前学习过的知识可能会遗忘。这个时候就需要记录，用学习笔记搭建起自己的知识库。一个重要的知识是会重复出现的，当下次用到的时候可能又有新的体会，再补充整理到之前的笔记上，这样你的知识库就能不断更新。

工具的选择

如何选择笔记软件呢？笔者尝试过很多软件，最终发现记笔记最重要的是培养一种习惯，而不是单纯依靠某个特定的工具。你可以选择和你平时工作、学习流程结合比较紧密的软件，可以是云笔记软件，也可以是 Excel、Word、Markdown，只要你自己觉得方便即可。

但无论选择什么样的工具，有几点需要注意：

1. 简捷、易用。不仅是功能上要简捷、易用还要尽可能做到全平台通用，这样才不会因为记录过程复杂而放弃使用。

2. 易于检索。既然是知识库，当笔记逐渐多了之后，就需要能快速检索到内容，不然就失去了记笔记的意义。而要想快速检索，就要用到软件的搜索、标签、链接功能，并且在记录时要按规则进行整理。

3. 方便分享、迁移。记笔记的过程就是思考输出的过程，有时可能会有与别人分享的需求。最重要的是，要能够方便迁移，如果记了大量笔记，当某一天不使用这个工具的时候，如果不能便捷地迁移内容，那么会十分麻烦。

能满足以上 3 点的工具都是可以考虑的。笔者使用过的工具有：

- 云笔记类：印象笔记、为知笔记、有道云笔记。

- 桌面软件类：Obsidian。

- Vim 类：Vimwiki。

笔记的管理

记笔记是一件需要长期坚持的事，并且需要不断地管理、完善。

1. 在一个工具中记笔记。所有笔记坚持在一个工具中记录，这样会省去选择的烦恼，也能极大地方便检索。

2. 良好的命名习惯。大家可能会有很多笔记文件，而当笔记文件多了之后，就可能会出现混乱。一个良好的命名习惯能够帮助我们减少检索的时间。最好按照记录内容的性质划分笔记文件，为了方便排序，可以在名称前加上 001、002 这样的编号。

3. 导航和链接。可以为每个笔记制作一个导航页，以链接不同知识点的笔记，这样阅读的时候就和阅读电子书一样方便了。

4. 迭代和归档。知识库是随着我们的学习进程和学习时长而丰富和完善的。当你有了新的想法，可以在以前笔记的基础上进行编辑，这样知识库就会不断更新。对于不重要的笔记文件要及时归档，避免知识库的臃肿。

总之，记笔记是一种习惯，不需要太多技巧，目的是让知识可积累、可更新。

1.5　数据分析在 IT 审计中的应用

IT 审计在审计项目中已广泛存在，尤其是在企业业务越来越依赖系统、业务数据越来越大的情况下，IT 审计逐渐成为审计工作中不可或缺的一部分。

IT 审计主要分为以下内容：

- ITGC：信息系统一般控制。

- ITAC：信息系统应用控制。

- CAATs：计算机辅助审计。

具体可以理解为 ITGC 是对信息系统管控情况进行测试；ITAC 是对业务流程相关管控进行测试；CAATs 则是利用计算机技术进行数据分析、计算等工作。对于每部分工作的详细介绍，推荐大家阅读由普华永道中天会计师事务所编写的《财务报表审计中对信息系统的考虑》

一书。

　　IT 审计和财务审计应该是一种合作关系，共同组成一个团队，降低审计风险。在实际工作中笔者发现，随着与财务审计团队深入合作，他们会对 IT 审计提出更多、更高的要求。大家已经不再满足于 ITGC、ITAC 偏企业内部控制部分的测试了，而是希望我们完成更多实质性的测试，尤其是在大数据情景下全样本测试、财务业务数据核对、用户行为分析、日志审计等方面。

　　而这要求 IT 审计人员除掌握一定的审计、财务知识以外，还需要掌握大量的信息技术知识，尤其是要具备数据分析能力。面对这些非标准化的需求和场景，很难使用现成的数据分析工具解决。

　　在后面的章节中我们将介绍在 IT 审计过程中 ITAC 及 CAATs 可能需要用到的 SQL 和 Python 技巧。

第2章

SQL基础

随着企业信息化的发展，财务数据、业务数据在数据量级上不断增长。对于一些大型制造业、金融行业、互联网行业、电信行业，以及以共享经济为模式的企业，如果还使用 Excel 对其进行数据分析，是非常困难的。

需要处理的数据量级由以前的 KB、MB 变为 GB、TB。此时，更好的工具是数据库。数据库，又称数据管理系统，可视为电子化的文件柜，用户可以对文件中的数据进行新增、截取、更新、删除等操作。

本章我们将以免费的 MySQL 数据库为工具，学习数据库的通用语言 SQL。

2.1　MySQL 安装

企业采用的关系型数据库有 Oracle、SQL Server、MySQL 等，而操作这些数据库是有一套通用语言的——SQL。不同数据库间，只有一些语句上的微小差异。因此，只要掌握了 SQL 的基本语句，就掌握了数据分析的基本方法。令人惊喜的是 SQL 语句非常简单、易学，一个完全没有基础的人也能在短短几周之内学会基本的查询语句，达到可以进行基础数据分析的水平。

首先，我们到 MySQL 官方网站的下载栏目中找到社区版的下载链接。

选择 MySQL Installer for Windows，下载最新版本安装包。如果需要下载历史版本，单击 Archives 按钮下载对应版本。

在下载页面，选择较大的 398.9MB 的离线安装包进行下载，如图 2-1-1 所示。

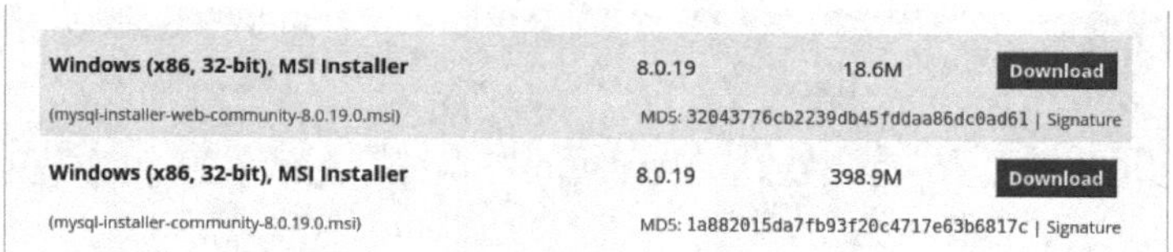

图 2-1-1

下载完成后，双击安装包进行 MySQL 的安装。

如图 2-1-2 所示，在安装选项设置界面选择 "Server only" 选项，代表仅安装 MySQL 的服务端。当然，选择默认的第一个选项也是可以的，只是会安装一些其他软件。选择完成后，单击"Next"按钮。

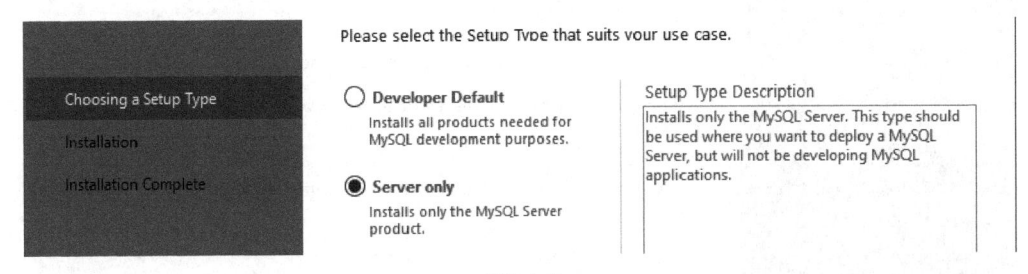

图 2-1-2

安装程序进行安装前的环境检查，这时有可能会弹出"Microsoft Visual C++ 2019 Redistributable Package(x64) is not installed"的提示。只需要在浏览器中搜索弹出的提示文字，进入微软官方网站的下载页面，在网页最下方的"Other Tools and Frameworks"（其他工具和框架）栏目中下载需要的文件并进行安装即可，如图 2-1-3 所示。

图 2-1-3

继续安装 MySQL，在安装界面中单击"Next"按钮，如图 2-1-4 所示。

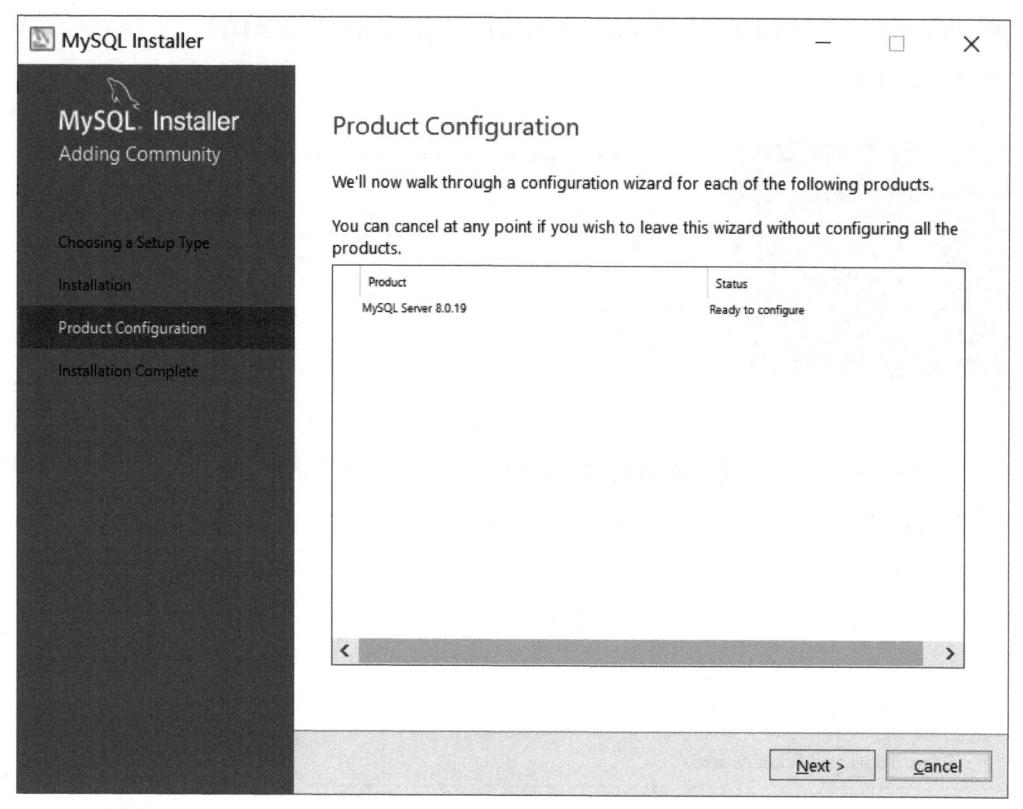

图 2-1-4

保持默认选项"Standalone MySQL Server/Classic MySQL Replication"的勾选,单击"Next"按钮,如图 2-1-5 所示。

图 2-1-5

继续保持默认设置,单击"Next"按钮。其中"Config Type"的默认使用方式是"Development Computer"。将下面的选项设置为使用 TCP/IP 协议访问数据库,访问端口是 3306,如图 2-1-6 所示。

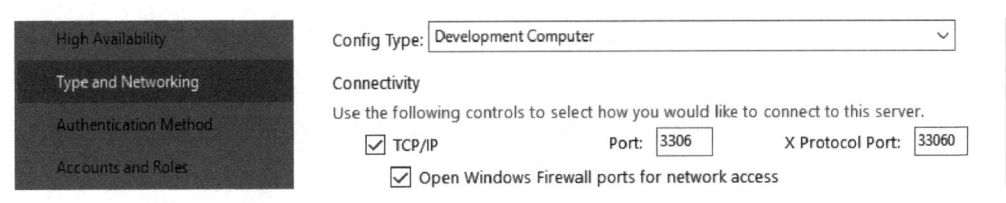

图 2-1-6

在接下来弹出的界面中，选择第二项"Use Legacy Authentication Method（Retain MySQL 5.x Compatibility）"选项。这里如果选择第一项，则将采用 MySQL 8 的新认证方式。而我们需要使用第三方的图形化工具访问 MySQL，所以为了能正常访问，这里选择第二项，即旧认证方式，如图 2-1-7 所示。

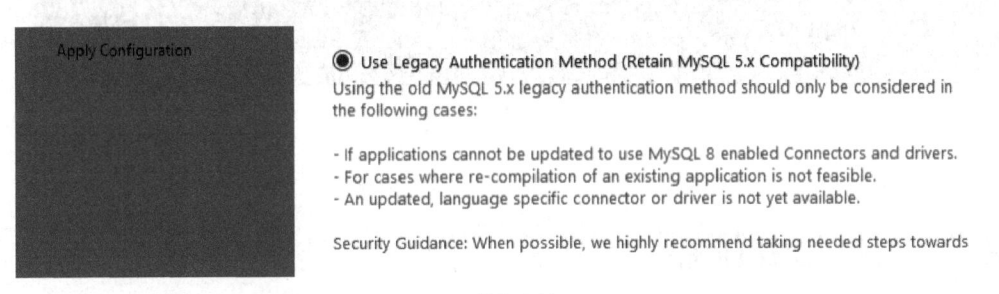

图 2-1-7

在弹出的窗口中，保持默认设置，如图 2-1-8 所示。这里将 MySQL Server 作为 Windows 服务，默认在系统启动时启动 MySQL Server。

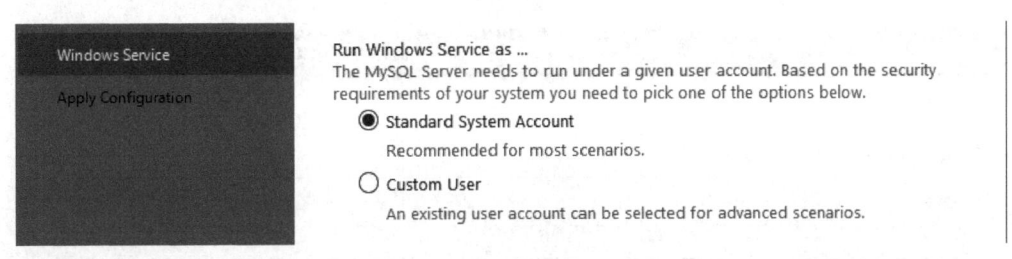

图 2-1-8

单击"Execute"按钮，然后单击"Finish"按钮。再单击"Next"按钮。完成最后的配置后，MySQL 的安装就完成了。为了检验是否安装成功，打开"开始"菜单，选择"MySQL 8.0 Command Line Client-Unicode"选项启动 MySQL，如图 2-1-9 所示。

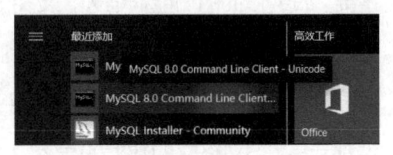

图 2-1-9

输入在前面安装过程中设置的密码后，如果出现欢迎界面，就表示安装成功了。再打开数据库的操作界面，就可以输入 SQL 语句执行增、删、查、改的操作了，如图 2-1-10 所示。这个界面对于大部分人来说并不友好，所以在下一节中，我们将会安装图形化的数据库管理软件，以便更加方便、直观地操作数据库。

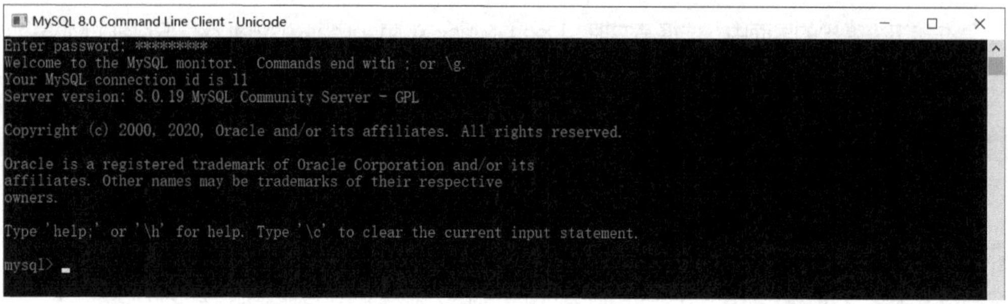

图 2-1-10

2.2　Navicat 配置

安装好 MySQL Server 后，要访问 MySQL，除使用"黑乎乎"的终端以外，还需要一个简单、直观的图形化工具。MySQL 的图形化工具主要有以下几种，如表 2-2-1 所示。

表 2-2-1

软件	是否免费	是否支持 Windows	是否支持 macOS	是否支持 Linux
Navicat	付费	Y	Y	Y
MySQL Workbench	免费	Y	Y	Y
DBeaver	免费	Y	Y	Y

以上几款软件为笔者测试后推荐使用的图形化工具，均支持语法提示功能，这对于初学者很重要。Navicat 的功能很强大，支持 Excel、CSV、TXT 格式的数据导入，可以满足大部分人需要频繁导入外部数据进行数据分析的需求。MySQL Workbench 是 MySQL 官方推出的、免费的图形化管理工具，支持全平台使用。DBeaver 也是一款免费的全平台数据库管理工具。这些软件都支持 CSV 格式的数据的导入、导出。考虑到 Navicat 支持的导入、导出格式更多，对于零基础用户更友好，因此下面主要以 Navicat 为主介绍相应操作。

连接 MySQL

打开 Navicat，单击"连接"-"MySQL"，如图 2-2-1 所示。

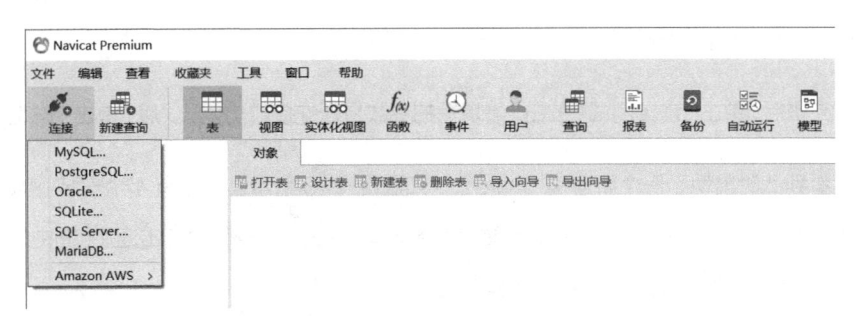

图 2-2-1

填写连接信息，与已安装的 MySQL Server 建立连接，如图 2-2-2 所示。

图 2-2-2

- 连接名：这里给连接自定义一个名称，比如取名为"nigo"。

- 主机名或 IP 地址：如果是连接本机安装的 MySQL，就填写"127.0.0.1"，这是本机默认的 IP 地址。如果连接远程服务器，那么就填写对应的 IP 地址。

- 端口：填写数据库端口，默认是"3306"。

- 用户名：填写"root"，这是数据库的超级用户。

- 密码：填写密码，即安装 MySQL 时设置过的密码。

填写完毕后，单击"连接测试"按钮，看填写的参数是否连接成功。无误后，单击"确定"按钮。

可以看到此时出现了一个新连接"nigo"，如图 2-2-3 所示。下面有 4 个安装 MySQL 后自带的数据库。为了方便后面的学习，先新建一个数据库"learn"，操作为右击连接（图中的"nigo"连接），在弹出的菜单中选择"新建数据库"选项。

填写数据库参数，如图 2-2-4 所示。

图 2-2-3

图 2-2-4

- 数据库名：自定义数据库名称，如"learn"。

- 字符集：字符编码，因为后面使用的数据可能包含中文，因此选择"utf8"。

- 排序规则：utf8_general_ci。

至此，对 Navicat 的基础设置就完成了，对其具体的使用我们结合数据再进行讲解。

2.3 导入数据

如果在一家公司做数据分析，那么可以访问公司数据库中已有的数据。但是对于一个刚学习 SQL 的新手来说并没有现成的数据库可供使用，因此首先要学会导入数据。

在工作中我们经常接触到的数据格式有以下 3 种，如表 2-3-1 所示。

表 2-3-1

文件格式	行数限制	易处理性
xlsx/xls	有限制	难处理
CSV	无限制	容易处理
TXT	无限制	容易处理

其中，我们接触最多的就是 xlsx 或者 xls 格式的工作表。但是一张工作表存储的数据最多也只有 100 多万行，并且较难将 Excel 工作表导入数据库。而 CSV 和 TXT 的文本格式没有行数限制，同时导入数据库也比较方便，因此尽量获取 CSV、TXT 这两种格式的文本来进行数据分析。

要想将文件中的数据导入数据库一般可以用 Navicat 的导入向导或者语句导入。使用导入向导的优点是简单、直观，缺点是速度慢。使用语句导入的优点是速度快，尤其是导入几个 GB 的数据的时候，两者的差异非常明显。当然，缺点就是需要写语句。下面针对这两种方式分别进行练习。

导入向导

以 Kaggle 网站上下载的公开电商零售数据为例，利用 Navicat 的导入向导将 CSV 文件中的数据导入数据库。

右击"表"，在弹出的菜单中选择"导入向导"选项，如图 2-3-1 所示。

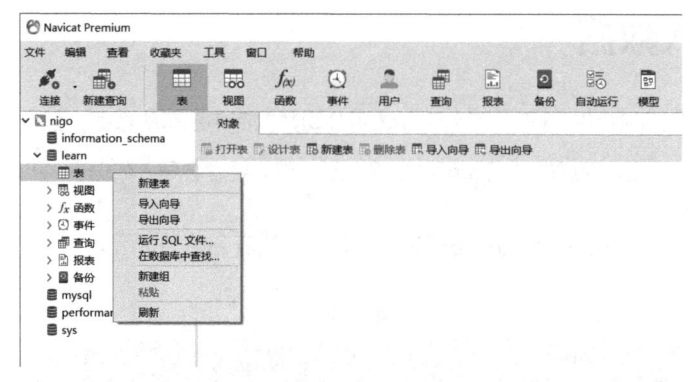

图 2-3-1

选择数据导入格式，如图 2-3-2 所示。

图 2-3-2

选择导入的文件路径，如图 2-3-3 所示。

图 2-3-3

设置字段之间的分隔符，一般保持默认设置即可，如图 2-3-4 所示。

一般文件的第一行是字段名称，数据从第二行开始录入，其他保持默认设置即可，如图 2-3-5 所示。

图 2-3-4

图 2-3-5

设置导入后目标表的名称，默认是导入文件名称，可自定义修改，如图 2-3-6 所示。

图 2-3-6

设置导入后的目标字段名称、数据类型等。例如，目标字段名称使用源字段的名称，类型设置为"varchar"，长度设置为"255"等，如图 2-3-7 所示。

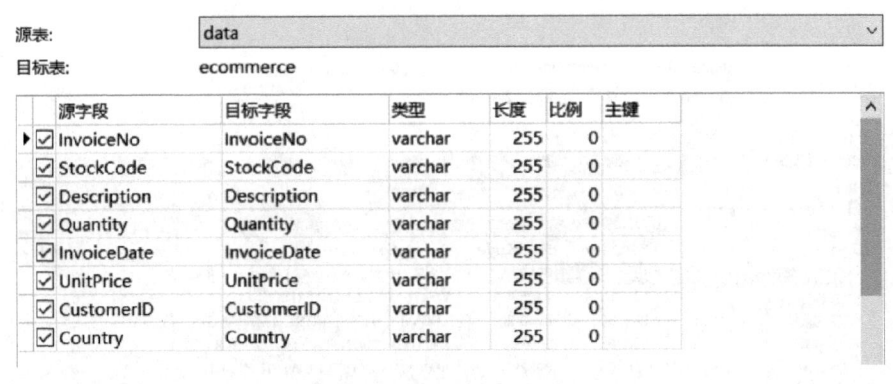

图 2-3-7

保持默认设置，如图 2-3-8 所示。

图 2-3-8

单击"开始"按钮后，开始导入数据，如图 2-3-9 所示。

图 2-3-9

导入数据完成后，双击导入的"ecommerce"表，可以查看表中的字段和数据，如图 2-3-10 所示。

图 2-3-10

除 CSV 以外，常用的 Excel、TXT 格式的文件可以使用导入向导进行导入，这里不再赘述。需要注意的是，如果 Excel 不能导入，那么可以先将其另存为 CSV 格式后再做导入。如果文件中的数据包含中文，那么直接导入会出现中文乱码，应先将文件另存为 utf-8 编码格式再做导入。

使用 SQL 语句进行导入

虽然导入向导非常简单，容易上手。但是在以下两种情况下，需要使用 SQL 语句进行导入。

1. 使用导入向导导入失败。

2. 导入的数据很大，导入向导速度很慢。

使用 SQL 语句进行导入的时候，首先要创建一张空表，然后再将数据导入创建的空表中。

在本书配套资源中找到示例数据"data.csv"。然后在 Navicat 中单击"新建查询"按钮，如图 2-3-11 所示。在新建的查询界面中写出第一条 SQL 语句。

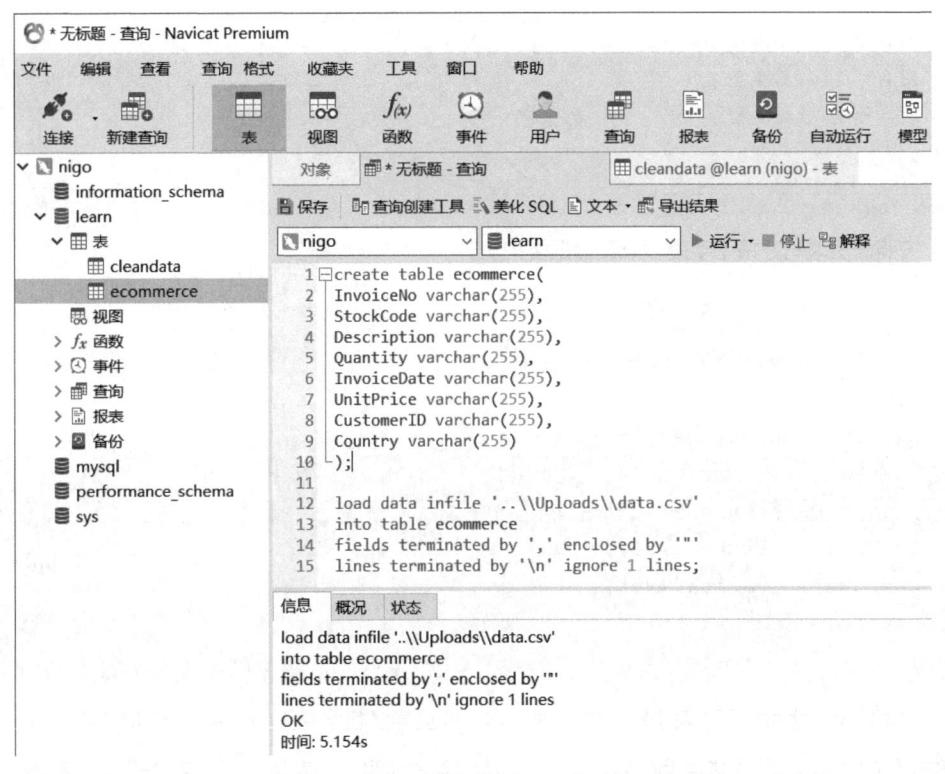

图 2-3-11

SQL 语句对字母大小写不敏感，也就是说写"CREATE"和写"create"都是相同的效果。同时 Navicat 在输入的时候会有语句提示，比如当输入"cr"的时候，系统就会弹出"CREATE"的提示，这个时候不用输入完整的单词，只要按一下 Tab 键，就可以自动将单词补全。

打开下载好的"data.csv"文件，可以看到表头的字段为 InvoiceNo、StockCode、Description、Quantity、InvoiceDate、UnitPrice、CustomerID、Country。

接下来用"CREATE TABLE"语句创建一个名为"ecommerce"的表，并且包含上面的 8 个字段。

CREATE TABLE 语法

CREATE TABLE 的语法如下：

```
CREATE TABLE 表名称
(
列名称1 数据类型,
列名称2 数据类型,
列名称3 数据类型,
....
)
```

按照语法填写好每个字段，以及数据类型。

```
create table ecommerce(
InvoiceNo varchar(255),
StockCode varchar(255),
Description varchar(255),
Quantity varchar(255),
InvoiceDate varchar(255),
UnitPrice varchar(255),
CustomerID varchar(255),
Country varchar(255)
);
```

这里的 varchar(255) 表示数据类型为文本，并且最多包含 255 个字符。在 MySQL 中，有 3 种主要的数据类型：文本类型、数字类型和日期/时间类型，如表 2-3-2、表 2-3-3、表 2-3-4

所示。

表 2-3-2

数据类型	描述
char(size)	保存固定长度的字符串（可包含字母、数字及特殊字符）。在括号中指定字符串的长度。最多 255 个字符
varchar(size)	保存可变长度的字符串（可包含字母、数字及特殊字符）。在括号中指定字符串的最大长度。最多 255 个字符。注释：如果值的长度大于 255 个字符，则被转换为 text 类型
tinytext	存放最大长度为 255 个字符的字符串
text	存放最大长度为 65535 个字符的字符串
blob	用于 BLOBs (Binary Large OBjects)。存放最多 65535 个字符的数据
mediumtext	存放最大长度为 16777215 个字符的字符串
mediumblob	用于 BLOBs (Binary Large OBjects)。存放最多 16777215 个字符的数据
longtext	存放最大长度为 4294967295 个字符的字符串
longblob	用于 BLOBs (Binary Large OBjects)。存放最多 4294967295 个字符的数据
enum(x,y,z,etc…)	允许输入可能值的列表。可以在 ENUM 列表中列出最多 65535 个字符。如果列表中不存在插入的值，则插入空值。注释：这些值是按照你输入的顺序存储的。可以按照此格式输入可能的值：ENUM('X','Y','Z')
set	与 enum 类似，set 最多只能包含 64 个列表项，不过 set 可存储一个以上的值

表 2-3-3

数据类型	描述
tinyint(size)	（-128,127）有符号。（0,255）无符号。在括号中规定最大位数
smallint(size)	（-32768,32767）有符号。（0,65535）无符号。在括号中规定最大位数
mediumint(size)	（-8388608,8388607）有符号。（0,16777215）无符号。在括号中规定最大位数
int(size)	（-2147483648,2147483647）有符号。（0,4294967295）无符号。在括号中规定最大位数
bigint(size)	（-9223372036854775808,9223372036854775807）有符号。（0,18446744073709551615）无符号。在括号中规定最大位数
float(size,d)	带有浮动小数点的数字。最大精确到小数点后 6 位，在括号中规定最大位数。在 d 参数中规定小数点右侧的最大位数
double(size,d)	带有浮动小数点的数字。最大精确到小数点后 15 位。在括号中规定最大位数。在 d 参数中规定小数点右侧的最大位数
decimal(size,d)	作为字符串存储的 double 类型，允许固定的小数点

表 2-3-4

数据类型	描述
date()	日期。格式：YYYY-MM-DD
datetime()	日期和时间的组合。格式：YYYY-MM-DD HH:MM:SS
timestamp()	时间戳。格式：YYYY-MM-DD HH:MM:SS。
time()	时间。格式：HH:MM:SS
year()	2 位或 4 位格式的年

以上数据类型不用刻意记忆，在具体使用的过程中可以查阅。其中文本类型常用的有 varchar、longtext；数字类型常用的有 int、decimal；日期/时间类型都常用。示例中的导入先不考虑数据类型，把所有数据默认为文本类型，设置成 varchar(255)。建表完成后，使用 SQL 语句导入数据。

```
load data infile'../Uploads/data.csv'
into table ecommerce
fields terminated by',' enclosed by'"'
lines terminated by'\n' ignore 1 lines;
```

需要注意的是，如果导入的 CSV 或 TXT 文件是 ANSI 编码格式的，那么这种编码格式的文件打开后中文显示的是乱码，需要另存为 utf-8 编码格式后才能正常显示。

load data infile'../Uploads/data.csv' into table ecommerce 指将 data.csv 文件中的数据导入 ecommerce 表。这里的路径如果填写的是本地路径，则可能会报错，提示你没有处理权限。因此，最好把文件复制到具有 MySQL 处理权限的路径 C:\ProgramData\MySQL \MySQL Server 8.0\Uploads 中。

当然，如果不想复制数据，那么可以修改配置文件。在 Windows10 系统中打开 MySQL 安装目录下的 my.ini 配置文件（注意，Linux 系统中的配置文件为 my.cnf）。例如，在笔者的计算机中 my.ini 配置文件所在的位置为 C:\ProgramData\MySQL\MySQL Server 8.0\my.ini。通过搜索找到下面一行配置：

```
secure-file-priv="C:/ProgramData/MySQL/MySQL Server 8.0/Uploads"
```

可以看出默认有导入数据、导出数据权限的文件夹是安装目录下的 Uploads 文件夹，这也是前面为什么要复制到该文件夹的原因。将文件路径修改为常用的位置，如 D 盘：

```
secure-file-priv="D:/"
```

修改后保存。如果需要管理员权限才能保存，那么选择该文件后右击，在弹出的菜单中选择"属性"→"安全"，给 Users 用户组添加修改和写入权限后，即可保存成功。保存后，还需要对 MySQL 服务进行重启，如果不清楚如何重启服务，那么可以重启计算机。修改完成后，就可以导入设置在 D 盘目录下的所有文件了。

fields terminated by ',' 指字段间的分隔符，通常有逗号、制表符。制表符用 \t 来表示。

enclosed by '"' 指字段的符号（可选），每个字段是由符号（如双引号）括起来的，而这个符号并不是我们需要的信息，因此就需要写 enclosed by'"' 语句。如果不写这个语句，则程序就会报错：

```
1262 - Row 110 was truncated; it contained more data than there were input columns
```

以上报错的意思是第 110 行被截断，原因是文件中数据列数超过 ecommerce 表的列数。打开文件查看第 110 行（排除表头）的第 3 列数据为"AIRLINE LOUNGE，METAL SIGN"，这个数据包含双引号，并且由逗号分隔。如果没有写 enclosed by'"' 语句，则系统会将以上字段以逗号分隔并当成两个字段，导致报错。

lines terminated by '\n' 为行分隔符，相当于换行符。Windows 系统文件的换行符为 \n，Linux 系统文件的换行符为 \r\n。需要注意的是，这里说的 Windows、Linux 系统文件并不是指你现在所用的计算机是什么操作系统的，而是指这个文件本身是由什么系统产生的，通常我们并不清楚文件是由什么系统产生的。在这种情况下，两个换行符可以都尝试一下，这样就能找到正确的了。由于本书中的示例文件是由 Linux 系统产生的，所以需要使用 \n 作为换行符。

ignore 1 lines 指忽略前几行（可选）。通常文件中的第一行为表头，没有需要的数据，因此可以忽略第一行。

导入语句的操作很简单，用示例数据尝试导入一次就能够掌握。在 SQL 语句中分号代表一条语句的结束，虽然前面的语句写成了 4 行，但只要最后结尾有一个分号，就说明这还是一条语句。如果不换行，将所有语句写在同一行中，也是可以运行的。因为 SQL 只识别分号作为结束，换行仅仅起到方便阅读的作用。

LOAD DATA 语法

下面是 LOAD DATA 完整语法，其中中括号中的语句为可选项。

```
LOAD DATA
    [LOW_PRIORITY | CONCURRENT] [LOCAL]
    INFILE'file_name'
    [REPLACE | IGNORE]
    INTO TABLE tbl_name
    [PARTITION (partition_name [,partition_name] ...)]
    [CHARACTER SET charset_name]
    [{FIELDS | COLUMNS}
        [TERMINATED BY'string']
        [[OPTIONALLY] ENCLOSED BY'char']
        [ESCAPED BY'char']
    ]
    [LINES
        [STARTING BY'string']
        [TERMINATED BY'string']
    ]
    [IGNORE number {LINES | ROWS}]
    [(col_name_or_user_var
        [,col_name_or_user_var] ...)]
    [SET col_name={expr | DEFAULT}
        [,col_name={expr | DEFAULT}] ...]
```

虽然使用 SQL 语句导入数据的速度快，但是需要自己手动建表，还是有些麻烦。那么有没有既可以快速导入又可以快速建表的方法呢？答案是有的。在 1.4 节讲 Git 使用的时候，我们安装了 Git Bash，类似 Linux 系统及 Mac 系统中的终端，可以使用一些命令把文件中的表头提取出来，采用 Navicat 导入表的方法把表头导入进去，这样就省去了建表的工夫，仅仅写一个导入语句即可。

打开 Git Bash 终端，通过 cd 命令切换到文件所在的文件夹，例如，文件 data.csv 存放在

E 盘路径下，那么在终端中输入：

```
cd e:/data
```

切换后，可以使用 ls 命令查看当前文件夹的文件结构，确认有我们需要的文件 data.csv。

这里我们学习一个命令"head 文件 -n 数字"，意思是显示文本文件前几行的数据。比如，输入：

```
head data.csv -n 1
```

就会显示文件 data.csv 中第 1 行的数据。如果不加参数 -n，则默认显示前 10 行数据。学会这个命令后，可以使用该命令提取文件的表头出来：

```
head data.csv -n 1 > data_head.csv
```

意思是将 data.csv 中的第 1 行数据即表头数据提取到 data_head.csv 文件中，然后再使用 Navicat 的导入向导将 data_head.csv 中包含的表头信息快速导入，完成建表操作。

2.4 导出数据

运用 SQL 进行一些查询运算后，一般会有导出数据的需求。导出数据通常有两种方法：导出向导和使用 SQL 语句导出数据。使用 Navicat 的导出向导可以将数据库中的表导出为 Excel、CSV、TXT、SQL 脚本等常见数据格式，具体操作方法和导入向导类似，这里我们主要讲解一下如何使用 SQL 语句导出数据。

仍以上一节导入的 ecommerce 表为例，将其导出。

select * from ecommerce，指选择 ecommerce 表中所有列的数据。关于 select 查询语句我们将会在 2.5 节进行讲解。

into outfile '../Uploads/output.csv' 指导入文件"output.csv"，文件名可以自定义。

fields terminated by ',' 指字段之间用逗号间隔，也可以用制表符等其他符号间隔。

enclosed by '""' 指每个字段用双引号括起来。

lines terminated by '\r\n' 指使用 \r\n 作为换行符。打开由 Windows 系统生成的文件用 \r\n，

打开由 Linux 系统生成的文件用 \n。

```
select * from ecommerce
into outfile'../Uploads/output.csv'
fields terminated by',' enclosed by'"'
lines terminated by'\r\n';
```

运行语句后，打开生成的 output.csv 文件，可以看到字段间用逗号间隔，每个字段用双引号括起来，如图 2-4-1 所示。

图 2-4-1

需要注意的是，如果表中有中文，则还需要设置编码格式，否则导出的数据有中文乱码。对于中文可以设置 utf8、gbk 等编码。

```
select * from ecommerce
into outfile'../Uploads/output.csv'
character set utf8
fields terminated by',' enclosed by'"'
lines terminated by'\r\n';
```

使用 SQL 语句导出数据的完整语法可以参考 2.3 节中使用 SQL 语句导入数据的语法。掌握了导入数据、导出数据的方法后，就有了做数据分析的基础。下面我们开始学习常用的查询语句，利用 SQL 查询满足常用的数据分析需求。

2.5 SQL 查询

对于财务、审计等需要进行数据分析的岗位，可用 SQL 查询语句进行数据查询。我们以 2.3 节导入数据库中的 ecommerce 表为练习素材，学习 SQL 中常用的查询语句。这段学习旅途不会很困难，因为 SQL 查询语句很少，并且直观、易懂。对于初学者，最好每一个语句都能自己在 Navicat 中运行一遍，这样才能真正掌握。

如何注释

学习任何一门语言之前都要先弄清楚注释语句。注释语句不会被执行，因此可以备注一些解释说明的文字。

- 行注释：两个短横线 --

- 块注释：/* */

如何调试

当写好了一条 SQL 语句后，在 Navicat 中可以单击运行（或按 Ctrl+R 组合键）。如果写了多条语句，那么每条语句可以用";"隔开。要执行其中一条语句时，单击选中的语句（或按 Ctrl+Shift+R 组合键）运行即可。如果有报错提示，则说明语句不正确，可以看提示的第几行有错，以及错误的原因描述，再去检查对应的地方。对于初学者，如果在写了一条复杂的语句后运行报错，那么可以先将语句简化一下，运行无误后再增加条件，这样可以慢慢找到错误的原因。

除此之外，SQL 是对英文大小写不敏感的，并且在 Navicat 中输入语句的时候会有智能提示，按 Tab 键可以自动补全语句。

下面以 2.3 节中导入的 ecommerce 表为例，大家可以从本书配套资源中下载。将其导入数据库后，按照下面的讲解操作。ecommerce 表结构如下：

Invoice	StockCode	Description	Quantity	InvoiceDate	UnitPrice	CustomerID	Country
536365	85123A	WHITE HANGING HEART T-LIGHT HOLDER	6	12/1/2010 8:26	2.55	17850	United Kingdom
536370	22492	MINI PAINT SET VINTAGE	36	12/1/2010 8:45	0.65	12583	France
...	...	...	...	...	...	...	...

select 语法

select 列名称 from 表名称

如果想从表 ecommerce 中获取 CustomerID、UnitPrice、Quantity 的数据，那么可以写 SQL 语句：

```
select CustomerID,UnitPrice,Quantity from ecommerce
```

执行结果：

CustomerID	UnitPrice	Quantity
17850	2.55	6
12583	0.65	36
...	...	...

如果想选取所有列的数据，那么是不是需要把所有列名都写一遍？答案是不用的。可以用 * 来表示所有列，因此可以写 SQL 语句：

```
select * from ecommerce
```

select distinct 语法

select distinct 列名称 from 表名称

在一张表中某一行常常包含重复值，要想筛选出不重复的值只需要使用 distinct。例如，在表 ecommerce 中，如果想查看销售的国家有哪些，那么可以写 SQL 语句：

```
select distinct Country from ecommerce
```

执行结果：

Country
United Kingdom
France
Australia
...

如果想筛选出用户（CustomerID）都来自哪些国家（Country），那么可以写 SQL 语句：

```
select distinct CustomerID,Country from ecommerce
```

执行结果：

CustomerID	Country
17850.0	United Kingdom
13047.0	United Kingdom
12583.0	France

可以看到 CustomerID 是不重复的，而没有加 distinct 的 Country 是允许相同的。

where 子句

select 列名称 from 表名称 where 列 运算符 值

前面用 select 是筛选出整个列的数据，但是很多时候需要筛选出满足某些特定条件的数据，这个时候就需要用到 where 子句，添加一些限制条件。而添加限制条件就需要用到运算符，如表 2-5-1 所示。

表 2-5-1

运算符	描述
=	等于
<>	不等于
>	大于
<	小于
>=	大于等于
<=	小于等于
BETWEEN	在某个范围内
IN	在几个值范围内
LIKE	模糊搜索

例如，查找发票号（InvoiceNo）等于 536368 的所有数据，可以写 SQL 语句：

```
select * from ecommerce
where InvoiceNo=536368
```

查找单笔销售数据大于或等于 1000 的商品信息，可以写 SQL 语句：

```
select * from ecommerce
where Quantity>=1000
```

查找销往日本的商品信息，可以写 SQL 语句：

```
select * from ecommerce
where Country='Japan'
```

需要注意的是，对于文本类型的数据需要添加单引号或双引号，如给 Japan 加上单引号。而对于数字类型的数据则不用添加引号。

当想查找某个范围的数据的时候，可以使用 between 运算符。例如，查找所有单价（UnitPrice）在 10～20 的数据，可以写 SQL 语句：

```
select * from ecommerce
where UnitPrice between 10 and 20
```

当然也可以运用前面的知识，写 SQL 语句：

```
select * from ecommerce
where UnitPrice>=10 and UnitPrice<=20
```

这里的"and"是"且"的意思，可以把两个条件组合在一起，相对应的"or"是"或"的意思。除 between 是在一个范围区间内查找以外，也可以用 in 在几个值之间查找。例如，筛选出 France、Australia、Germany 3 个国家的信息，可以写 SQL 语句：

```
select * from ecommerce
where Country in ('France','Australia','Germany')
```

筛选出包含某个关键字的信息，但具体值并不清楚，也就是说不能使用"="作为运算符，这个时候可以用"like"进行模糊搜索。例如，查找商品描述（Description）中包含"PENCIL"字样的所有数据，可以写 SQL 语句：

```
select * from ecommerce
```

```
where Description like'%PENCIL%'
```

需要注意的是，用 %PENCIL% 表示包含 PENCIL 的所有文本，这里的 % 是通配符，可以表示任意长度的字符串。除 % 以外，通配符还有 _，表示仅替代一个字符。例如，用 _rance 可以代表 France。除这两个通配符以外，MySQL 支持的正则表达式也支持其他通配符，由于使用频率不高，这里就不展开介绍了。

order by 子句

where 子句是通过添加限制条件进行筛选数据的，而 order by 子句则是根据指定列的结果集进行排序的。order by 默认按升序排序，而句末加上 desc 则指按降序排序。例如，对表 ecommerce 中销往法国的订单按单价（UnitPrice）降序排序，可以写 SQL 语句：

```
select * from ecommerce
where Country='France'
order by  UnitPrice desc
```

需要注意的是，order by 需要写在 where 子句后面，因为其是在执行完 select from where 后对数据集做排序操作的。

合计函数

通常需要计算一列的最大值、最小值、平均值等，需要运用合计函数，如表 2-5-2 所示。

表 2-5-2

函数	描述
sum	求和
max	最大值
min	最小值
avg	平均值
count	计数

例如，查找商品最大单价（UnitPrice），可以写 SQL 语句：

```
select max(UnitPrice)from ecommerce
```

例如，求销售额合计 [等于单价（UnitPrice）* 数量（Quantity）之和]，可以写 SQL 语句：

```
select sum(UnitPrice*Quantity) from ecommerce
```

例如，求 ecommerce 表中订单行数，可以写 SQL 语句：

```
select count(*) from ecommerce
```

需要注意的是，count(*) 指统计行数。

group by 子句

group by 是对一列或多列数据进行分组，通常与合计函数结合起来求最大值、最小值、平均值等。前面我们通过合计函数 sum 求出了所有订单的销售额合计。如果按照国家（Country）分组，分别求其销售额合计并按销售额由大到小排序，那么可以写 SQL 语句：

```
select Country,sum(UnitPrice*Quantity) as 合计
from ecommerce
group by Country
order by 合计 desc
```

执行结果：

Country	合计
United Kingdom	8187806.364001113
Netherlands	284661.54000000015
EIRE	263276.81999999826
Germany	221698.20999999862
France	197403.90000000002
...	...

"sum(UnitPrice*Quantity) as 合计" 这里使用了 as 将 sum(UnitPrice*Quantity) 计算值重命名为"合计"。在重命名后，写 order by 排序语句时就可以直接用重命名后的合计代替原来较复杂的语句了。

在执行结果里，运算的数字有很多小数，如果只想保留两位小数，那么可以使用 format 函

数进行格式化:

```
select Country,format(sum(UnitPrice*Quantity),2)as 合计
from ecommerce
group by Country
order by 合计 desc
```

执行结果:

Country	合计
Singapore	9,120.39
United Kingdom	8,187,806.36
Czech Republic	707.72
Israel	7,907.82
Poland	7,213.14
...	...

可以看到数字的小数位数保留了两位。format 函数的语法为 format(column_name, format)。不知道大家有没有发现一个问题,就是按销售额合计进行的排序已经乱了,它把合计数默认为文本进行了排序。因为 format 函数返回的数据类型为字符串。现在换一种方式,使用 convert 转换函数,写 SQL 语句:

```
select Country,convert(sum(UnitPrice*Quantity),decimal(38,2)) 合计
from ecommerce
group by Country
order by 合计 desc
```

执行结果:

Country	合计
United Kingdom	8187806.36
Netherlands	284661.54
EIRE	263276.82
Germany	221698.21
France	197403.9
...	...

可以看到现在小数位数是两位且排序也正确了。这里的 convert(列 , 数据类型) 就是将一列数据类型进行转换，将合计数的计算结果转换为 decimal(38,2) 数字类型，38 代表小数点左边和右边可以存储的最大位数，2 代表小数点右边可以存储的最大位数。

limit 子句

limit 子句用于规定要返回的记录的数目。很多时候用 SQL 语句排序后，仅想找前面几条数据，而不是所有数据，那么就需要用 limit 限制返回的数目。比如上一例，在求每个国家的销售额合计时，会返回所有国家的记录，如果只想要销售额合计排名在前三的国家，那么可以写 SQL 语句：

```
select Country,convert(sum(UnitPrice*Quantity),decimal(38,2)) 合计
from ecommerce
group by Country
order by 合计 desc
limit 3
```

执行结果：

Country	合计
United Kingdom	8187806.36
Netherlands	284661.54
EIRE	263276.82

having 子句

在学习 where 子句的时候，可以用它添加限制条件，筛选出需要的数据。但是 where 子句并不能与合计函数一起使用。比如前面例子中求各个国家的销售额合计数，如果想筛选出合计数大于 "200000" 的国家，这个时候就不能使用 where 子句，而需要使用 having 子句：

```
select Country,convert(sum(UnitPrice*Quantity),decimal(38,2)) 合计
from ecommerce
group by Country
having 合计 >=200000
order by 合计 desc
```

在 "having 合计 >=200000" 中对合计函数 convert(sum(UnitPrice*Quantity), decimal(38,2)) 进行条件限制。对于多条件的情况同样可以使用 and、or 进行条件组合。

join 表连接

前面我们所学的查询"select 列名称 from 表名称"是从一张表中查询数据。但在很多情况下，需要从两张或多张表中获取数据，并且在这些表中有共同的字段使多张表可以连接起来。对于多表查询，需要使用 join 表连接。

为了便于理解，首先在数据库中创建两张表 A 和表 B。表 A 包含 id 为 1、2 的两条数据，表 B 包含 id 为 2、3 的两条数据。两张表可以通过 id 连接起来。

表 A

id	value
1	v1
2	v2

表 B

id	value
2	v2
3	v3

使用 inner join（内连接），查找 A、B 两个集合的交集，如图 2-5-1 所示。

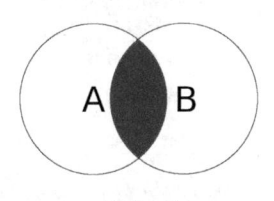

图 2-5-1

```
select A.id,A.value,B.id,B.value
from A join B on A.id=B.id
```

执行结果：

id	value	id	value
2	v2	2	v2

使用 left join（左连接），查找 A 集合中的所有元素。也就是说，即使在表 B 中没有匹配的数据，也从表 A 中返回所有的行，如图 2-5-2 所示。

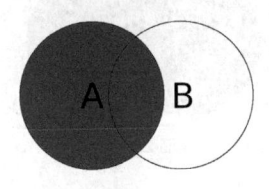

图 2-5-2

```
select A.id,A.value,B.id,B.value
from A left join B on A.id=B.id
```

执行结果：

id	value	id	value
2	v2	2	v2
1	v1	NULL	NULL

可以看到表 B 中没有数据 id=1，返回值为空值 NULL。

使用 right join（右连接），查找 B 集合中所有元素。也就是说，即使在表 A 中没有匹配的数据，也从表 B 中返回所有的行，如图 2-5-3 所示。

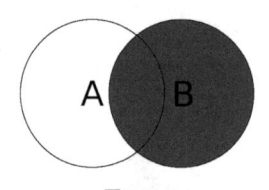

图 2-5-3

```
select A.id,A.value,B.id,B.value
from A right join B on A.id=B.id
```

执行结果：

id	value	id	value
2	v2	2	v2
NULL	NULL	3	v3

使用 full outer join（外连接），查找 A、B 集合的全集，如图 2-5-4 所示。但在 MySQL 中并没有 full outer join 语句，需要通过 left join 和 right join 拼接而成。

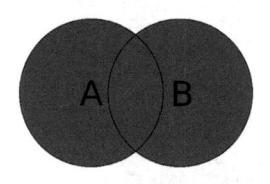

图 2-5-4

```
select A.id,A.value,B.id,B.value
from A left join B on A.id=B.id
union
select A.id,A.value,B.id,B.value
from A right join B on A.id=B.id
```

执行结果：

id	value	id	value
2	v2	2	v2
1	v1	NULL	NULL
NULL	NULL	3	v3

拼接 left join 和 right join 时，使用了 union 操作符，它的作用是合并两个或多个 select 语句的结果集。

以上 4 种语句是我们在 SQL 中使用 join 最常见的类型。但从集合的角度上看，我们还可以延伸出 3 种方式，而这 3 种方式在 IT 审计中对比两个数据是否一致时常常用到。

查找 A 集合中有而 B 集合中没有的元素。这在找两个数据集差异的时候经常用到，如图 2-5-5 所示。

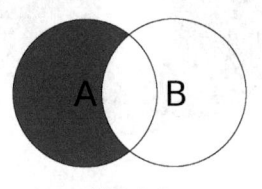

图 2-5-5

```
select A.id,A.value,B.id,B.value
from A left join B on A.id=B.id
where B.id is null
```

执行结果：

id	value	id	value
1	v1	NULL	NULL

查找 B 集合中有而 A 集合中没有的元素，如图 2-5-6 所示。

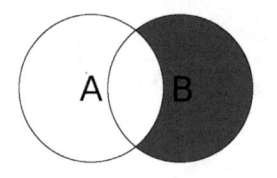

图 2-5-6

```
select A.id,A.value,B.id,B.value
from A right join B on A.id=B.id
where A.id is null
```

执行结果：

id	value	id	value
NULL	NULL	3	v3

查找 A、B 集合的差集，如图 2-5-7 所示。当我们想找出两个数据集中所有有差异的数据时，可以用到这个方法。

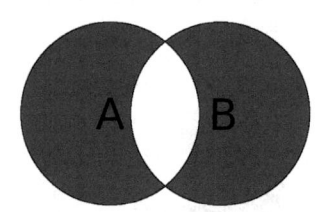

图 2-5-7

```
select A.id,A.value,B.id,B.value
from A left join B on A.id=B.id
where B.id is null
union
select A.id,A.value,B.id,B.value
from A right join B on A.id=B.id
where A.id is null
```

执行结果:

id	value	id	value
1	v1	NULL	NULL
NULL	NULL	3	v3

在数据分析过程中,当找到了两个数据所有的差异明细后,就可以一条数据一条数据地分析原因了。

至此,SQL 查询中常用的基础语句就介绍完了,可以看到其实 SQL 语句并不是很多,如果只是进行一些简单的数据分析是可以很快上手的。在 2.6 节中,我们将会利用本节所学的语句进行练习,让大家能够尽快掌握。最后,列示一下上述 SQL 语句在执行过程中的先后顺序,如表 2-5-3 所示。

表 2-5-3

语句	顺序
from	1
on	2
join	3
where	4
group by	5
having	6
select	7
distinct	8
order by	9
limit	10

2.6 SQL 练习

在 2.5 节中我们完成了 SQL 最基本的查询语句的学习,本节仍以 2.3 节导入的表 ecommerce 作为练习,再进一步运用这些语句。大家也可以通过 sqlzoo.net 完成更多的练习,尽快掌握

SQL 的基本用法。

练习 1

从表 ecommerce 中筛选出 United Kingdom、France、Australia、Germany 4 个国家的销售订单。

```
select * from ecommerce
where Country in ('United Kingdom','France','Australia','Germany')
```

练习 2

从表 ecommerce 中筛选出销售单价（UnitPrice）大于 10000 元的订单，在结果中展示发票号（InvoiceNo）、销售额（UnitPrice*Quantity）。

```
select InvoiceNo,UnitPrice*Quantity as sales
from ecommerce
where UnitPrice>=10000;
```

练习 3

从表 ecommerce 中筛选出退货订单（Quantity < 0），在结果中展示发票号（InvoiceNo）和数量（Quantity）。

```
select InvoiceNo,Quantity
from ecommerce
where Quantity<0;
```

练习 4

从表 ecommerce 中筛选出数量（Quantity）大于 10000 个或者单价（UnitPrice）大于 10000 元的订单。

```
select *
from ecommerce
where Quantity>10000 or UnitPrice>10000
```

练习 5

在表 ecommerce 中计算国家（Country）为法国（France）的销售额合计数，合计数单位转换为"万欧元",并且保留两位小数。在结果中展示国家和销售额两个字段。

```
select Country,round(sum(UnitPrice*Quantity)/10000,2)as sales
from ecommerce
where Country='France'
```

解释:我们用 sum 函数求销售额合计数,通过除以 10000,将单位由"欧元"转换为"万欧元"。在 2.5 节中我们学过 format 函数和 convert 函数可以将数字类型的结果保留两位小数。这里使用 round(数字 , 位数) 同样可以将数字类型的结果四舍五入保留两位小数,最后用 as 将该计算结果字段命名为别名 sales。

练习 6

从表 ecommerce 中筛选出商品描述(Description)中包含"game"字样的订单。

```
select * from ecommerce
where Description like'%game%'
```

练习 7

在表 ecommerce 中,查找出所有以字母"a"开头的国家(Country)。

```
select distinct Country
from ecommerce
where Country like'a%'
```

练习 8

在表 ecommerce 中,查找出国家(Country)名称字符最长的国家。注意,使用 length 函数。

```
select distinct Country
from ecommerce
order by length(Country)desc
limit 1
```

解释:length 函数是求字符长度的文本函数,通过 order by 将表按国家名称的字符长度由大到小排序,再用 limit 1 截取第一个数据作为返回结果,即字符长度最大的国家名称。

在 MySQL 中有很多文本函数,可以参考 MySQL 官方文档。在学习的过程中不用一次性将所有的函数都记住，遇到问题了可以再查阅、检索。随着出现频率的增加，我们自然就会记住这些常用函数。

表 2-6-1 中的函数较为常用，大家可以利用表 ecommerce 自己测试运用一下。

表 2-6-1

常用文本函数	说明
left(str,len)	返回 str 文本中前 len 位字符
right(str,len)	返回 str 文本中后 len 位字符
mid(str,pos,len)	返回 str 文本中从第 pos 位开始，后 len 位字符
length(str)	返回 str 文本字符数
concat(s1,s2,…)	拼接 "s1,s2,…" 字符串
trim(str)	去除 str 文本的首尾空格
replace(str,from_str,to_str)	将 str 文本中的 from_str 替换为 to_str
substring(str,pos)	返回 str 文本中第 pos 位之后的文本
upper(str)	将 str 文本转换为大写
lower(str)	将 str 文本转换为小写

例如，InvoiceDate 字段在数据导入时，设置的数据类型为 varchar 文本类型，没有设置成日期/时间类型，因此显示为 "12/1/2010 8:26" 这样的格式。如果想提取出 "年份"，那么可以用 mid 函数：

```
select mid(InvoiceDate,6,4) from ecommerce
```

以上是对简单查询语句的练习，通过这些练习大家可以检验自己是否已经掌握了这些查询语句。在实际项目中，我们有时需要写一些稍微复杂的语句。而这些 "复杂" 的语句也是由这些简单语句组合成的，仅仅是将某一个条件、字段或表替换成简单语句而已。

练习 9

在表 ecommerce 中，求销售额（UnitPrice*Quantity）合计大于 "200000" 的国家，在结果中展示国家（Country）和销售额（sales）两个字段。

```
select Country,sum(UnitPrice*Quantity)as sales from ecommerce
```

```
group by Country
having sales > 200000
```

执行结果:

Country	sales
United Kingdom	8187806.364001113
Netherlands	284661.54000000015
Germany	221698.20999999862
EIRE	263276.81999999826

解释：当使用 group by 按国家进行分组，对合计函数 sum 添加大于"200000"的条件时，不能使用 where 子句，而是使用 having 子句，这一点初学者容易混淆。

练习 10

在表 ecommerce 中，求销售额（UnitPrice*Quantity）合计大于"Germany"销售额的国家，在结果中展示国家和销售额两个字段。

```
select Country,sum(UnitPrice*Quantity)as sales from ecommerce
group by Country
having sales >
        (select sum(UnitPrice*Quantity)
         from ecommerce
         where Country='Germany');
```

解释：这道题和练习 9 基本是一样的，唯一的区别是练习 9 给出了销售额要大于"200000"这个具体的数字，而本题只是把"200000"替换成"Germany"的销售额。因此，我们只要先写一个查询出"Germany"销售额的 select 子句，判断销售额合计数（sales）是否大于它。可以看出，"复杂语句"仅仅是将简单语句中的一些值、表或条件组合起来。

前面 10 个练习是对单张表的查询操作，下面我们将利用 Kaggle 中的公开数据集"Mobile App Store"练习多表连接查询。在本书配套资源中下载数据文件"AppleStore.csv"和"Description.csv"，如表 2-6-2 和表 2-6-3 所示。利用 2.3 节所学的导入数据方法，将两张表导入数据库。

表 2-6-2

字段	描述
空	序号
id	唯一 id
track_name	App 名称
size_bytes	App 大小
currency	币种
price	价格
rating_count_tot	所有版本评分次数
rating_count_ver	当前版本用户评分次数
user_rating	所有版本用户平均评分
user_rating_ver	当前版本用户平均评分
ver	最新版本
cont_rating	内容评价
prime_genre	主要类别
sup_devices.num	支持设备数目
ipadSc_urls.num	展示中显示截图数目
lang.num	支持语言数目
vpp_lic	启用批量购买程序设备的许可

表 2-6-3

字段	描述
id	唯一 id
track_name	App 名称
size_bytes	App 大小
app_desc	App 描述

将两张表导入后，可以查看所有字段。需要注意的是，表 Description 中的 app_desc 为 App 描述，其字符数较长，如果使用 varchar(255) 或 text 数据类型，那么有些 App 描述的字符会超过最大限制。因此，可以使用 longtext 数据类型。这里对表 Description 采用语句导入。

建表（注意将 app_desc 字段设置为 longtext 类型）：

```
create table Description(
id varchar(255),
track_name varchar(255),
size_bytes varchar(255),
app_desc longtext
);
```

导入数据：

```
load data infile'../Uploads/Description.csv'
into table Description
fields terminated by',' enclosed by'"'
lines terminated by'\n' ignore 1 lines;
```

后面将以上两张表构成的数据集简称为"App"，作为练习的数据集。

练习 11

将数据集 App 中的表 AppleStore 和表 Description 进行连接，查询每个 App 的 id、名称、价格、描述。

```
select a.id,a.track_name,a.price,b.app_desc
from AppleStore a left join Description b
on a.id=b.id
```

解释：价格字段在表 AppleStore 里，描述字段在表 Description 里，因此需要将两张表通过 id 连接查询。将表 AppleStore 重命名为 a，将表 Description 重命名为 b，这样在选取查询的字段的时候就能够利用简写，如原本的 AppleStore.id 就简写成 a.id。实际上多表连接查询与前面的单表查询并没有什么不同，大家可以将 from AppleStore a left join Description b on a.id=b.id 当成一个整体，也就是两张表组合而成的一张单表，从这个角度看就和前面的 from 单表操作是一样的。

练习 12

在表 AppleStore 中，求所有 App 的类别（prime_genre）。

```
select distinct prime_genre
from AppleStore
```

执行结果：

prime_genre
Games
Productivity
Wheather
...

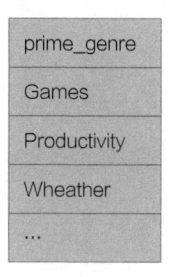

练习 13

在表 AppleStore 中，求每个类别的 App 数量并按数量降序排列。

```
select prime_genre,count(*)as count
from AppleStore
group by prime_genre
order by count desc
```

执行结果：

prime_genre	count
Games	3808
Entertainment	535
Education	453
Photo & Video	349
...	...

解释：可以看出在表 AppStore 中游戏、娱乐、教育、图片 / 视频类的应用占比较大。

练习 14

在表 AppleStore 中，求每个类别（prime_genre）热度最大的 App 并按热度降序排列，在结果中显示 prime_genre、track_name、rating_count_tot 3 个字段。

注意，所有版本评分次数（rating_count_tot）代表 App 的热度。

```
select prime_genre,track_name,rating_count_tot
from AppleStore a
```

```
where rating_count_tot>=all(
  select rating_count_tot
  from AppleStore b
  where a.prime_genre=b.prime_genre)
order by rating_count_tot desc
```

执行结果：

prime_genre	track_name	rating_count_tot
Social Networking	Facebook	2974676
Photo & Video	Instagram	2161558
Games	Clash of Clans	2130805
Music	Pandora-Music & Radio	1126879
...	...	...

解释：对以上复杂语句，初学者可能不容易理解。我们先来看看函数 all() 中包含的子句：

```
select rating_count_tot
from AppleStore b
where a.prime_genre=b.prime_genre
```

关键就是理解这一子句，它查询的结果是所有版本评分次数（rating_count_tot）即热度值。当然我们还加了限制条件 a.prime_genre=b.prime_genre，这里的 a、b 分别是外层表 AppleStore 和内层表 AppleStore，这里加上限制条件的意思就是找出与表 a 同类别的所有 App 的热度值。所以外层的 where 子句 rating_count_tot>=all() 就是找出同类别热度最大的 App。

练习 15

在表 AppleStore 中，求每个类别（prime_genre）热度排名前三的 App，在结果中显示 prime_genre、track_name、rating_count_tot 3 个字段。

```
select prime_genre,track_name,rating_count_tot
from AppleStore a
where (
  select count(*)
  from AppleStore b
```

```
    where a.prime_genre=b.prime_genre
    and a.rating_count_tot<=b.rating_count_tot
       )<=3
order by prime_genre
```

执行结果：

prime_genre	track_name	rating_count_tot
Games	Temple Run	1724546
Games	Clash of Clans	2130805
Games	Candy Crush Saga	961794
Games	Angry Birds	824451
...	...	...

解释：本题和练习 14 基本相同，区别是练习 14 是求热度第一的 App，而本题是求热度前三的 App。SQL 语句中有两个对表 AppleStore 的查询语句，外层的表重命名为 a，内层的表重命名为 b。根据 2.4 节可以知道查询语句会先运行 where 子句。由于两个表有 prime_genre 相同的条件，所以只考虑 Games 这一个类别，并且为简化起见，假设 Games 类别中只有上面 4 个 App，求热度前三的 App。

1. 当 a 取第 1 行时，b 遍历所有行：

1724546<=1724546 yes

1724546<=2130805 yes

1724546<=961794 no

1724546<=824451 no

count(*)=2 满足 <=3，因此 a 选中第 1 行。

2. 当 a 取第 2 行时，b 遍历所有行：

2130805<=1724546 no

2130805<=2130805 yes

2130805<=961794 no

2130805<=824451 no

count(*)=1 满足 <=3，因此 a 选中第 2 行。

3. 当 a 取第 3 行时，b 遍历所有行：

961794<=1724546 yes

961794<=2130805 yes

961794<=961794 yes

1724546<=824451 no

count(*)=3 满足 <=3，因此 a 选中第 3 行。

4. 当 a 取第 4 行时，b 遍历所有行：

824451<=1724546 yes

824451<=2130805 yes

824451<=961794 yes

824451<=824451 yes

count(*)=4 不满足 <=3，因此 a 舍弃第 4 行。

最终筛选出热度排名前三的 App。本节利用了 15 道练习题让大家动手处理数据，如果能够完成，则说明大家已经掌握了 SQL 中最基本的查询语句。这里还是建议大家完成 sqlzoo.net 上所有的练习题，学会这些练习题对满足常用的数据分析需求是足够的。

2.7 数据透视和数据去重

数据透视

对于经常使用 Excel 的人来说，数据透视是常用的功能。同样在 SQL 查询中，数据透视也经常被使用。在 SQL 查询中，一般有两种数据透视方式。

1. 使用 group by 对某一个字段进行透视。如 2.6 节练习 13，我们对表 AppleStore 的字段 prime_genre（App 类别）使用 group by 统计出每个类别 App 的数量。

2. 使用 case when 语句自定义数据透视。

语法：

case when 条件 then 值 1 else 值 2 end

如果要求所有 App 的价格分开，由此分析苹果手机的应用市场软件的收费情况，那么可以写 SQL 语句：

```
select
sum(case when price=0 then 1 else 0 end)as free,
sum(case when price>0 and price<=5 then 1 else 0 end)as'0~5',
sum(case when price>5 and price<=10 then 1 else 0 end)as'5~10',
sum(case when price>10 and price<=15 then 1 else 0 end)as'10~15',
sum(case when price>15 and price<=20 then 1 else 0 end)as'15~20',
sum(case when price>20 and price<=50 then 1 else 0 end)as'20~50',
sum(case when price>50 then 1 else 0 end)as'50+'
from AppleStore
```

执行结果：

free	0~5	5~10	10~15	15~20	20~50	50+
4049	2686	318	34	21	27	7

可以看出表 AppleStore 中免费软件是占绝大多数的，而付费软件的价格也主要集中在 "0~5"

美元区间。那么我们如何理解 case when 语句呢？这里以计算 "0~5" 美元的软件数量为例：

```
sum(case when price>0 and price<=5 then 1 else 0 end)as'0~5',
```

当遍历表 AppleStore 中每一行数据时，程序会判断是否满足条件 price>0 and price<=5。如果满足，那么这一行的值就为 1，否则为值 0。外面的 sum() 求和函数会对所有行求和，即统计出价格为 "0~5" 美元的软件数量。此处满足条件后的值是可以自定义的，假如知道下载数量（amount），那么可以通过 sum（case when price>0 and price<=5 then price*amount else 0 end）求出所有 App 在上述价格区间的销售额。这在我们进行数据分析时常常会用到。

数据去重

当我们拿到数据并准备进行数据分析时，常常会发现源数据存在大量的重复数据，而这些重复数据会影响我们的分析，因此需要将重复的数据去重。我们可以使用 group by。group by 是分组求和，往往和一些聚合函数一起使用，它的作用实际上就是将相同值聚合成一条数据。当有 sum() 等函数时，可以对字段值求和。还是以 2.6 节中 App 数据集中的表 Description 作为练习。

表 Description 中的数据是不重复的，现在给它添加一条重复数据 "Facebook"。

```
insert into Description(id,track_name,size_bytes,app_desc)
  select * from Description
      where track_name='Facebook';
```

此时表 Description 中有两条相同的 Facebook 数据。现在使用 group by 进行去重。

```
select * from Description
group by id;
```

按 id 进行聚合后，将不再有重复值，可以将这个没有重复值的查询结果生成另外一张表 Description_plus。

```
create table Description_plus as
  (select * from Description
    group by id);
```

再查询表 Description_plus 中 Facebook 的数据。

```
select * from Description_plus
```

```
where track_name='Facebook'
```

本节介绍的数据透视和数据去重虽然操作简单但功能强大，在后面的案例中我们还会进行介绍。

2.8 快速查询之索引

对于刚学 SQL 的人来说，很难理解索引的作用。笔者在学习的时候也是这样的，所以根本不会给表添加索引，而是直接写 SQL 语句进行数据分析。当只是单表查询的时候可能不会感觉到有什么区别，但是当多表查询的时候，之前仅仅是处理一张 10 万行的表，使用了 join 将两张表关联查询，查询等待的时间就足足有 20 分钟，十分让人沮丧。有一次笔者处理将近 100 万行的表使用 join 关联查询的时候，竟花费了 20 多个小时还是没有出结果。这才迫使笔者去看相关资料，知道了索引可以优化查询速度，因此笔者停止运行还没出结果的查询语句，给两张表添加上索引，再进行查询时仅用了 18 秒就生成了查询结果！

关于索引的原理，笔者看了很多资料，对于初学者或者仅仅是利用 SQL 进行数据分析的使用者来说，并不需要掌握它的底层原理。下面打一个比方，谈一谈索引是什么。现在我们手里有一本新华字典，假如要查询一个字"牛"，该怎么查呢？首先翻到前面的目录，找对应的拼音，或者通过笔画找到这个字，知道这个字所在的页码，就可以根据这个页码查找到"牛"的详细解释了。如果没有前面的目录，该怎么查呢？最"笨"的方法是从第一页开始一页一页地查有没有"牛"这个字，这个方式比前面通过目录查找的方式慢了很多。索引就如同字典中的目录。

在 MySQL 中索引有 unique、primary key、fulltext、index 4 种。

语法：

alter table 表名 add 索引类型 (unique, primary key, fulltext, index) [索引名] (字段名)

primary key、unique 都是对不重复的字段进行设置，比如表中 id 或唯一的销售单号、发货单号等。它们的区别是 primary key 在一张表中只能有一个，unique 在一张表中可以有多个。

例如，给表 AppleStore 中的 id 字段添加主键：

```
alter table AppleStore add primary key (id);
```

删除 primary key 主键：

```
alter table AppleStore drop primary key;
```

给表 AppleStore 中的 id 字段添加 unique 索引：

```
alter table AppleStore add unique (id);
```

删除 unique 索引：

```
alter table AppleStore drop index id;
```

以上是对没有重复值的列添加索引，而对有重复值的列则需要使用 index 索引。

语法：

alter table 表名 add index 索引名（列名）；

例如，对 App 类别（prime_genre）添加 index 索引：

```
alter table AppleStore add index index_category(prime_genre);
```

删除 index 索引：

```
alter table AppleStore drop index index_category;
```

可以看到删除索引的语句为：

alter table 表名 drop index 索引名；

这里的索引名 index_category 是自定义的，和其他类型索引一样也是可选的。其与 alter table AppleStore add index (prime_genre) 功能相同。

删除 index 索引：

```
alter table AppleStore drop index index_category;
```

可以看到删除索引的语句为：

```
alter table 表名 drop index 索引名；
```

这里的索引名是在创建时自定义的：

```
alter table 表名 drop index 列名；
```

对于 text、longtext 类型的列，不能添加上面 3 种索引。长文本的类型需要使用 fulltext 索引，添加方法和 index 索引一样。例如，将 App 种类（prime_genre）改成 text 类型后，添加 fulltext 索引：

```
alter table AppleStore add fulltext index_category(prime_genre);
```

删除 fulltext 索引：

```
alter table AppleStore drop index index_category;
```

以上是添加和删除索引的 4 种方法。对于表中已有的索引可以通过语句 show index from 表名或 show keys from 表名来查看索引信息。当然，除给已有的表添加索引以外，还可以在创建表的时候直接添加索引，方法可以参考 MySQL 官方文档，这里就不再介绍了。我们的出发点是使用 SQL 进行数据分析，因此掌握工作中使用最多的语句即可。

2.9 随机抽样

在审计中常常会使用到抽样方法，也就是对具有审计相关性的总体中低于百分之百的项目实施审计程序，使所有抽样单元都有被选取的机会，为注册会计师针对总体得出结论提供合理依据。简单来说，就是需要我们从总体中选出一些样本，通过对样本的检查得出对样本的结论，进而辅助推导出对总体的结论。

在 Excel 或其他一些软件中可以非常容易对数据进行抽样，但当数据量超过一定数量时，则需要在数据库中进行处理。如何用 SQL 进行抽样，是我们本节要掌握的内容。本节将介绍随机抽样的 3 种方法，这里仍以表 AppleStore 作为示例进行讲解。首先，通过 select count(*)

from AppleStore 求出表中有 7142 条数据，假设需要随机抽样出 100 条数据。

方法 1

具体方法如下：

```
select * from AppleStore
order by rand()
limit 100;
```

解释：rand() 函数会产生 0~1 的随机数，order by rand() 根据产生的随机数进行排序。limit 100 截取前 100 行数据，从而达到随机抽样 100 条数据的目的。当然，如果需要抽样出 N 条数据，那么可以使用 limit N。

```
select * from 表名
order by rand()
limit N;
```

需要注意的是，虽然这是最简单的方法，但是当数据量较大的时候，查询速度就会变慢。

方法 2

首先计算需要的抽样数据与总体的占比 100/7142=0.014，然后通过查询语句随机抽样出上述比例的数据。

```
select * from AppleStore
where rand()<0.014
```

解释：对于每一行数据，都会执行判断条件 where rand()<0.014，而 rand() 是产生 0~1 的随机数，那么每条数据都有 0.014 的概率被筛选出来，最终会筛选出"总体 ×0.014"条数据。当然，实际筛选出的数据条数不是固定的，而是随着数据量越大越接近 0.014 这个比例。为了抽取出刚好 100 条数据，可以稍微提高抽取的比例，然后使用 limit 100 截取前 100 条数据。

```
select * from AppleStore
where rand()<0.015
limit 100;
```

方法三

本方法需要表中有一列是连续编号的数字，一般的表中 id 或序号都是连续编号的，可以直接使用。如果没有连续编号的列，那么需要人为创建一列有序号的数据。在表 AppleStore 中无论是 id 还是序号都是不连续的，所以首先新增一列，列名设为 num。

新增列的语法：

alter table 表名 add column 列名 数据类型

比如，给表 AppleStore 新增一列 num，数据类型为 int。

```
alter table AppleStore add column num int;
```

删除列语法：

alter table 表名 drop column 列名

修改列名语法：

alter table 表名 change 原列名 新列名 数据类型

以上是对列操作的语句用法，下面给创建的 num 列添加连续的序号。

```
set @rn=0;
update AppleStore set num=(@rn:=@rn+1);
```

解释：在 SQL 中命名一个变量需要在前面加一个 @ 符号，此处命名一个代表行数的变量 @rn（row number）。update 表名 set 列名 = 值 where 列名 = 某值是修改值的语法。这里用 num=(@rn:=@rn+1) 使列 num 的值增加。

需要注意的是，在使用 update 语句时，可能会报错：Error Code 1175 You are using safe update mode。如果没有加 where 限制条件，那么更新值是不允许的。下面关闭安全更新模式。

```
SET SQL_SAFE_UPDATES=0;
```

通过上述步骤，给原表增加了递增的连续编号列 num 列。下面就可以根据 num 列进行随机抽样了。

```
set @max=7142;
set @min=1;
select *
from AppleStore a join
  (select floor(@min+(@max-@min+1)*rand())as num
  from AppleStore
  limit 100)b on a.num=b.num
limit 100;
```

解释：将 num 列的最大编号、最小编号分别命名为变量 @max 和 @min。

```
select floor(@min+(@max-@min+1)*rand())as num
from AppleStore
limit 100
```

以上语句的作用是随机生成 100 个 num 序号。其中 floor() 函数是对一个数向下取整，如 floor(1.2)=1，这里采用向下取整，而不使用四舍五入的原因是防止抽样出的数据超过序号的最大值。对语句的查询结果我们重命名为表 b，将表 a、表 b 通过序号内连接，查找出表 b 中随机抽样出的 100 个序号所对应的数据。可以看出对序号的要求并不需要从 1 开始，它可以从任意值开始，只要序号是连续的。本方法在数据量大的情况下也有较快的查询速度。

在上例中添加 num 列是直接在原表上添加列并生成递增的连续编号。很多时候修改原表是不妥的，但可以使用 with as 将新增 num 列后的查询表的结果作为被引用的片段。

```
select *,row_number()over (order by id)as num
from AppleStore
```

使用 row_number() over (order by id) as num，其中 row_number 函数将原表数据按 id 排序后生成序号，重命名为 num。该查询语句实际就是在表 AppleStore 的基础上增加了 num 列，但序号只显示在查询结果中，而不是对原表进行修改。利用 with as 对表 AppleStore 用增加了 num 列的新表进行替换。

```
set @max=7142;
set @min=1;
```

```
with AppleStore as (select *,row_number()over (order by id)as num
    from AppleStore)
select *
from AppleStore a join
  (select floor(@min+(@max-@min+1)*rand())as num
   from AppleStore
   limit 100)b on a.num=b.num
limit 100;
```

2.10 分层抽样

分层抽样法也叫类型抽样法。它是从一个可以分成不同层的总体中，按规定的比例从不同层中随机抽取样品（个体）的方法。实际工作中我们面对的数据可能有很多分类，比如一个中学有 3 个年级，初一有 1400 人，初二有 1200 人，初三有 1000 人。如果使用随机抽样，那么得到的样本的分布可能就和整体的分布差别较大，而如果按比例将总体划分为 3 层，在每层中抽样，那么得到的样本分布就会接近总体。

还是以表 AppleStore 为例，按照 App 的大类（prime_genre）进行分层。假设每层抽取的样本数量和每层的总体数量是等比例的，总体数量为"7142"，抽取其中 100 个样本。

```
with s as (
 select *,row_number()over (order by prime_genre)as num
 from AppleStore
)
select * from s where num % 72 =1
```

解释：在 with as 子句中将数据按大类（prime_genre）排序，在添加序号列 num 列后命名其为表 s。select * from s where num % 72 =1 指在按类别排序后从每隔 72 行中抽取一条数据。表达式 % 是模运算符，即第一个数除以第二个数之后的余数。例如，7%5 的结果为 "2"。因为总体数量为 "7142"，因此从每隔 72 行中抽取一行数据，最终可以取 100 个样本。这里的余数可以自己设定。

在某些情况下，需要先按金额大小排序，然后再分层，每一层的金额大小相同或相近。此时分层抽样的逻辑就不是等比例的，使用 SQL 语句难以实现。学习完 Python 之后，可以尝试完成这种逻辑的分层抽样。一般不会用 SQL 写逻辑特别复杂的语句，因为这不是它擅长的方面。

2.11 关于时间

我们在做数据分析时，时间是一个非常重要的维度。当对企业业务数据进行分析时，我们可以看到数据中有许多与时间有关的字段，例如用户注册时间、登录时间、下单购买时间、货物运达时间等。在仅看财务数据或报表数据时，时间信息是缺失的。如果直接分析财务数据背后的业务数据，以订单、用户等最细颗粒度进行分析时，则可以给我们提供许多分析点，以发现违背常识的异常事项或刻画业务呈现的用户画像。

企业活动依赖信息系统，终端用户的行为发生在系统中并被记录到企业的数据库中，而这些系统可能是 PC 端的网页、移动端的 App，或者微信小程序等。这些业务可以被划分为两类，一类是一次性购买商品、服务，其所对应的时间是一个时间点，即用户购买商品的行为在一个时间点完成，如在淘宝上直接购买一件商品。另一类是购买订阅服务，其所对应的时间是一段持续时间，即用户购买后，商家会在一段时间提供商品或服务，如按年收费的订阅制软件、按年收费的电商会员服务。对于这两类业务，在分析时会有不同的角度。

对于时间点，可以按年、月、小时、分钟分别统计数据。例如，按年统计，可以看到企业业务增长的趋势。按月统计，可以看到企业在一年之中的淡、旺季或销售周期。按小时统计，可以看到用户的操作时间是否符合一般人的作息规律。这些分析既要结合生活常识也要结合行业特性。比如，对于一个普通商品，用户在凌晨购买的情况一定不会很多，但是对于游戏装备，购买发生在凌晨的可能性就很高。

对于持续时间，可以统计活跃用户、客户的留存率等指标，以及通过公式计算其他指标。比如，要计算固定资产折旧，那么本年应该折旧的期限就是一段持续时间。再比如对于物流运输行业，一个运单通过计算运输时间再结合距离可以计算出平均时速。

当然我们可以结合行业和公司特点总结出很多计算指标，也可以结合统计学知识设计出一些分析模型，但最终落脚点还是 SQL，需要在数据库中利用 SQL 语句计算这些指标或模型。所以我们要先学习 SQL 中关于时间的基础知识，再结合具体案例进行练习。

时间函数

在 MySQL 中关于日期和时间的数据类型有：date、time、datetime、timestamp 和 year，如表 2-11-1 所示。

表 2-11-1

数据类型	数值格式
date	0000-00-00
time	00:00:00
datetime	0000-00-00 00:00:00
timestamp	0000-00-00 00:00:00
year	0000

在实际使用中 datetime 和 timestamp 比较常见，既包含了日期也包含了时间，能够满足我们分析的需要。由于数据本身是由企业的生产系统产生的，所以要更多关注对时间的处理，因此我们需要掌握一些常用的时间函数，如表 2-11-2 所示。

表 2-11-2

函数	描述
date()	从 date 或 datetime 类型中提取出日期信息
year()	返回年份
month()	返回月份
week()	返回周
weekday()	返回星期几
day()	返回天
hour()	返回小时
minute()	返回分钟
last_day()	返回当月最后一天
str_to_date()	字符串格式转换为日期格式
date_format()	日期格式转换为字符串格式

续表

函数	描述
timestampadd()	将时间添加间隔
timestampdiff()	计算两个时间间隔
datediff()	计算两个日期间隔

date()

当拿到的时间是 2020-12-31 23:59:59 这样的格式时,要想只保留年、月、日,则可以使用 date() 函数进行日期提取。

```
select date('2020-12-31 23:59:59');
```

执行结果:

```
2020-12-31
```

year()

如果想从 2020-12-31 23:59:59 格式的时间中提取出年份 2020 并按年份统计数据,那么可以使用 year() 函数。

```
select year('2020-12-31 23:59:59');
```

执行结果:

```
2020
```

同样地,若需按月、周、日、小时、分钟统计,则可以分别使用 month()、week()、day()、hour()、minute() 函数。

```
select month('2020-12-31 23:59:59');
select week('2020-12-31 23:59:59');
select day('2020-12-31 23:59:59');
select hour('2020-12-31 23:59:59');
select minute('2020-12-31 23:59:59');
```

执行结果：

```
12
52
31
23
59
```

weekday()

有时候，我们想看一个日期是星期几，比如对于零售行业而言周末的销售量通常大于工作日的销售量，因此需要按星期统计数据，此时可以使用 weekday() 函数。

```
select weekday('2020-12-31')
```

执行结果：

```
3
```

需要注意的是，0 为星期一，1 为星期二……另外，weekday() 要和 week() 区分开，week() 返回的日期是指一年中的第几周，而不是星期几。

last_day()

返回当月最后一天。

```
select last_day('2020-12-03')
```

执行结果：

```
2020-12-31
```

str_to_date(str,format)

很多时候存在这种情况，就是企业将时间保存的数据类型不是日期类型而是像 varchar 这样的字符串类型。因此当需要使用日期时间函数时，首先要将时间从字符串类型转换为日期类型。

```
select str_to_date('20201231 23:59:59','%Y%m%d %H:%i:%s');
```

执行结果：

```
2020-12-31 23:59:59
```

可以看出使用 str_to_date 函数时需要指定字符串对应的 format，常见的 format 指示符（Specifier），如表 2-11-3 所示。

表 2-11-3

指示符	描述
%Y	年 四位数
%y	年 两位数
%m	月 (00~12)
%d	日 (00~31)
%H	小时 (00~23)
%h	小时 (01~12)
%i	分钟 (00~59)
%s	秒 (00~59)

除了以上常见的指示符，还有其他指示符，如 %b 代表月份的缩写 (Jan~Dec)。最详细的指示符列表可以在 MySQL 官方文档中查看，此处仅列示最常用的指示符。

需要注意的是，根据字符串的格式填写对应的 format。例如，2020-12-31 对应的 format 就是 %Y-%m-%d，而字符串顺序如果是 12312020，那么就需要按其顺序写成 %m%d%Y。

```
select str_to_date('12312020','%m%d%Y');
```

执行结果：

```
2020-12-31
```

date_format(date,format)

与 str_to_date(str,format) 相反，date_format(date,format) 是将日期类型转换为字符串类型。在数据分析时，当需要同时处理字符串类型的时间和日期类型的时间时，通常可以将字符串类型转日期类型，或者将日期类型转字符串类型。date_format(date,format) 中 format 使用的指示符和 str_to_date(str,format) 中 format 使用的指示符是相同的。

```
select date_format('2020-12-31','%Y%m%d');
select date_format('2020-12-31','%Y/%m/%d');
```

执行结果：

```
20201231
2020/12/31
```

timestampadd(unit,interval,datetime_expr)

在工作中我们常常遇到求多少天或者多少月后是什么日期的问题。此时就需要使用 timestampadd() 函数给日期添加一个时间间隔以得到新的日期。

```
select timestampadd(year,1,'2020-12-31 23:59:59');
select timestampadd(month,1,'2020-12-31 23:59:59');
select timestampadd(week,1,'2020-12-31 23:59:59');
select timestampadd(day,1,'2020-12-31 23:59:59');
select timestampadd(hour,1,'2020-12-31 23:59:59');
select timestampadd(minute,1,'2020-12-31 23:59:59');
```

执行结果：

```
2020-12-31 23:59:59
2021-01-31 23:59:59
2021-01-07 23:59:59
2021-01-01 23:59:59
2021-01-01 00:59:59
2021-01-01 00:00:59
2021-01-01 00:00:00
```

可以看出 timestampadd() 函数可以求任何时间间隔的日期，当然负数也是可以的。虽然 MySQL 中还有一些函数，如 date_add() 函数也可以求时间间隔，但基于掌握最少知识，解决最多实际问题的原则，我们先掌握这一个函数即可。

timestampdiff(unit,datetime_expr1,datetime_expr2)

与 timestampadd() 函数相反，除了会遇到求多少天后是哪一天的问题，还会遇到已知两个日期，需要计算两者间隔的天数的问题。这里需要使用 timestampdiff() 函数，这两个函数名字也是相似的，可以对应起来记忆。当然，如果只是求间隔多少天，那么我们还可以使用 datediff(expr1,expr2) 进行计算。

```
select timestampdiff(month,'2019-01-01 00:00:00','2020-12-31 23:59:59')
```

执行结果：

```
23
```

第一个参数 unit 同样可以选择 year、month、week、day、hour、minute 等。

练习

现在我们已经掌握了常用的时间函数，接下来可以进行数据分析了。使用 2.3 节中导入的表 ecommerce 来进行练习。

Invoice	StockCode	Description	Quantity	InvoiceDate	UnitPrice	CustomerID	Country
536365	85123A	WHITE HANGING HEART T-LIGHT HOLDER	6	12/1/2010 8:26	2.55	17850	United Kingdom
536370	22492	MINI PAINT SET VINTAGE	36	12/1/2010 8:45	0.65	12583	France
...	...	...	...	...	...	...	...

可以看到表中有一个时间字段 InvoiceDate，但是在 2.3 节导入的时候，该字段设置的是 varchar 数据类型。如果用 date() 等时间函数，就会报错。因此要先用 str_to_date() 函数将字符串类型的时间转换为日期类型的时间。

```
select str_to_date(invoicedate,'%m/%d/%Y %H:%i') from ecommerce;
```

接着就可以使用时间函数了。例如，统计 2010-12-01 活跃用户数。

```
select count(distinct(customerid))
```

```
from ecommerce
where date(str_to_date(invoicedate,'%m/%d/%Y %H:%i'))='2010-12-01'
```

执行结果：

```
99
```

2010-12-01 的活跃用户数是 99 人。下面我们看一看各月订单的销售金额。

```
select
    year(str_to_date(invoicedate,'%m/%d/%Y %H:%i'))as year,
    month(str_to_date(invoicedate,'%m/%d/%Y %H:%i'))as month,
    format(sum(quantity*unitprice),2)as price
from
    ecommerce
group by
    year(str_to_date(invoicedate,'%m/%d/%Y %H:%i')),
    month(str_to_date(invoicedate,'%m/%d/%Y %H:%i'))
```

执行结果：

year	month	price
2010	12	748,957.02
2011	1	560,000.26
2011	2	498,062.65
2011	3	683,267.08
2011	4	493,207.12
2011	5	723,333.51
2011	6	691,123.12
2011	7	681,300.11
2011	8	682,680.51
2011	9	1,019,687.62
2011	10	1,070,704.67
2011	11	1,461,756.25
2011	12	433,668.01

注意，format(数字 ,2) 是将数字保留两位小数并展示为会计格式，即千分位格式。

通过将销售额 (quantity*unitprice) 按年和月进行 group by 合计，可以看出数据集仅有 2010 年、2011 年数据，并且 2010 年只有 12 月的数据。通过 Excel 的图表画出 2011 年的月销售额波动图，如图 2-11-1 所示。

year	month	price
2011	1	560,000.26
2011	2	498,062.65
2011	3	683,267.08
2011	4	493,207.12
2011	5	723,333.51
2011	6	691,123.12
2011	7	681,300.11
2011	8	682,680.51
2011	9	1,019,687.62
2011	10	1,070,704.67
2011	11	1,461,756.25
2011	12	433,668.01

图 2-11-1

可以看到 9 月、10 月、11 月销售额增长较大。需要进一步了解企业的业务情况，看是因为有周期性的波动，还是因为一些特殊业务因素造成的。下面使用 hour() 函数，查看所有订单销售额在一天中按小时分布的情况。

```
select
    hour(str_to_date(invoicedate,'%m/%d/%Y %H:%i'))as hour,
    format(sum(quantity*unitprice),2)as price
from
    ecommerce
group by
    hour(str_to_date(invoicedate,'%m/%d/%Y %H:%i'))
order by
    hour
```

执行结果：

hour	price
6	-497.35
7	31,009.32
8	281,840.86
9	766,734.05
10	1,329,056.52
11	1,147,437.92
12	1,362,484.29
13	1,177,506.37
14	1,095,212.90
15	1,189,458.28
16	729,140.82
17	435,444.11
18	140,574.48
19	46,324.99
20	16,020.37

在 Excel 中绘制出按小时分布的销售额分布图，如图 2-11-2 所示。可以看出订单主要集中在 8 点到 18 点。这样看起来也还算正常。但是如果有大量订单分布在凌晨呢？这种不符合我们作息规律的时间分布就值得引起注意，很可能是机器批量操作的结果，具体原因还需要进一步验证。

按小时分布的销售额分布图

图 2-11-2

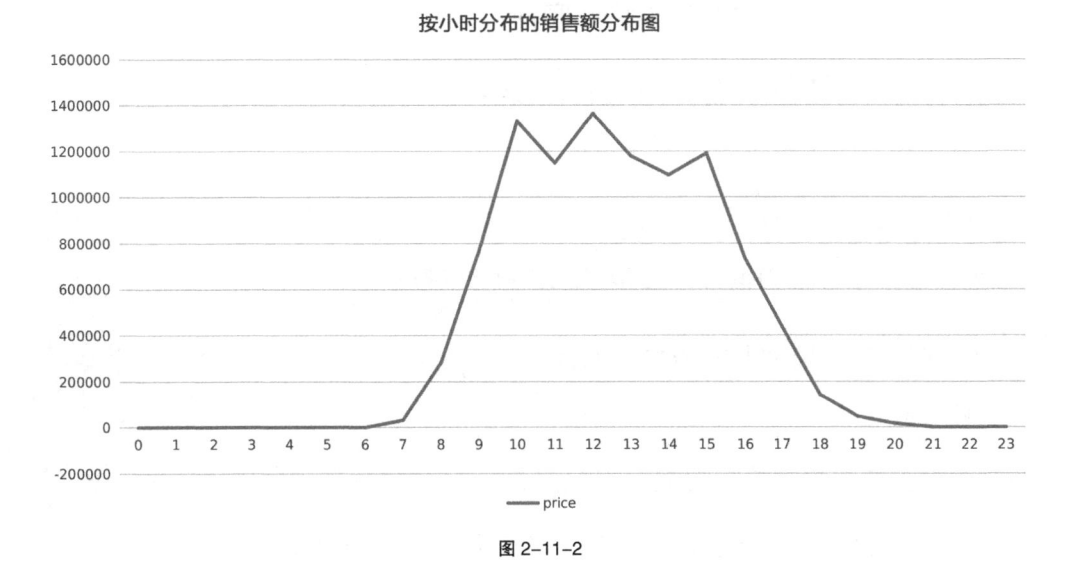

2.12 关于文本

在数据分析中我们经常会处理文本信息,这里的文本主要指 varchar、text 等文本类型的数据结构。例如,需要去除订单号开头前几位的文本,或者提取文本的前四位作为年份,以及将几个字符串拼接成一个文本,等等。本节将介绍几个常用的文本处理函数,如表 2-12-1 所示。

表 2-12-1

函数	描述
left()	返回左边几位字符
right()	返回右边几位字符
substr()	返回子字符串
length()	返回字符串长度
concat()	拼接多个字符串
trim()	去除首尾空格或指定字符
replace()	替换字符

left(str,len) 指从字符串 str 中返回最左边前 len 位字符串。

```
select left('ABC0001',3);
```

执行结果：

```
ABC
```

right(str,len) 指从字符串 str 中返回最右边前 len 位字符串。

```
select right('ABC0001',4);
```

执行结果：

```
0001
```

substr(str,pos,len) 指在字符串 str 中从 pos 位开始返回 len 位字符串。

```
select substr('ABC0001',2,2);
```

执行结果：

```
BC
```

也可以不加 len 参数即 substr(str,pos)，表示返回从 pos 位开始后的所有字符。

```
select substr('ABC0001',2);
```

执行结果：

```
BC0001
```

再比如表中有 2020/12/31 23:59:59 这样的文本时间格式，如果想按月份进行合计，那么除 2.11 节中介绍的先用 date_format() 函数将其转换为时间格式，再用 month() 函数提取月份以外，还可以使用 substr() 函数进行提取。

```
select substr('2020/12/31 23:59:59',6,2);
```

执行结果：

```
12
```

通过 length() 函数可以返回字符串的字符数，即长度。

```
select length('ABC0001');
```

执行结果：

```
7
```

使用 concat(str1,str2,…) 可以将多个字符串拼接成一个字符串，应用于需要提取多个字段的部分信息并组合成一个字符串的情况。

```
select concat('2020','-','12','-','31');
```

执行结果：

```
2020-12-31
```

trim([{both | leading | trailing} [remstr] from] str), trim([remstr from] str) 指当遇到的数据不"干净"时，如字段的首尾有空格，则可以使用 trim() 函数去除空格。

```
select trim('  bar   ');
select trim(leading'x' from'xxxbarxxx');
select trim(both'x' from'xxxbarxxx');
select trim(trailing'x' from'xxxbarxxx');
```

执行结果：

```
bar
barxxx
bar
xxxbar
```

使用 replace(str,from_str,to_str) 可以将 str 字符串中的 from_str 文本替换为 to_str 文本。

```
select replace('Mouse love rice','Mouse','Cat');
```

执行结果：

```
Cat love rice
```

以上就是常用的文本函数。在实际工作中我们可能还会遇到在 SQL 中使用正则表达式提取关键信息的情况。如有更加复杂的情况，我们可以用 Python 等编程语言进行处理。

第3章

SQL实战

通过第 2 章的学习，我们已经知道了如何利用 SQL 进行数据分析。SQL 查询语句的内容并不多，对于稍微复杂一点的数据分析，我们可以通过简单语句的嵌套组合来完成；对于特别复杂的数据分析，我们可以使用高级编程语言来完成。所以我们使用 SQL 的场景都不会特别复杂，本章我们就利用项目数据作为练习，通过一些实际案例来进一步巩固前面所学的基础知识。

3.1　固定资产折旧计算

项目背景

公司的主营业务为租赁某一类型的固定资产，业务遍布全球。其资产类别单一，仅型号不同，自有资产数量为百万数量级。由于固定资产价值较高，对应产生的折旧金额较大，因此需要重新计算 2018 年固定资产折旧，与财务系统中的计提折旧进行对比，判断差异。

采用平均年限法测算固定资产折旧：

折旧 = 月折旧额 × 计提月数

而月折旧额的计算一般有两个公式。

公式 1：

月折旧额 =(原值 – 减值准备 – 残值)/ 使用寿命（月）

公式 2：

月折旧额 =(原值 – 减值准备 – 残值 – 累计折旧)/ 使用寿命（月）

注意，公式 2 的使用寿命是指剩余的使用寿命，而公式 1 的使用寿命是指总的使用寿命。

当没有减值准备或原值变动的时候，上述两个公式的结果是完全一样的，当发生原值变动或减值准备时，公式 2 比公式 1 更准确。在实际测算中，对于审计人员来说，采用哪一种方法都是可以的，因为两者差异很小，差异只要在低于重要性水平的合理区间即可。

数据说明

本案例需要使用"fixed_assets"和"rv_life"两张表,分别为固定资产基本信息表和同型号对应的残值与使用寿命表。这两张表是由实际项目中的多张表拼接而成,并且删除了非必要信息,仅包含 3 个型号的资产数据。利用处理后的数据,能为你省去前面不重要的数据处理过程,使你更了解分析思路。

表 fixed_assets

字段名	描述	示例数据
id	资产编号	0000012
cost	原值	2061.8
end depr	报废日期	06/30/2026
2018_accum_depr	截至 2018 年累计折旧	-927.62
2017_accum_depr	截至 2017 年累计折旧	-853.28
2018_rv_adj	2018 年折旧调整	0
2017_rv_adj	2017 年折旧调整	0
2018_monthly_depr	2018 年月折旧额	-10.31
2017_monthly_depr	2017 年月折旧额	-10.94
mth_rv_adj	月折旧额调整	0
2018_carry_value	2018 年净值	1134.18
2017_carry_value	2017 年净值	1335.21
product	资产型号	CH4
in_use_date	启用日期	07/31/2011

表 rv_life

字段名	描述	示例数据
type	资产型号	C40
life	使用寿命	180
rv	残值	0.1

以上是两张表对应字段的说明。需要注意的是,表"rv_life"的字段 rv 有两种类型:一种是固定值,如 780;另一种是比值,如 10%,也就是 0.1。所以我们在计算残值的时候需要判断比

例是否为 0.1 后，再进行计算。

计算思路

在正常情况下，如果运用公式 1，只需要知道原值、残值、使用寿命，就可以计算出月折旧额（注意，无减值准备）。再根据启用日期和使用寿命，就可以计算出审计期间如 2018 年应当计提折旧的月份数。利用月折旧额乘以计提月份数就可以计算出折旧额。但是该公司的一部分固定资产在以往年度进行过原值调整，所以采用公式 2 能计算得更加准确。

月折旧额 =（原值 - 减值准备 - 残值 - 累计折旧）/ 使用寿命（月）=（净值 - 残值）/ 使用寿命（月）

净值：2017 年年底的净值为字段 2017_carry_value，当启用日期大于 2018-1-1 时，其值是 0。因此对于 2018 年才开始启用的固定资产我们还需要使用原值，字段为 cost。

残值：字段为 rv，其为固定值或原值 cost 的 10%。

使用寿命：字段为 life。

至此，月折旧额就可以计算出来了。

只要能计算出 2018 年应当计提折旧的月数，再乘以月折旧额就可完成计算。下面我们看一下如何计算应当计提折旧的月数。

计提月数 =Min(寿命结束日 , 审计截止日)-Max(启用日 +1, 审计起始日)+1

这里的审计起始日和审计截止日代表审计期间的开始和结束，也就是 2018-1-1 和 2018-12-31。计提折旧的月数实际就是一段区间，只要找到这个区间的两个端点（开始日期和结束日期），就可以计算出区间的具体月数。

对于 2018 年开始计提折旧的日期，当启用日 +1 小于审计起始日时，应取较大的审计起始日；当启用日 +1 大于或等于审计起始日时，应取较大的启用日 +1，也就是 Max(启用日 +1, 审计起始日)。需要注意的是，在会计上固定资产当月购进但下月使用，所以在正常情况下可以使用"启用日 +1"。而本公司的资产在购进后大多不会马上使用，折旧是按照真正的启用日（in_use_date）从当月开始计提，也就是说在本案例中启用日并不需要 +1。这里不讨论会计处理是否合理，只按照系统逻辑进行计算。

同理，可以理解 Min(寿命结束日 , 审计截止日) 就是折旧月数区间的截止点。两个时间相减的月数 +1 就是要求的计提月数了。

测算步骤如下：

```
with asset as(
select a.id,-- 固定资产编号
if(
        STR_TO_DATE(a.in_use_date,'%m/%d/%Y')>'2018-01-01',
        a.cost,
        a.'2017_carry_value'
    )-if(b.rv=0.1,a.cost*0.1,b.rv)
     as net_worth,-- 净值 - 残值

if(
        str_to_date(a.in_use_date,'%m/%d/%Y')>='2018-01-01',
        b.life,
        b.life-timestampdiff(month,str_to_date(a.in_use_date,'%m/%d/%Y'),'2017-12-31')-1
    ) as surplus_month,-- 剩余使用寿命

1+timestampdiff(month,
    if(
        STR_TO_DATE(a.in_use_date,'%m/%d/%Y')<'2018-1-1',
        '2018-1-1',
        STR_TO_DATE(a.in_use_date,'%m/%d/%Y')
        ),-- 折旧开始时间与资产启用日较大值
    if(
        date_add(STR_TO_DATE(a.in_use_date,'%m/%d/%Y'),interval b.life MONTH)>'2018-12-31',-- 寿命结束日
        '2018-12-31',
    date_add(STR_TO_DATE(a.in_use_date,'%m/%d/%Y'),interval b.life MONTH)
        )-- 折旧截止时间与寿命结束日较小值
            )as calc_month,-- 应计提月数
```

```sql
    -(a.2018_accum_depr+a.2018_rv_adj-a.2017_accum_depr-2017_rv_adj)as
account_depreciation-- 账面折旧金额
    from fixed_assets a,rv_life b
    where a.product=b.type
)
-- 以上查询结果为表asset,作为下面查询语句的代码片段使用
select *,
round(net_worth/surplus_month*calc_month,2)as calc_depreciation,
round(net_worth/surplus_month*calc_month - account_depreciation,2)
as diff
    from asset
```

使用 with as 语句将计算出的 net_worth、surplus_month、calc_month、account_depreciation 列作为表 asset，供下面的 select 查询语句使用。执行结果，如图 3-1-1 所示。

id	net_worth	surplus_mon	calc_month	account_dep	calc_depreciation	diff
1624400	-59.7799999999997	17	12	0.05	-42.2	-42.25
1624406	957.51	140	12	82.08	82.07	-0.01
1624411	957.51	140	12	82.08	82.07	-0.01
1624420	-59.7799999999997	17	12	0.05	-42.2	-42.25
1624427	957.51	140	12	82.08	82.07	-0.01
1624432	957.51	140	12	82.08	82.07	-0.01
1624448	957.51	140	12	82.08	82.07	-0.01
1624453	957.51	140	12	82.08	82.07	-0.01
1624457	-59.7799999999997	17	12	0.05	-42.2	-42.25
1624469	957.51	140	12	82.08	82.07	-0.01
1624474	957.51	140	12	82.08	82.07	-0.01
1624480	957.51	140	12	82.08	82.07	-0.01
1624483	-59.7799999999997	17	12	0.05	-42.2	-42.25
1624495	957.51	140	12	82.08	82.07	-0.01
1624499	-59.7799999999997	17	12	0.05	-42.2	-42.25
1624509	957.51	140	12	82.08	82.07	-0.01
1624514	957.51	140	12	82.08	82.07	-0.01
1624518	-59.7799999999997	17	12	0.05	-42.2	-42.25
1624520	957.51	140	12	82.08	82.07	-0.01

图 3-1-1

其中，diff 列就是每一个固定资产测算的折旧与系统计提的折旧的差异。下面我们来看一下 SQL 语句的含义。

表 asset 中的查询语句是将表 fixed_assets 和表 rv_life 分别命名为 a 和 b，将两张表通过条件 a.product=b.type 连接，当然也可以使用我们在 2.5 节学习的 join 语句来完成。

```
if(
        STR_TO_DATE(a.in_use_date,'%m/%d/%Y')>'2018-01-01',
        a.cost,
        a.'2017_carry_value'
    )-if(b.rv=0.1,a.cost*0.1,b.rv)
    as net_worth,-- 净值 - 残值
```

STR_TO_DATE(a.in_use_date,'%m/%d/%Y') 指把资产启用日 in_use_date 由文本格式转换为日期格式，再与审计起始日 2018-01-01 进行比较，作为 if 函数的判断条件。当启用日大于审计起始日时，由于 2017 年年底的净值为 0，我们就使用原值 a.cost，否则就使用 a.2017_carry_value。

if(b.rv=0.1,a.cost*0.1,b.rv) 指计算资产对应的残值，通过判断 b.rv 比例是否为 10%（0.1），以决定是原值的 10% 还是固定值 b.rv。

将净值减去残值的结果重命名为 net_worth 列，作为表 asset 中的一列，后面使用它除以剩余使用寿命，就可以得到月折旧额。

```
if(
        str_to_date(a.in_use_date,'%m/%d/%Y')>='2018-01-01',
        b.life,
        b.life-timestampdiff(month,str_to_date(a.in_use_date,'%m/%d/%Y'),
'2017-12-31')-1
    )   as surplus_month,-- 剩余使用寿命
```

这一段是求剩余使用寿命，如果资产启用日 in_use_date 大于或等于 2018-01-01，剩余使用寿命为资产使用寿命 b.life，否则为资产使用寿命减去已使用的月份数。timestampdiff() 函数可以计算两个时间的间隔，这里计算的是资产启用日到 2018-12-31 的时间间隔并按月计算。

```
1+timestampdiff(month,
    if(
        STR_TO_DATE(a.in_use_date,'%m/%d/%Y')<'2018-1-1',
        '2018-1-1',
```

```
            STR_TO_DATE(a.in_use_date,'%m/%d/%Y')
        ),-- 折旧开始时间 (2018-1-1) 与资产启用日较大值
    if(
        date_add(STR_TO_DATE(a.in_use_date,'%m/%d/%Y'),interval 
b.life MONTH)>'2018-12-31',-- 寿命结束日
        '2018-12-31',
    date_add(STR_TO_DATE(a.in_use_date,'%m/%d/%Y'),interval b.life MONTH)
        )-- 折旧截止时间 (2018-12-31) 与寿命结束日较小值
            )as calc_month,-- 应计提月数
```

这段是计算计提月数 =1+Min(寿命结束日，审计截止日)-Max(启用日 +1, 审计起始日)

timestampdiff() 函数可以计算计提折旧时间区间起点与终点的间隔月数。其中，两个 if() 函数分别计算时间区间的起点和终点。date_add(date,interval expr unit) 函数可以计算一个时间点加上一段时间后的时间点，这里用 in_use_date 资产启用日加上使用寿命，即资产寿命结束日的时间点。

```
    -(a.2018_accum_depr+a.2018_rv_adj-a.2017_accum_depr-2017_rv_adj)as 
account_depreciation-- 账面折旧金额
```

用 2018 年的累计折旧和折旧调整减去 2017 年的累计折旧和折旧调整，就是账面上的系统计提的 2018 年的折旧。后面我们会用这个值与测算的折旧进行比较。

我们可以将以上的查询结果命名为表 asset，这张表并不是真实存在的，而是一段代码片段，在查询执行后可以引用。

```
select *,
round(net_worth/surplus_month*calc_month,2)as calc_depreciation,
round(net_worth/surplus_month*calc_month - account_depreciation,2)as diff
    from asset
```

round(net_worth/surplus_month*calc_month,2) 用（净值 - 残值）/ 剩余使用寿命 × 应计提月数得到测算的折旧，使用 round() 函数四舍五入并保留两位小数，与 account_depreciation 账面计提的折旧相减得到测算差异。

以上我们对 SQL 语句的每一句进行了详细解释，可以看出很多资产的测算结果是有差异的。

测算的是每一个固定资产的折旧，而不是一开始就对所有的固定资产折旧进行求和得到汇总数。这样做的目的是通过最小的数据颗粒度测算，能够让我们发现一些共性的问题，当数据颗粒度过大时，一些重要的信息就被掩盖了。

在实际项目中，测算所耗用的时间并不会太多，花费时间较多的是查验测算出来的差异，在排除这些差异背后的一些特殊事项后再进行测算，这样反复沟通、测算后，得到相对正确的结果。

我们利用 SQL 查找出了每一个资产的测算差异，接下来需要查找原因。首先查看测算差异较大的资产，对表 asset 的查询语句中添加 where 限制条件并按差异由大到小进行排序。

```
select *,
round(net_worth/surplus_month*calc_month,2)as calc_depreciation,
round(net_worth/surplus_month*calc_month - account_depreciation,2)
as diff
from asset
where abs(round(net_worth/surplus_month*calc_month - account_depreciation,2))
>1
order by abs(diff)desc
```

在 where 子句中添加差异绝对值大于 1 的条件限制。需要注意的是，不能直接写 where abs(diff) >1，因为在 SQL 中 where 子句是在 select 语句前面执行的。也就是说，在执行 where 子句时，系统还不知道后面将差异重命名为 diff，所以这里需要写完整的计算过程。最后使用 order by desc 对查询结果按差异绝对值由大到小进行排序，这里可以直接使用 diff，因为 order by 子句是在 select 子句之后执行的。

找一些有代表性的资产进行核对、查找原因。有的已经达到使用寿命，但还在折旧；有的 2018 年累计折旧比 2017 年累计折旧小，导致账面 2018 年的折旧为负值；有的因为经过了汇率换算，导致折旧金额和测算不一致，等等。

当排除合理的因素后，可以求一下总体的差异率：

```
select
round(sum(net_worth/surplus_month*calc_month),2)as calc_depreciation,
round(sum(account_depreciation),2)as account_depreciation,
round(sum(net_worth/surplus_month*calc_month - account_depreciation),2)
```

```
diff,
    concat(round(sum(net_worth/surplus_month*calc_month - account_depreciation)/
            sum(account_depreciation)*100,2),'%') as diff_percent
from asset
```

执行结果：

calc_depreciation	account_depreciation	diff	diff_percent
63009033.25	56796733.43	6212299.9	10.94%

用 concat(数字 *100, '%') 函数将数字显示成百分比的形式，方便查看。这样就可以得到总体的测算折旧合计、账面折旧合计、差异金额，以及差异百分比。当然，这里没有排除任何特殊的情况，只需要关注整体测算的思路、查找差异的方法、不同数据颗粒度下分析的视角，不用关注案例中的会计处理、具体的差异原因。

3.2 编号连续性分析

2020 年 2 月 1 日凌晨，著名做空机构浑水发布了做空某咖啡连锁品牌的报告，报告中指出其线下门店采用随机数虚增订单，即门店的取餐码不是连续的而是有跳号的。编号在系统中一般都是一个自增的字段，每增加一条数据就会自动增加编号，因此是连续的。所以我们一般不会去关注这个编号连续性的问题。但既然有了这种编号不连续的案例，那么我们也来尝试用 SQL 语句查找出所有不连续的编号。

将本书配套资源中的表 sales 导入数据库，数据仅包含一个字段 id，而我们要查找出所有跳号的编号。一般来说，编号可能是纯数字，也可能有一些字母前缀。对于有字母前缀的数据，需要先将前缀去掉：

```
update sales set 列名=replace( 列名,' 前缀 ','');
```

使用 update 函数修改表中的编号的值，replace(列名,' 替换前 ',' 替换后 ') 函数可以对文本进行替换。假如编号 id 里有前缀 'C'，那么可以使用 update sales set InvoiceNo=replace(InvoiceNo, 'C', '');将前缀全部去掉。至此，编号 id 就是纯数字了。

要想找出所有缺失的编号，首先得有一个连续编号，这里使用 MySQL 的递归方法构建一个连续编号。

```
with recursive c as
(
select 1 as n
union all
select n + 1
from c
limit 10000
)
select * from c;
```

with recursive c as () 将递归查询出的结果作为表 c。select 1 as n 将产生一条初始数据，列名为 n 的一行值 1。在 select n+1 from c 中，c 就是这张递归查询表，调用时将不断产生连续数字，最后 limit 10000 限制递归执行的次数（表的行数）。该语句将生成 1-10000 的连续数字。

需要注意的是，执行该语句时会报错 "Recursive query aborted after 100001 iterations. Try increasing @@cte_max_recursion_depth to a larger value." 报错提示递归次数超过最大限制。因此，需要设置最大递归次数为一个较大的值（这里将其设置为 100000 次）。

```
set @@cte_max_recursion_depth=100000;
```

有了连续的数字的表，只需要和需要检查编号的表进行 join 就可以找出缺失的编号了。完整代码如下：

```
with recursive seq as
(
    select min(id)as id from sales
    union all
    select id+1 from seq  where (id+1)<=(select max(id)from sales)
)
select a.* from seq a left join sales b on a.id=b.id
where b.id is null
order by a.id;
```

执行后，显示出所有跳号的单号。如果需要将其运用到其他表中，那么只需要将 id 修改为新的编号字段名称，把 sales 修改为新的表名即可。

select min(id) as id from sales 将递归表 seq 产生第一条初始数据，列名为 id，值为表 sales 中最小的编号。select id+1 from seq where (id+1)<=(select max(id) from sales) 指利用递归查询不断生成从最小编号起始的连续编号，这里加了 where 子句，让其在编号达到表 sales 中最大编号时停止。当生成了连续编号的表 seq 后，将其与表 sales 做 join 连接，查找其缺失的编号，即完成编号的连续性分析。

很多时候 SQL 只是一个工具，具体能用它做什么需要我们自己去思考和设计。也就是说，在数据分析中真正困难的是我们要有想法，知道如何思考，如何解决问题。例如，除了上述方式，还可以自己构建一个从最小编号到最大编号的连续编号的表，用这张连续编号的表与需要测试的表利用 join 连接，查找出跳号的单号。总之，解决方法不止一种，需要自己多分析、多思考。

3.3 接口测试

我们在审计一家企业的时候，最终要对企业的财务数据发表意见。而这些财务数据不是凭空产生的，它是对企业日常业务数据的反映。一些企业从业务数据到财务数据的流转仅发生在 ERP 内部。也就是说，数据是在一个系统内部流转的。在数据库层面看，数据在唯一的数据库中。更多的情况是，企业除了 ERP，还有很多业务系统，数据的流转会经过多个业务系统最终进入 ERP 中并最终体现在财务账里。

例如，笔者曾做过一家自来水公司的 IT 审计，公司抄表员每两个月上门用手持机抄表，每天将手持机的数据导入营销系统，营销系统的数据每天凌晨同步到收费系统，公司的财务人员每月根据收费系统的汇总数据做账。整个数据流转过程为：手持机→营销系统→收费系统→财务系统。除了最后一步收费系统→财务系统是人工控制的，其余环节都是系统自动控制的。理论上我们应该对整个数据流转的过程进行测试，也就是看 A 系统的数据与流转到 B 系统的数据是否完全一致。这里的"一致"是指数据的完整性和准确性，看流转过程中是否有缺失、增加或对数值的篡改。

数据在系统间的流转一般是通过接口实时传输或在固定的时间批处理的。我们将通过接口传输数据称之为"接口测试"。而对于不是开发该系统的人员来说，对接口传输逻辑或批处理脚本

第 3 章 SQL 实战

逻辑是不清楚的。要测试接口传输的准确性，我们不可能去查看别人的系统代码，因此只能通过比较两个系统背后的数据库中的数据，间接完成接口测试。如果在企业的系统上线前没有经过严格的测试，那么数据传输往往会发生一些 bug，通过数据的直接比对就可以发现。

下面我们通过 Kaggle 网站上的公开数据"superstore_data"来演示接口测试中需要使用的 SQL 语句。将示例文件（见本书配套资源）导入数据库中，将表名命名为"store"。该数据为电商零售 2011-2015 年数据，在 3.4 节我们会详细列出数据中字段的含义，现在只需要知道"Order ID"为订单号，"Sales"为订单销售额即可。

假设这张表的数据为电商系统数据库中的数据，为了模拟一个流转到财务系统的数据，复制表中的两个字段"Order ID"和"Sales"并建立新表"store_plus"。

```
drop table if exists store_plus;
create table store_plus as
(
    select 'Order ID',Sales
    from store
);
```

解释：drop table if exists store_plus 的含义是，如果已存在表 store_plus，就删除该表。这个语句目前可以不用，当创建表后发现有错误，又需要修改语句并重新执行时，就必须删除该表后才能创建，那么这条语句就有用了。create table store_plus as（查询语句）是将括号内的查询语句结果保存在新创建的表 store_plus 中。执行后，模拟的财务系统中的表 store_plus 就包含了 Order ID 和 Sales 两个字段。我们需要对这两个字段和电商系统中表 store 对应的字段进行比对。

完整性测试

下面的语句利用了 2.5 节中 join 的知识，以销售订单号为对象，查询两个数据集合的差集。也就是说，可以查找出一张表中有但另外一张表中没有的销售订单号，从而完成完整性的测试。示例中的数据量比较小，只有 11.4MB，如果比对的数据有几 GB，那么这样不做处理的查询会十分耗时，此时可以按照 2.8 节中讲解的索引的相关知识，对销售订单号添加索引，以便提高查询速度。

```sql
select a.'Order ID',b.'Order ID'
from store a left join store_plus b
on a.'Order ID'=b.'Order ID'
where b.'Order ID' is null
union
select a.'Order ID',b.'Order ID'
from store a right join store_plus b
on a.'Order ID'=b.'Order ID'
where a.'Order ID' is null
```

准确性测试

在保证两张表的订单号是完全一致的情况下,需要对每一个订单的销售额进行比对,查看金额是否准确。

```sql
select a.'Order ID',a.Sales,b.sales,a.Sales-b.Sales
from (
        select'Order ID',sum(Sales)as Sales
        from store group by'Order ID')a
join
    (
        select'Order ID',sum(Sales)as Sales
        from store_plus group by'Order ID')b
on a.'Order ID'=b.'Order ID'
where (a.Sales-b.Sales)<>0
```

原本可以直接使用 from store a join store_plus b 将两张表通过销售订单号内连接(inner join)起来,但是存在一个订单号对应多个商品的情况。也就是说,订单号会重复出现。所以我们通过 group by 先分别将两张表按销售订单号进行汇总,再用每个订单的销售额进行比对,找出所有销售额不一致的订单。如果数据量比较大,那么也可以先按订单汇总的数据创建表,然后再比对。除了比对订单销售额,还可以比对其他重要的字段,这里不再赘述。

以上我们通过实际数据进行了接口测试中的完整性和准确性两项分析。通常,在财务审计中可能会对业务系统和财务系统中的"总数"进行核对,这样能够从总体上发现问题。但其中也有一些不足。

1. 未对数据流转的整个链条测试，只是对局部的两个系统汇总数进行测试。

2. 数据颗粒度太大。当数据颗粒度太大时，就像一张不清晰的照片，一些关键的信息就会消失。比如，汇总数可能是由方向相反的数据相加得到的，如果方向相反的数据是不合理的，就很难发现。

3. 若汇总数有差异，那么我们只能发现问题并不能追踪问题的原因。而采用订单号进行核对，在发现问题后，就能够根据订单号追溯问题的原因了。

在笔者做的一些项目中当以最小的数据颗粒度核查时，就会发现一些违反常识的情况，比如订单的到货时间早于发货时间，某一年凌晨的订单异常偏高等。这些异常如果在仅核对总数的情况下是不易被发现的。这也是为什么我们要对整个数据流转链条中涉及的系统间接口进行测试，基于常识或统计学知识对最小的数据颗粒度进行分析的原因。

3.4 收入真实性分析

2020年6月中国证监会对《首发业务若干问题解答》进行了修订。其中，新增了"问题53，对于主要通过互联网开展业务的申请首发企业，保荐机构和申报会计师在信息系统核查方面，应做好哪些工作？"。明确了部分申请首发企业，如电商、互联网信息服务、互联网营销企业等，其业务主要通过互联网开展。当此类企业的报告期中任意一期通过互联网取得的营业收入占比或毛利占比超过30%时，原则上保荐机构和申报会计师应对该类企业通过互联网开展业务的信息系统的可靠性分别进行专项核查并发表明确核查意见。

除了要求做信息系统的一般控制、应用控制，还需要利用计算机辅助审计技术对相关业务数据进行分析。而这类企业的业务数据一般较大，通过简单的逻辑分析，直接使用SQL就可以完成。这里仍然用3.3节所使用的公开电商数据"store"进行数据分析。对电商公司的业务数据进行分析前，首先应该了解业务循环流程，以销售循环为例。

企业在第三方电商平台或者公司自身的B2C官网平台进行销售时，客户下单付款后，商品订单通过接口传输到公司的电商ERP系统，通过电商ERP系统进行订单管理、自动配货。同时电商ERP系统对接SRM（Supplier Relationship Management）供应商关系管理系统进行供应链管理。电商 ERP 系统对接第三方物流系统进行订单发货，对接通用的 ERP（如用友、金蝶、SAP 等）系统将订单信息传输过来形成销售订单、发货单、财务的收入、应收凭证等。当我们了解了业务循环后，弄清楚整个业务背后数据的流转过程，才能在制订审计计划的时候，确定需要进行的接口测试或者数据核对工作，保证最终进行分析的收入数据是完整、准确的。比如，图 3-4-1 中应该进行接口测试或数据核对的地方有：

1. 第三方电商平台与电商 ERP 系统的接口测试，保证电商 ERP 系统的订单数据的完整、准确。

2. 电商 ERP 系统与通用 ERP 系统的接口测试，保证在通用的 ERP 系统的总账中形成的收入凭证有真实的业务订单。

3. 电商 ERP 系统与第三方物流的接口测试，保证销售订单均有真实的物流。

4. 电商 ERP 系统中的销售订单与资金流数据核对，保证销售订单均有真实的资金流。

以上是根据已了解的数据流转过程进行的核对工作，保证从前端业务到后端财务是一致的。在此基础上，我们才可以专门针对业务数据（如电商 ERP 系统中的销售订单）从不同维度进行数据分析。当开始分析时，需要观察企业存储的数据有哪些字段（维度），结合常识、统计学知识、财务知识进行分析。

如果数据有代表消费者的唯一识别信息的字段，那么才能去分析这些维度的集中度，以及有无大额异常的消费。如果没有唯一识别信息的字段，那么就不能从这些维度进行分析，因为巧妇难为无米之炊。也就是说，分析一定是结合数据本身来确定的。

分析时也需要结合常识，常识是什么？就是大家都知道的事。数据分析并不是什么"高大上"的东西，SQL 只是我们手中的工具，我们要做的是从常识出发进行分析。例如，很多电商"刷单"也会发装有实物的包裹，但是包裹里可能不是公司商品而是一些价值较低的小玩意儿，那么根据这一现象，可以想到通过包裹的重量来判断其是否为异常订单。

在分析时也需要结合一些统计学的知识。例如，本福特定律是一个发现造假的工具。除此之外，也可以利用平均值、标准差、方差、正态分布这些统计学的工具，辅助我们去发现一些异常的数据。

最后在分析过程中也需要结合财务知识。例如，电商"刷单"。公司可能让员工做，也可能让员工找外部人员做，而这些都涉及资金的流出，从财务上怎么将这笔钱支付出去是我们需要了解的。如果员工自己做，那么可以拿到公司员工的联系电话与商品订单进行匹配；如果员工找外部人员做，那么在财务上可能会通过员工报销费用的形式将钱支付出去，因此还需要查看一下财务账中的员工的往来款发生额有没有异常。

综上所述，我们在利用计算机技术进行数据分析前需要综合判断，根据业务进行风险评估。为了应对这些风险，需要确定出所要进行的测试点。下面以公开数据表 3-4-1（store）为例，利用 SQL 进行多维度的数据分析工作。

表 3-4-1

字段	字段含义	示例数据
row id	行号	42433
order id	订单编号	AG-2011-2040
order date	订单日期	1/1/2011
ship date	配送日期	6/1/2011
ship mode	配送类型	Standard Class
customer id	客户 id	TB-11280
customer name	客户名称	Toby Braunhardt
segment	客户类型	Consumer
city	市	Constantine
state	州	Constantine
country	国家	Algeria
postal code	邮政编码	无
market	市场	Africa
region	地区	Africa
product id	产品 id	OFF-TEN-10000025
category	产品大类	Office Supplies
sub-category	产品子类	Storage

续表

字段	字段含义	示例数据
product name	产品名称	Tenex Lockers, Blue
sales	销售价格	408.3
quantity	销售数量	2
discount	折扣	0
profit	利润	106.14
shipping cost	物流费	35.46
order priority	订单优先级	Medium

首先看一下数据的时间范围：

```
select distinct(year(str_to_date('order date','%d/%m/%Y')))from store;
```

利用 str_to_date(str,format) 将导入时的文本格式转化为日期格式，在执行结果中不重复的年份为：2011、2012、2013、2014、空。我们查看空的数据时发现，日期格式除了有 3/11/2011，还有 13-01-2011，所以要先将所有的日期格式转换一下。

```
update store set'order date'=str_to_date('order date','%d/%m/%Y')
where str_to_date('order date','%d/%m/%Y')is not null;
update store set'order date'=str_to_date('order date','%d-%m-%Y')
where str_to_date('order date','%d-%m-%Y')is not null;
```

转换后为标准的日期格式 2011-11-03。同样地，将 ship date 也进行格式转换，然后从不同维度进行分析。

时间维度

时间维度可以按年、月、日、时等进行分析。

销售金额年度分布：

```
SELECT YEAR
    ('order date') 年度,
```

```
    format(sum(sales),2) 销售额
FROM
    store
GROUP BY
    YEAR ('order date');
```

执行结果:

年度	销售额
2011	2,259,450.90
2012	2,677,438.69
2013	3,405,746.45
2014	4,299,865.87

可以看到 2013 年、2014 年公司销售额有很大的增长。接下来按月进行统计，看一下变化趋势。

```
select year('order date'),month('order date'),format(sum(sales),2)from store
group by year('order date'),month('order date')
order by year('order date'),month('order date');
```

执行结果:

年	月	销售额
2011	1	98,898.49
2011	2	91,152.16
2011	3	145,729.37
2011	4	116,915.76
...	...	...

将结果在 Excel 中进行数据透视，然后绘制出每年的月波动分析图，如图 3-4-1 所示。

图 3-4-1

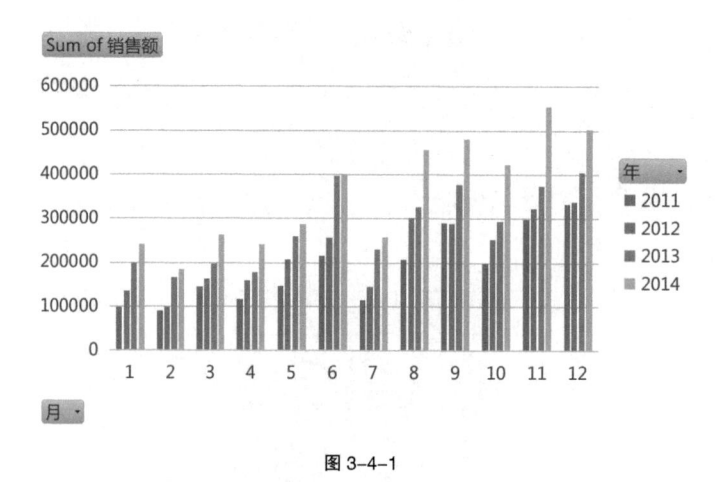

可以看到 2013 年的 6 月、7 月，2014 年的 8 月到 12 月都有较大幅度的增长，我们应当对这些增幅过大的月份给予关注。如果按月统计且不想在 Excel 中再进行数据透视，那么可以直接用 SQL 生成想要的结果。

```sql
select month('order date') 月,
sum(case when year('order date')='2011' then sales else 0 end)as'2011',
sum(case when year('order date')='2012' then sales else 0 end)as'2012',
sum(case when year('order date')='2013' then sales else 0 end)as'2013',
sum(case when year('order date')='2014' then sales else 0 end)as'2014'
from store
group by month('order date')
order by month('order date')
```

执行结果：

月	2011	2012	2013	2014
1	98898.4888	135780.7202	199185.9074	241268.5556
2	91152.1570	100510.2169	167239.6504	184837.3556
3	145729.3673	163076.7712	198594.0303	263100.7726
4	116915.7642	161052.2695	177821.3168	242771.8613
5	146747.8361	208364.8914	260498.5646	288401.0461
...	...	...	...	...

这里使用 case when 让列上显示年度而不是行上显示年度，节约了一次使用 Excel 数据透视的时间。按星期统计销售额，看一看工作日与周末销售额的对比。

```
select weekday('order date'),format(sum('sales'),2)from store
group by weekday('order date')
order by weekday('order date');
```

执行结果：

星期几	销售额
0	2,235,913.42
1	2,268,417.17
2	2,169,218.45
3	2,245,836.64
4	2,322,847.87
5	1,177,963.90
6	222,304.46

可以看出周末的销售额明显低于工作日的销售额，结合用户消费习惯判断其合理性。

大额消费用户

用 customer id 作为消费者的唯一标识，先统计 2014 年平均消费金额。

```
select format(avg(sales),2)
from
(
    select'customer id',sum(sales)as sales
    from store
    where year('order date')='2014'
    group by'customer id'
)s
```

执行结果：

```
2,845.71
```

可以看到 2014 年平均消费金额为 2845.71 元。我们可以定义一个异常标准，即大于多少消费金额的用户需要被关注。例如，这里定义大于 10000 元消费金额的为异常用户。接下来统计出这些异常用户的消费金额。

```
select'customer id',format(sum(sales),2)from store
where year('order date')='2014'
group by'customer id'
having sum(sales)>10000
order by sum(sales)desc
```

执行结果：

customer id	format(sum(sales),2)
TA-21385	23,295.22
BE-11335	18,155.02
RB-19360	16,954.97
JW-15220	16,697.12
...	...

2014 年共有 42 个用户的消费金额大于 10000 元，因此需要对这些用户的订单做进一步检查。如果能拿到公司所有员工的账号，那么可以做更进一步的匹配，了解内部员工的购买情况。

订单平均消费金额变动趋势

统计各年或者各月的订单消费金额的平均值，查看其变动趋势。

```
select year('order date')as year,format(avg(sales),2)as avg
from
(
    select'order id','order date',sum(sales)as sales
    from store
    group by'order id','order date'
)s
group by year('order date')
```

```
order by year('order date');
```

执行结果:

year	avg
2011	500.32
2012	488.58
2013	494.30
2014	484.98

先将订单按 order id 和 order date 进行聚合，然后将查询结果重命名为表 s，保证订单号是唯一的。再将表 s 按年度聚合，求订单金额的平均值。可以看到每年的订单金额的平均值比较稳定，没有很大波动。当然，我们也可以按月聚合，求出每个月的订单金额的平均值，这样得出的数据会更细致一些。

销售金额的分布

先统计每年各个国家的销售金额，再对各年的变化情况进行分析。

```
select country,
format(sum(case when year('order date')='2011' then sales else 0 end),2) as'2011',
format(sum(case when year('order date')='2012' then sales else 0 end),2) as'2012',
format(sum(case when year('order date')='2013' then sales else 0 end),2) as'2013',
format(sum(case when year('order date')='2014' then sales else 0 end),2) as'2014',
format(sum(sales),2)as'合计'
from store
group by country
order by sum(sales)desc;
```

执行结果：

country	2011	2012	2013	2014	合计
United States	484,247.50	470,532.51	608,473.83	733,947.02	2,297,200.86
Australia	137,580.06	203,950.84	268,971.85	314,733.10	925,235.85
France	128,194.52	192,184.58	230,114.68	308,437.31	858,931.08
China	155,693.61	130,224.87	195,664.25	218,979.29	700,562.03
...	...	...	...	...	...

在 Excel 中对主要国家的各年的变动情况进行分析，找出波动较大的市场，然后再去分析导致波动的原因。例如，是针对这些国家有促销活动、增加了相应市场的推广费，还是其他原因？

本福特定律

本福特定律（Benford's law）指从实际生活中得出的数据中，以 1 为首位的数字出现的概率约为总数的 1/3，约是由直觉得出的期望值 1/9 的 3 倍。由此得出，越大的数字，以它为首位出现的概率就越低。本福特定律可用于检查各种数据是否有造假。但要注意使用条件：1. 数据至少 3000 笔以上。2. 不能有人为操控。这个定律其实就是说明数字从 a 增长到 a+1 为首的数字所花的时间要大于数字首位从 a+1 增长到 a+2 所花的时间。生活中我们也容易理解，比如工资由 1000 元增长到 2000 元会比较漫长，但是工资从 8000 元增长到 9000 元就比较容易。

该定律给出了首位数为 n 出现的概率，部分概率如表 3-4-2 所示。

$$p(n)=\log_b(n+1)-\log_b(n)=\log_b\left(\frac{n+1}{n}\right)$$

表 3-4-2

首位数	概率
1	30.1%
2	17.6%
3	12.5%
4	9.7%
5	7.9%

首位数	概率
6	6.7%
7	5.8%
8	5.1%
9	4.6%

利用 SQL 统计出各年的订单金额的首位数出现的次数，再和本福特定律的标准分布进行比较，看是否相符。这里以 2014 年为例：

```sql
select left(sales,1) 首位数,count(*)
from
(
    select'order id','order date',sum(sales)as sales
    from store
    where year('order date')='2014'
    group by'order id','order date'
)s
group by left(sales,1)
order by left(sales,1);
```

执行结果：

首位数	count(*)	频率	标准频率
0	1	-	-
1	2700	30.46%	30.10%
2	1585	17.88%	17.60%
3	1029	11.61%	12.50%
4	840	9.48%	9.70%
5	709	8.00%	7.90%
6	576	6.50%	6.70%
7	518	5.84%	5.80%
8	486	5.48%	5.10%
9	422	4.76%	4.60%

这里我们用 Excel 计算出 2014 年订单首位数的频率（排除首位数为 0 的情况）。从图 3-4-2 可以看出 2014 年的订单数据是与本福特定律相符的。如果人为造假的话，那么很难考虑到这种统计学上的限制条件。一般人为干预出来的数据就会与本福特定律相违背。

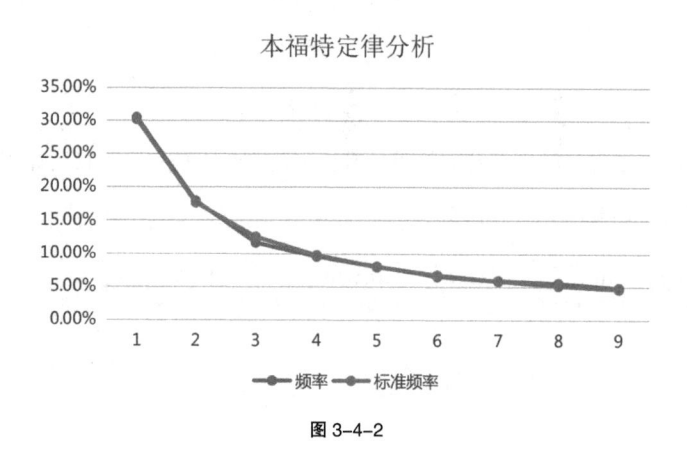

本福特定律分析

图 3-4-2

从上面几个维度的分析来看，我们用到 SQL 的地方无外乎就是按某个维度进行聚合、统计，并不复杂，大家可以按此思路对其他维度进行分析。例如，按照产品大类、复购率、发货时间等进行分析。

第4章

Python基础

我们学习了 SQL 的相关知识并在实际案例中进行了练习，相信大家能够体会到 SQL 的简捷和强大，尤其是在处理较大数据量的时候，其效果十分明显。在工作中除了会面对数据量大的情况，有时还会面对逻辑复杂的问题，而 SQL 并不适合写复杂的逻辑，它只适合写一些简单的查询语句。例如，如果要对一个制造业的企业每月的成本进行重新计算，其中涉及大量的成本分配问题，那么要想达到批量计算的目的，就需要使用高级程序语言根据业务逻辑编写代码。再比如，一些企业的收入是通过复杂逻辑计算得到的，我们只能使用高级程序语言编写代码完成计算。尽管市面上有一些数据分析工具，如 IDEA、ACL 自带一些数据分析工具和模型，但这些标准化的工具并不能满足定制化的需要。因此，作为一名 IT 审计师，掌握一门高级程序语言是十分有必要的。

而在众多高级程序语言中，Python 是最简单、最容易学习的，在数据分析方面有很强的优势。因此，我们选择 Python 作为工具，帮助我们完成一些复杂逻辑的编写，以及完成一些批量、重复的工作。由于 Python 的应用范围极广，可以用来做数据分析、机器学习、开发网页、编写爬虫等，应用场景不同，所学习的内容也不同。而在本书中，我们将学习 Python 中最基础的语法知识，结合一些实际案例进行数据分析，以及对数据进行可视化。当我们掌握了这些基础知识，明白了其实际用途，有了学习的兴趣后，就可以利用网络上的官方文档和教程继续学习。因此本书起到的是一个抛砖引玉的作用，而不追求面面俱到。

4.1 Anaconda 安装和使用

要使用一门程序语言，首先需要安装该语言的编程环境，就和没有锅就没法煮饭的道理一样。另外，我们知道 Python 之所以易学，除了其语法本身简洁，更重要的是有非常多的第三方包 (package)。这些包就好比是别人造好的轮子，当你想自己造一辆车的时候，就不需要自己再去重新造车轮了。我们可以使用 pip 管理器安装 pip install 包名，然后在代码中 import 包名，就可以直接使用了。显然，对于数据分析中一些常用的包，一个一个地安装会有些麻烦，而 Anaconda 附带了大量常用的数据科学包，安装它不仅能安装好 Python 环境，还能省去安装包的时间。如果说编程是炒菜，原生的 Python 安装程序就是一口炒锅，而 Anaconda 就是一套厨具组合，不仅给了锅，还给了菜刀、砧板等。

除此之外，Anaconda 还是一个环境管理器。Python 环境是有版本的，一些公司老的项目还在使用 Python 2.X 的版本，而现在 Python 已经有 3.8 的版本了，不同的版本就是不同的环境，使用的方法有细微的差别。我们对于不同项目的代码就有了在不同环境中运行的需求。比如，要炒一盘回锅肉需要用一口炒锅，而要做一盘梅菜扣肉就需要一口蒸锅。而 Anaconda 自带的 Conda 管理器，可以管理不同的"锅"并随时切换，让我们可以随心所欲地做一桌好"菜"。下面，我们将讲解 Anaconda 的安装和使用。

Anaconda 安装

除了从 Anaconda 官方网站下载软件，还可以搜索清华大学镜像站，从那里下载最新的安装包。如图 4-1-1 所示，在界面中更改软件安装地址（默认安装在 C 盘），其余均选择默认选项。

图 4-1-1

Conda 包管理

安装完成后，可以在"开始"菜单中搜索"Anaconda"，第一个就是 Anaconda 的终端，打开终端并输入命令就可以进行包管理和 Python 环境管理了，如图 4-1-2 所示。

安装包：

```
conda install 包名
```

卸载包：

```
conda remove 包名
```

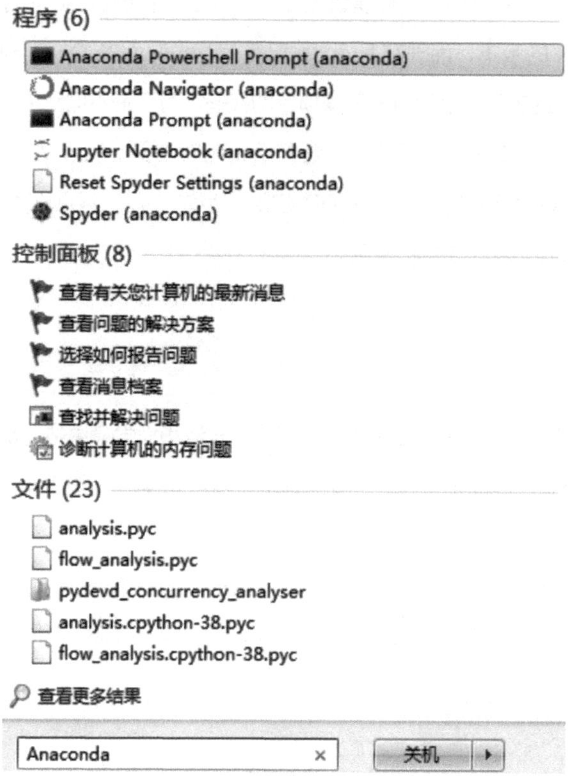

图 4-1-2

除了使用 Conda，还可以使用 Python 自带的 pip 包管理器进行管理。

安装包：

```
pip install 包名
```

卸载包：

```
pip remove 包名
```

例如，安装一个第三方的包 scrapy，直接在终端中输入"conda install scrapy"，就可以找到安装源并完成安装。当然在执行的时候你会发现下载的速度非常慢，这是因为这些包管理器连接的"源"是国外的源，从而影响了下载速度，因此需要切换到国内的源。

Conda 和 pip 换源

关于换源的方法，Windows 系统的用户可以在终端下执行 conda config --set show_channel_urls yes 命令。执行命令后，在 C 盘的用户目录下会自动生成一个 .condarc 配置文件。打开该文件，清空里面的内容后复制并粘贴以下配置信息。

```
channels:
  - defaults
show_channel_urls:true
channel_alias:https://mirrors.tuna.tsinghua.edu.cn/anaconda
default_channels:
  - https://mirrors.tuna.tsinghua.edu.cn/anaconda/pkgs/main
  - https://mirrors.tuna.tsinghua.edu.cn/anaconda/pkgs/free
  - https://mirrors.tuna.tsinghua.edu.cn/anaconda/pkgs/r
  - https://mirrors.tuna.tsinghua.edu.cn/anaconda/pkgs/pro
  - https://mirrors.tuna.tsinghua.edu.cn/anaconda/pkgs/msys2
custom_channels:
  conda-forge:https://mirrors.tuna.tsinghua.edu.cn/anaconda/cloud
  msys2:https://mirrors.tuna.tsinghua.edu.cn/anaconda/cloud
  bioconda:https://mirrors.tuna.tsinghua.edu.cn/anaconda/cloud
  menpo:https://mirrors.tuna.tsinghua.edu.cn/anaconda/cloud
  pytorch:https://mirrors.tuna.tsinghua.edu.cn/anaconda/cloud
  simpleitk:https://mirrors.tuna.tsinghua.edu.cn/anaconda/cloud
```

保存并退出文件。此时再使用 conda install scrapy 就会快速安装好 scrapy 包。

同样地，如果使用的是 pip 安装包，也需要将其更换为国内源。我们可以直接打开 cmd 或 Anaconda 等终端并输入以下命令。

```
pip config set global.index-url https://pypi.tuna.tsinghua.edu.cn/simple
```

执行完后，切换到清华大学镜像站的源。当然，你也可以使用阿里巴巴、中科大等国内的源，仅需要将以上命令中的网址做一下修改。

Conda 环境管理

创建指定 Python 版本的环境。

```
conda create -n env_name python=2.7
```

env_name 为环境名，env_name 后面可以加上需要安装的包名，在创建环境时会自动安装，比如这里给系统安装上 2.7 版本的 Python。当然，也可以安装 numpy 等其他包，多个包用空格间隔。例如，创建一个名为"Python27"的环境并安装上 numpy、pandas、2.7 版本的 Python。

```
conda create -n python27 numpy pandas python=2.7
```

列示当前所有环境。

```
conda info -e
```

执行后，可以看到我们有"base"和"python27"两个环境了。

```
# conda environments:
#
base                     D:\software\anaconda
python27              *  D:\software\anaconda\envs\python27
```

以下为切换环境的命令。

```
conda activate env_name
```

以下为删除环境的命令。

```
conda remove -n env_name
```

以下为打开帮助的命令。

```
conda -h
```

4.2 VS Code 安装

在 4.1 节中我们安装了 Python 环境，接下来我们就要开始编写 Python 代码了。在正式开始之前，我们还需要一个编辑器来编写、调试、运行 Python 代码。常用的编辑器如表 4-2-1 所示。

表 4-2-1

编辑器	费用
VS Code	免费
PyCharm 社区版	免费
Jupyter Notebook	免费
Vim	免费

其中，VS Code 为微软开发的免费编辑器，全称为 Visual Studio Code，具有智能补全、代码调试等功能，并且具有丰富的插件库。PyCharm 同 VS Code 类似，都是功能强大的编辑器。Jupyter Notebook 是基于浏览器的交互式 Web 程序，能非常方便地展示数据结果，但是调试功能比较弱。Vim 是"编辑器之神"，我们可以使用键盘完成所有操作，但是学习门槛比较高，需要很多配置和插件才能达到一个 IDE 的程度。对于初学者来说，选择 VS Code 作为主力编辑器是一个不错的选择，因此本书先介绍 VS Code 的安装。

从 VS Code 官方网站下载最新的安装包。除了需要修改安装位置（默认安装在 C 盘），其余步骤选择默认选项即可。安装完成后重启计算机，添加的环境变量才会生效。

VS Code 的初始语言显示为英文，我们可以通过安装中文插件将系统语言设置成中文。按 Ctrl+Shift+P 组合键，弹出快速命令框，输入 "language"。在弹出的菜单中选择 "Config Display Language" 选项，再选择 "Install Other Language" 选项即可安装其他语言版本。此时打开插件商店，选择安装第一个插件 "中文简体"。重启 VS Code 后，程序显示语言就变成了中文。除此之外，插件库中还有很多非常有用的插件，你可以在网络上搜索 VS Code Python 插件的相关文章，然后挑选一些有用的插件进行安装。

单击侧边栏最下方的方块图标，打开插件商店，搜索 "python" 并进行安装。安装完成后，VS Code 就能够解析 Python 代码并给出智能提示了，如图 4-2-1 所示。至此，我们已经有了编写 Python 代码的完整环境，下面就可以将主要精力放在如何编写代码上了。

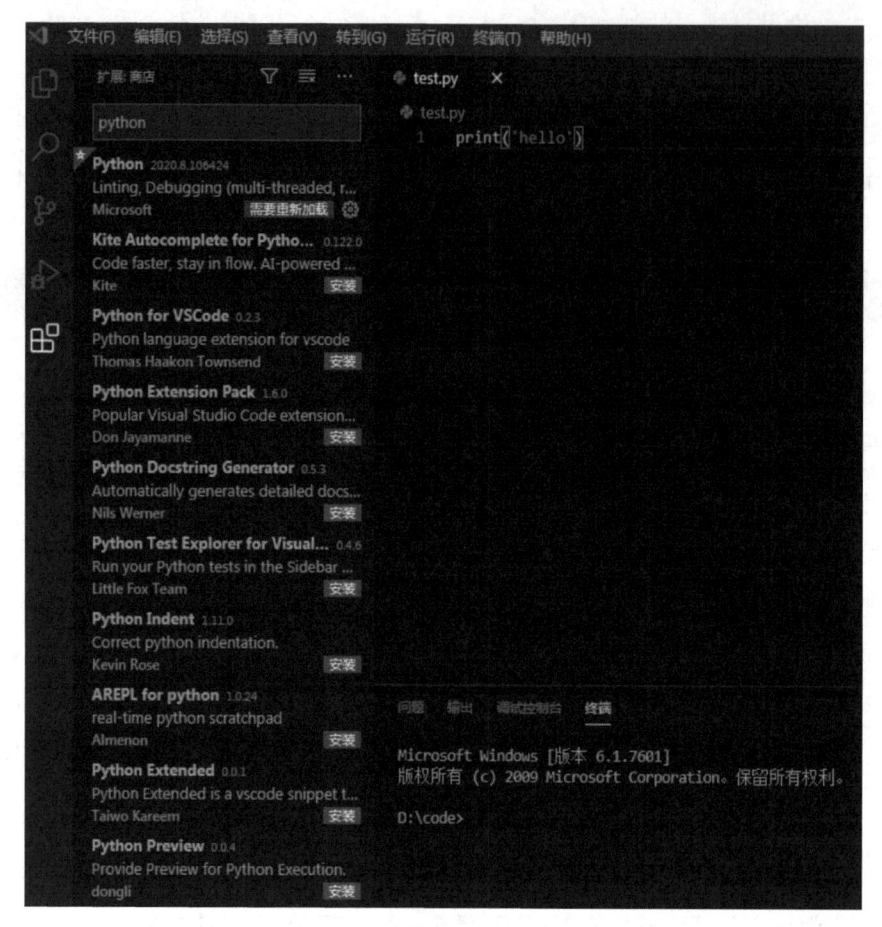

图 4-2-1

4.3 什么是代码

　　某企业创始人，本科是北大外语专业，他曾向美国纽约州立大学申请攻读计算机硕士学位。当时学院的教授看了他本科的成绩单后，礼貌地说："我从你的成绩单上没有看到任何学习计算机的经历。"而他回复说："计算机要想工作就需要有一套软件（software）。什么是软件？软件就是一套程序（A set of programs）。"他问教授："那么你用什么来写程序呢？"教授说："program language"，他笑着指着自己成绩单说："你看我成绩单上，最突出的一个关键词（key word）是什么？就是 language。"

这给了我们启发，计算机语言和人类语言有很多相似的地方。例如，英语是用来人和人沟通的，而计算机语言是用来人和计算机沟通的，我们通过计算机语言告诉计算机去做什么事。当我们有了这样一个认识的时候，就会消除对编程的恐惧。我们只需要按照类似英语的语法方式告诉计算机要做的事情，它就能帮助我们干活。

比如，想让计算机计算 1+1 并将结果打印出来。

```
print(1+1)
```

此时，计算机就会输出结果 2。我们仅仅是使用 print 函数告诉它打印出 1+1 的结果，它就执行了，而这就是编程，就是把我们想做的事用计算机能理解的语言告诉它。再复杂一点的情况，比如想打印出 1+2+3+…+100 的结果，该怎么写呢？我们还需要像上面那样把 1 到 100 都写一遍吗？肯定不是的。

首先告诉计算机创建一个名为 result 的变量并给它赋予一个值 0，然后再告诉它如何进行计算。最终将我们需要的结果"result"打印出来即可。

```
result=0
for i in range(1,101):
    result=result + i
print(result)
```

需要注意的是，这里的"="不是数学中的等号，而是赋值的意思。接着再看怎么计算从 1 加到 100。首先用 Python 中的 range(1,101) 创建 1 到 100 的序列，而 for i in range(1,101) 的含义是从序列中循环取出每一个值 i。这里的 i 就代表了 1 到 100 的每一个值。result = result + 1 可能会让初学者感到疑惑，为什么会"相等"呢？因为"="不是等号，而是赋值。我们可以理解为计算机首先计算 result+i，比如这里初始 result 为 0，而第一个 i 为 1，那么 result+i 就是 0+1，再将这个计算结果装入变量 result，这个时候 result 就等于值 1。然后在 for 循环中取第二个 i，再进行相同运算。

```
result=0 + 1
result=1 + 2
result=3 + 3
result=6 + 4
```

```
...
result=4950 + 100
```

最终循环到 i 为 100 的时候，result 就等于 5050 了，然后通过 print(result) 打印出这个变量的结果。我们可以看到 result 变量发挥了容器的作用，用它来装载 1 到 100 相加的结果。当然，在 Python 语法中，result = result + 1 可以简写为 result+=1。

从上面的例子可以看出，学习编程就是要先学会它的语法，例如变量、循环，以及后面我们将学到的函数、类、对象的概念。当我们了解了这些语法后，就可以将自己想让计算机干的事，用它的语法规则写出来，让它帮我们完成工作。写代码是一件非常好玩的事，我们是在学习一门新的语言，用它可以打开一个新的世界。

4.4 读写文件

学习 Python 的目的是辅助我们进行数据处理、数据分析，尤其是业务逻辑复杂、需要批量操作、数据量大的数据处理。当然如果处理的数据比较简单，直接使用 Excel 就可以完成操作。在进行数据分析前一般要读写文件，也就是读取外部文件后，再进行数据分析。分析完成后，再将结果写入外部文件。而这个读写文件的过程，就是与外部数据的交互过程。常见的与外部数据的交互类型，如表 4-4-1 所示。

表 4-4-1

交互类型	说明
文本文件	txt
Excel 文件	常用 pandas、xlwings 库处理
数据库	如使用 pymysql 库与 MySQL 交互
网页	使用爬虫实时获取网页数据
接口	通过调用 API 接口获取数据

对于 Python 初学者来说，很大一个难题就是没有数据，这就好比学做饭没有食材。那么，如何才能找到大量的练习数据呢？方法之一就是从表 4-4-1 中列示的交互类型中获取。尤其是通过学习爬虫获取网页的公开数据，一方面解决了数据的问题，另一方面又锻炼了 Python 的基

础语法知识，能够让初学者快速入门。

我们会在后面的章节中穿插讲解各种文件的交互类型，本节主要讲解如何读写文本文件，如 txt、csv、html 等。

下载本书配套资源中名为"company.csv"的上市公司信息文件，我们将以此为例演示如何读取文本文件。

"ts_code";"symbol";"name";"area";"industry";"fullname";"enname";"market";"exchange";"curr_type";"list_status";"list_date";"delist_date";"is_hs"
"000001.SZ";"000001";"平安银行";"深圳";"银行";"平安银行股份有限公司";"Ping An Bank Co., Ltd.";"主　板";"SZSE";"CNY";"L";"19910403";"";"S"

函数语法

open(file,mode="r",'buffering=-1,encoding=None,errors=None,newline=None,closefd=True,opener=None)

- file：打开文件的路径。

- mode：打开文件的模式，有只读、写入、追加等。

- buffering：如果将 buffering 的值设为 0，那么就不会有寄存。如果将 buffering 的值设为 1，那么访问文件时会寄存行。如果将 buffering 的值设为大于 1 的整数，则表明这就是寄存区的缓冲大小。如果将 buffering 的值设为负值，则寄存区的缓冲大小为系统默认大小。

- encoding：设置编码格式，常用于当读取中文字体时显示有乱码的情况，常见的编码格式有"utf-8""gbk"等。

- errors：指定读取错误时的处理方式，常用的有"ignore"忽略错误，或者使用"replace"使替换标记（例如"？"）插入存在格式错误的数据的位置上。

- newline：控制通用换行符模式的工作原理（仅适用于文本模式），它可以是 None、''、'\n'、'\r'、'\r\n'。

open 函数是 Python 自带的函数，它的参数非常多，但实际上我们常用的并不多。首先在与 company.csv 相同目录下创建一个名为 read_file.py 的 Python 文件。

```
f=open('company.csv')
print(f)
```

使用 open() 函数打开 company.csv，该函数会返回一个 file 对象，将其命名为 f，然后用 print() 函数打印出来看一看。

运行后，终端会显示：

```
<_io.TextIOWrapper name='company.csv' mode='r' encoding='UTF-8'>
```

这个 file 对象的"name"是"company.csv"，打开模式默认为"r"（只读）。"encoding"（编码格式）默认为"utf-8"。可以看出，我们在参数里只写了一个文件路径就可以完成打开操作，函数会默认设置其他参数。

这样打印出来的信息似乎不是我们想要的，我们需要的是 CSV 文件中的内容信息。那么在打开的前提下，再尝试读取 read() 文件中的信息。

```
f=open('company.csv')
content=f.read()
print(content)
```

f 是一个 file 对象。它有 read() 函数，可以读取文件中的信息，将读取到的内容赋值给 content 变量并将其打印出来。至此，终端里所有上市公司的信息就全部打印出来了。

file 对象除了有 read() 函数可以读取文件的全部信息，还有 readline() 函数可以指定读取某一行信息。readlines() 函数可以指定读取所有行信息并组成一个列表。比如我们可以使用 readline() 读取第一行的文本并打印。

```
f=open('company.csv')
content=f.readline()
print(content)
```

执行结果：

```
    "ts_code";"symbol";"name";"area";"industry";"fullname";"
enname";"market";"exchange";"curr_type";"list_status";"list_date";"
delist_date";"is_hs"
```

如果想要打印第二行的文本呢？可以使用 readlines() 函数读取所有行信息并组成一个列表，使用列表的切片获取第二行的内容。

```
f=open('company.csv')
content=f.readlines()
print(content[1])
```

执行结果：

```
    "000001.SZ";"000001";"平安银行";"深圳";"银行";"平安银行股份有限公司";"Ping
An Bank Co.,Ltd.";"主板";"SZSE";"CNY";"L";"19910403";"";"S"
```

以上我们练习了 file 对象的 3 种读取方式，如表 4-4-2 所示。

表 4-4-2

读取方式	说明
read()	读取文件的全部信息
readline()	读取第一行信息
readlines()	读取所有行信息并组成一个列表

操作方式就是打开文件、读取文件。实际上读取文件后，还需要关闭打开的文件，否则打开的文件会占用内存。而关闭的方式就是在最后加一行代码 f.close()。当然很多时候，我们会忘记写关闭文件的代码。我们也可以使用 with 语句这样更加友好的方式来打开文件。

```
with open('company.csv') as f:
    content=f.readline()
    print(content)
```

需要注意的是，在 Python 中的函数和类等语法是通过缩进进行控制的，这和其他编程语言有所区别。上例中 with 语句的作用范围是下面有缩进的两行。执行完 print(content) 后，打开的文件将自动关闭，而不需要再写 f.close()。

可以看到content的第一行是表头,每个字段以";"分隔并添加双引号。如果想打印表头信息并将双引号去掉,应该怎么办呢?实际上对于字符串,我们经常使用分隔函数split()来分隔字段,使用replace()替换函数将字符串中的一些文件进行替换。

```
with open('company.csv')as f:
    content=f.readline()
    names=content.split(';')
for name in names:
    new_name=name.replace('"','')
    print(new_name)
```

使用content.split(';')将首行的字符串以";"为分隔符进行分隔并组成一个列表(list)names,然后使用for in语句从names中循环取出列表中的每一个元素,也就是表头的字段名。这里列表的元素还是带有双引号的ts_code字符串。如果想将双引号替换掉,那么需要使用replace(old_str,new_str)函数进行替换。

此处的循环在4.5节中会讲到,所以不用担心。以上是读取文件,那么在处理完数据后,如何写入文件呢?前面讲到的子open()函数有一个模式参数mode,它默认是以只读"r"的方式打开文件的。模式有以下几种,如表4-4-3所示。

表 4-4-3

模式(mode)	说明
r	只读
rb	二进制只读
w	写入
wb	二进制写入
w+	读写
wb+	二进制读写
a	追加写入
ab	二进制追加写入
a+	追加写入(读写)
ab+	二进制追加写入(读写)

这些模式并不需要特别记忆，只需要知道下面几种模式，就可以组合使用它们。

- r：read

- w：write

- b：byte

- a：append

- +：r+w

下面读取 company 文件中的表头并去除双引号，将分隔符";"替换为"，"，然后将表头写入一个新文件。

```
with open('company.csv')as f:
    content=f.readline()
    content=content.replace('"','')
    content=content.replace(';',',')
with open('head.txt','w')as f:
    f.write(content)
```

第一个 with 语句的含义是读取 company.csv 并完成数据处理工作；第二个 with 语句的含义是将表头信息写入文件 head.txt 中。在第二个 with 语句中我们使用的模式是 w 写入模式，它会创建一个文件，使用 write() 函数写入内容。当然，我们也可以使用 w+ 或 a+ 读写模式。需要注意的是，模式 a 是指将文件打开（创建）后，在最后一行写入内容。流程如下所示：

打开（创建）文件→数据处理→写入文件

掌握了这个流程，我们就掌握了一般的数据处理方法。等我们学习完循环后，就可以通过写代码来完成文件的批量处理工作了，甚至可以从数据库和网络中自动获取数据来生成我们想要的报表。

4.5 数据结构

数据结构(data structure)是带有结构特性的数据元素的集合。这里需要理解"结构"和"集合"两个概念,同样是一些元素的集合,如果其组织结构不同,那么性质也会不同。类似我们中学学过的碳元素,按照不同的组织方式,可以形成性质完全不同的石墨和金刚石,而它们都是碳元素的集合,仅仅是"结构"不同。由此我们可以将"数据结构"理解为数据元素按照某种组织方式形成的集合。

本节将对比介绍Python中最基本的3种数据结构:列表(list)、元组(tuple)、字典(dict)。

列表

大多数人都有过军训的经历,我们在学习齐步走的时候,全班会站成方阵,教官会让一行或者一列的同学齐步走。这里的一行或一列的同学就是关于学生的集合,可以当成学生的一个序列。而这个序列和Python中的列表概念是相同的。比如,数字1到9的列表可以写成[1,2,3,4,5,6,7,8,9]。这和我们军训时站成一排队列的形式非常像。

需要注意的是,[]表示列表,[]中的元素用","隔开。在Python中可以直接创建一个列表:

```
numbers=[1,2,3,4,5,6,7,8,9]
```

还可以创建一个学生姓名列表:

```
students=['张三','李四','王五','赵六']
```

甚至可以直接创建一个空的列表:

```
students=[]
```

访问元素

对于students列表,我们仍以军训举例,教官为了能精准地让某一位同学做动作,会先让大家报数。这时,从第一名"张三"到最后一名"赵六",会依次报出"1、2、3、4"。每一位同学报出的数字在Python列表中就是索引。唯一的区别是,在Python中索引是从0开始的,也就是说，这 4 位同学是按"0、1、2、3"的顺序报数的。

现在教官知道了每位同学的位置。当需要叫第 i 位同学做动作时，在 Python 中的表示为建立"切片"students[i]，索引为 0 的同学 students[0] 就是张三，students[1] 就是李四。

```
students=['张三','李四','王五','赵六']
print(students[0])
print(students[1])
```

执行结果：

```
张三
李四
```

当一行的人数过多的时候，如果教官想叫最后面的同学，那么就会从"倒数第几名"开始。同样地，我们可以将切片的索引设为负数，代表倒数第几个元素。如倒数第一名为 students[-1]，倒数第二名为 students[-2]。

这时有人可能会说如果非要正着数，那么怎么找到最后一名同学呢？

答案是可以使用 len() 函数来查看列表一共有多少个元素。

```
students=['张三','李四','王五','赵六']
count=len(students)
last_student=students[count - 1]
print(last_student)
```

执行结果：

```
赵六
```

len(students) 打印出来为 4。而我们要找最后一名同学，则不能直接用索引 count，而是应该用 count-1，因为第一位的索引为 0。

切片

在 Python 中列表的切片功能非常强大，除了可以使用索引访问单个元素，还可以获取到子列表。例如，有一个 numbers = [1,2,3,4,5,6,7,8,9] 的数字列表，使用切片 numbers[start:end]

就能得到索引从 start 到 end 间的子列表。

```
numbers=[1,2,3,4,5,6,7,8,9]
print(numbers[:3])# 前三个元素列表
print(numbers[4:6])# 索引第四个到第五个元素列表
print(numbers[-3:])# 最后三个元素列表
```

执行结果：

```
[1,2,3]
[5,6]
[7,8,9]
```

添加元素

使用 append() 方法向列表末尾添加元素。

```
students=[]
students.append('张三')
students.append('李四')
students.append('王五')
students.append('赵六')
print(students)
```

执行结果：

```
['张三','李四','王五','赵六']
```

插入元素

例如，突然来了一位新同学狗二蛋。根据身高，教官需要把他安排到第二个位置上。我们如何用 Python 对现有的列表插入元素呢？可以使用 insert(i,x) 在第 i 位索引上插入元素 x。

```
students=['张三','李四','王五','赵六']
students.insert(1,'狗二蛋')
print(students)
```

执行结果：

```
['张三','狗二蛋','李四','王五','赵六']
```

删除元素

这位新同学由于前面没有参加训练,基础较差,因此教官想把他从队伍中拎出来单独训练,这个时候我们就可以使用 pop(i) 删除第 i 位索引上的元素。

```
students=['张三','狗二蛋','李四','王五','赵六']
students.pop(1)
print(students)
```

执行结果:

```
['张三','李四','王五','赵六']
```

如果我们不指定索引,直接使用 pop() 函数,那么将会删除列表的最后一个元素"赵六"。如果列表太长,我们记不住索引位置,只知道他叫"狗二蛋",那么应该怎么删除呢?我们可以使用 remove(x),删除第一个值为 x 的元素。

```
students=['张三','狗二蛋','李四','王五','赵六']
students.remove('狗二蛋')
print(students)
```

执行结果:

```
['张三','李四','王五','赵六']
```

除此之外,还可以使用 del 语句删除列表中的元素,del 语句和 pop(i) 的共通之处是通过索引进行删除,区别是 pop(i) 会返回删除的值,而 del 语句不会。

```
students=['张三','狗二蛋','李四','王五','赵六']
del students[1]
print(students)
```

执行结果:

```
['张三','李四','王五','赵六']
```

排序

利用 sort() 函数我们可以完成对一个列表的排序操作。

```
numbers=[5,2,3,4,1,6,7,8,9]
numbers.sort()# 正序
print(numbers)
numbers.sort(reverse=True)# 倒序
print(numbers)
```

执行结果：

```
[1,2,3,4,5,6,7,8,9]
[9,8,7,6,5,4,3,2,1]
```

以上是列表的常用方法，再次总结一下，如表 4-5-1 所示。

表 4-5-1

作用	方法	说明
切片	list[i] 或 list[:]	获取列表元素或子列表
插入元素	list.insert(i,x)	在给定的位置插入一个元素
删除元素	list.pop(i)	删除列表中给定位置的元素并返回它
删除元素	list.remove(x)	移除列表中第一个值为 x 的元素
删除元素	del list[i]	列表按照给定的索引而不是值来移除一个元素
删除所有元素	list.clear()	移除列表中的所有元素，等价于 del a[:]
统计元素出现的次数	list.count(x)	返回元素 x 在列表中出现的次数
排序	list.sort(key=None, reverse=False)	对列表中的元素进行排序
翻转列表	list.reverse()	翻转列表中的元素
复制列表	list.copy()	返回列表的一个浅拷贝，等价于 a[:]

元组

元组（tuple）和列表（list）十分相似，区别是列表的形式为 [1,2,3,4]，而元组的形式为 (1,2,3,4)。下面同样像列表一样使用切片访问元素。

```
numbers=(1,2,3,4,5,6,7,9)
print(numbers[1])
print(numbers[:3])
```

```
print(numbers[-3:])
print(numbers[4:6])
```

执行结果：

```
2
(1,2,3)
(6,7,9)
(5,6)
```

前面我们学习列表的时候可以添加、删除元素，而元组初始化后就不能变了，即不能进行添加、删除操作。

字典

字典（dict）和列表（list）是最常用的两种数据结构。像我们小学的时候遇到不认识的字就会拿出新华字典来查，根据偏旁或者拼音找到对应的页码。这个查字典的过程就可以理解为通过前面的索引找到对应的字的页码，这样一种对应关系可称之为键值对。试想一下，假如新华字典中没有前面的索引，该怎么办呢？是不是只能一页一页地找到想要查的字？由此可以看出字典有两个特性：

1. 存在索引和字的对应关系，即键值对。查询速度快。

2. 键（索引）是唯一的。

Python 中的字典和生活中的字典类似，也是一系列键值对的集合，如 {'jack':4098, 'sape':4139}。一个键值对就是 key:value，每个键值对用逗号隔开，整个集合用花括号括起来。

创建字典

我们可以直接用空的花括号来创建一个字典，如 students = {}，也可以在创建时初始化一些键值对。比如，创建一个学生姓名和学号有对应关系的字典 students = {' 张三 ':'01',' 李四 ':'02',' 王五 ':'03',' 赵六 ':'04'}。

访问元素

如果想要知道学生张三的学号是多少，那么可以通过 students[' 张三 '] 获取。前面我们学习列表时,是通过索引(index)访问元素的,而字典是通过键(key)访问元素的,但两者的形式比较相似。

添加元素

学习列表(list)的时候,添加元素是通过list.append()或者list.insert()实现的。而字典更简单,都不需要使用函数,直接写一个键值对即可。

```
students={'张三':'01','李四':'02','王五':'03','赵六':'04'}
students['狗蛋']='05'
print(students)
```

执行结果:

```
{'张三':'01','李四':'02','王五':'03','赵六':'04','狗蛋':'05'}
```

当然,在创建一个空字典后,再一个键值对一个键值对地添加也可以。

```
students={}
students['张三']='01'
students['李四']='02'
students['王五']='03'
students['赵六']='04'
students['狗蛋']='05'
print(students)
```

如果通过一个字典中不存在的键去访问值,那么就会出现问题。因此很多时候我们在访问前需要判断是不是存在这个键。而使用dict.keys()可以显示字典中所有键的列表,使用dict.values()可以显示字典中所有值的列表,使用dict.items()可以显示字典中键值对元组的列表。通过条件判断一个键是否存在,避免报错而导致程序终止。

```
students={'张三':'01','李四':'02','王五':'03','赵六':'04'}
name='狗蛋'
if name in students.keys():
    print('yes')
else:
    print('false')
```

执行结果：

```
false
```

删除元素

列表的删除方法有 list.pop()、list.remove()、del list[i]3 种方式，而相应的字典的删除方法只有一种方式——del 语句。

```
students={'张三':'01','李四':'02','王五':'03','赵六':'04'}
del students['赵六']
print(students)
```

执行结果：

```
{'张三':'01','李四':'02','王五':'03'}
```

列表、元组、字典相互转换

有时候，我们需要在列表、元组、字典之间进行转换，下面介绍相互转换的方法。

列表与元组转换：

```
numbers_tuple=tuple([1,2,3,4]) # 列表转元组
print(numbers_tuple)
numbers_list=list((1,2,3,4)) # 元组转列表
print(numbers_list)
```

执行结果：

```
(1,2,3,4)
[1,2,3,4]
```

列表与字典转换：

```
numbers_dict={'one':1,'two':2,'three':3,'four':4}
print(list(numbers_dict.keys())) # 字典键转列表
print(list(numbers_dict.values())) # 字典值转列表
```

执行结果：

```
['one','two','three','four']
[1,2,3,4]
```

元组与字典转换：

```
numbers_dict={'one':1,'two':2,'three':3,'four':4}
print(tuple(numbers_dict.keys()))# 字典键转元组
print(tuple(numbers_dict.values()))# 字典值转元组

numbers_tuple=(('one',1),('two',2),('three',3),('four',4))
print(dict(numbers_tuple))# 元组转字典
```

执行结果：

```
('one','two','three','four')
(1,2,3,4)
{'one':1,'two':2,'three':3,'four':4}
```

从以上举例可以看出，只用函数 list()、tuple()、dict() 就可以将数据结构分别转换为列表、元组、字典。

4.6 条件判断

写一段代码让计算机帮我们完成一些功能，其中往往涉及不同条件执行不同任务的情况。此时需要针对不同场景做不同的条件判断。如果说写代码就是一段旅途，中间会遇到很多岔路口，我们需要在不同的岔路口告诉计算机选择哪一条路，这样才能到达最终的目的地。而这个选择的过程，就是我们在 Python 中用的条件判断。

```
if <条件判断 1>:
    <执行 1>
elif <条件判断 2>:
    <执行 2>
elif <条件判断 3>:
```

```
    <执行 3>
else:
    <执行 4>
```

使用 if…elif…else 时,程序先判断 if 条件,如果条件为 true 则执行 1,否则判断 elif 条件,如果条件为 true 则执行 2,依次类推。若均不满足条件则执行 else 下的语句。如果判断项只有一个,那么可以省略中间的 elif,直接使用 if … else …。

为了有一个直观的印象,我们以城市的阶梯水费为例,根据不同的水量计算相应的水费,如表 4-6-1 所示。

表 4-6-1

阶梯	水量	单价
第一阶梯	0~216	1.74
第二阶梯	217~300	2.61
第三阶梯	301 以上	5.22

输入以下语句:

```
volume=250
if volume <= 216:
    price=1.74 * volume
elif volume < 300:
    price=2.61 * volume
else:
    price=5.22 * volume
print(price)
```

执行结果:

```
652.5
```

分别定义水量、水费为变量 volume、price,通过判断水量的大小,用不同的单价计算水费。

假设居民用水的固定单价为"2",非居民用水的固定单价为"5",只有一个判断类型,因此可以省略 elif:

```
volume=250
```

```
type ='居民用水'
if type =='居民用水':
    price=2 * volume
else:
    price=5 * volume
print(price)
```

执行结果：

```
500
```

4.7 循环

循环是程序中非常有用的功能。对于同样一件事，如果需要做 100 遍，人工操作的话，只能老老实实地重复做 100 遍，而利用循环可以让计算机帮助我们轻松完成任务。在 Python 中我们经常使用 for in 和 while 两种语句来写循环。

循环语句

for in

假如需要打印出 1~99 的数字，那么可以写：

```
for i in range(1,100):
    print(i)
```

从 range(1,100) 序列中循环取出每个元素，然后打印出来。

除了使用 for in，还可以使用 while，当满足条件时，执行循环：

```
i=1
while i < 100:
    print(i)
    i += 1
```

在 while 循环中如果想在某些情况下退出循环，那么可以使用 break 和 continue。其中 break 是退出循环，continue 是跳过本次循环，执行下一次循环。需要注意的是，while 后的条件语句需要执行一段时间后才能达到退出的条件，否则程序将陷入死循环。

下面总结一下常用数据结构的循环写法。

List 循环

对于列表 ['A','B','C']，循环获取列表元素：

```
l=['A','B','C']

for i in l:
    print(i)
```

如果要循环获取列表中元素的索引和值，那么可以使用 Python 内置的 enumerate() 函数。

```
l=['A','B','C']

for index,value in enumerate(l):
    print(index,value)
```

执行结果：

```
0 A
1 B
2 C
```

其中 index、value 代表列表中每个元素的索引和值。命名是自定义的，可以任意命名，也可以写"for i,v in enumerate(l)"同样可以获取索引和值。

Dict 循环

对于字典 d = {'a':1,'b':2,'c':3}，存储的是像 key-value 这样的键值对，循环语句如下：

循环所有 key 的语句为 for key in d 或者 for key in d.keys()。

循环所有 value 的语句为 for value in d.values()。

循环所有 key value 的语句为 for key, value in d.items()。

Set 循环

对于元组 s= ('A','B','C')，循环方法与 list 相同。

DataFrame 循环

在 4.11 节我们将学习利用 pandas 模块中的 DataFrame 数据类型处理二维表，使用 for index, row in df.iterrows() 循环获取二维表 df 中每一行元素的索引和值。

总之，对于 List、Dict、Set、Str、DataFrame 这类可迭代对象，可以使用 for in 循环获取元素。那么怎么判断一个数据类型是否是可迭代对象呢？方法是通过 collections 模块中的 Iterable 数据类型进行判断：

```
from collections import Iterable
s=('A','B','C')
print(isinstance(s,Iterable))
```

通过 isinstance() 函数判断变量 s 是否是 Iterable 数据类型中的可迭代对象。

列表生成式

列表生成式是 Python 中生成列表的一种写法。

如生成 [1, 2, 3, …, 9] 的列表，可以用列表生成式：

```
[i for i in range(1,10)]
```

如生成 1~9 的平方数列表，可以用列表生成式：

```
[i*i for i in range(1,10)]
```

不仅如此，列表生成式还可以添加 if 条件语句进行筛选。如筛选 1~9 中的偶数并生成平方数：

```
[i*i for i in range(1,10)if i%2==0]
```

列表生成式也可以写多个循环：

```
s=[m + n for m in range(1,10)for n in range(1,10)]
```

4.8 函数

中学时我们都学习过函数的概念，如二次函数，只要给定 x 就可以得到抛物线上对应的 y 值，如图 4-8-1 所示。

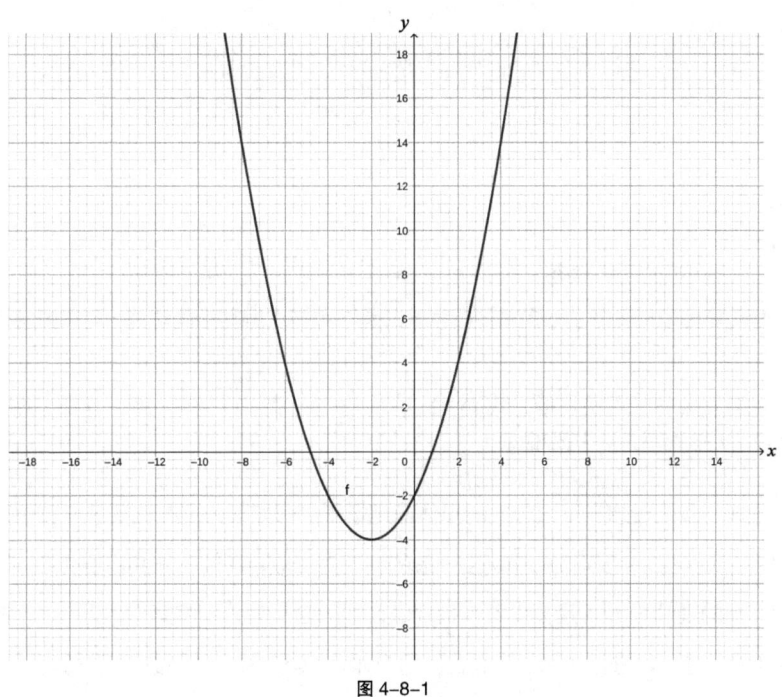

图 4-8-1

从二次函数可以看出函数有几个特点。

1. 封装性。在求 y 值的时候，不用了解是怎么实现的，也不用每次都重复内部的计算过程，只需要调用函数 $f(x)$ 即可。

2. 输入项、输出项。在定义函数 $y=f(x)$ 的时候，需要定义函数的输入项和输出项。x 是输入项，y 是函数执行后的输出项。

在 Python 中函数的概念和数学中函数的概念一样，Python 内置了很多函数可以让我们直接调用。例如，abs() 为内置的绝对值函数，输入参数 "$x=-10$"，输出值 "$y=10$"。

```
x=-10
y=abs(x)
print(y)
```

split() 为内置的分隔函数，当输入参数为字符串时，输入分隔符参数 '-'，输出值为分隔后的列表 ['2021','02','14']。

```
x ='2021-02-14'
y=x.split('-')
print(y)
```

定义函数

除了调用 Python 内置的函数，我们还可以自定义函数。尤其是当编写代码的工作量较大时，经常要将一些功能抽象成函数。一是方便阅读，二是不用多次编写相同功能，可以直接调用函数。

比如，金融专业中的年金现值公式 $pv=\sum_{i=1}^{n}\frac{A}{(1+r)^i}$，其中 i 指第几期，n 指总期数，A 指每期的支出金额，r 指利率，pv 指现值。

为方便理解，我们设想一下该公式的具体应用场景。假如某人现在购买了一款保险，每年年末需要交 5000 元保费（$A=5000$），市场上一般的利率为 4%（$r=4\%$），一共需要交 30 年（$n=30$），求这款保险产品的现值（pv）是多少？年金现值公式的含义为分别将第 i 期交的钱，按照利率折现到目前时点的价值，再进行求和。下面我们用 Python 自定义一个函数进行计算。

```
def pv(A,r,n):
    """年金现值函数
    A: 年金
    r: 利率
    n: 期数
    return: 现值
    """
    pv=0
```

```
        for i in range(1,n+1):
            pv += A / pow((1+r),i)
        return pv

result=pv(5000,0.04,30)
print(result)
```

执行结果：

```
86460.1665033224
```

定义函数需要使用关键字"def"，然后自定义函数名"pv"，以及函数参数 (A,r,n) 和冒号":"。再在换行的缩进块中写函数功能，return 后接函数的返回值，相当于函数计算完成后的输出项。当然 return 并不是必要项，因为一个函数可以进行一系列操作而不返回输出项。

在本例中我们使用了 Python 内置的指数函数 pow() 进行计算，利用 for in 语句循环累计求和各期保费的折现值，从而完成年金现值的计算。需要注意的是，Python 在执行代码时并不是从头到尾依次执行的，我们定义的函数不会先执行，而是在调用的时候再执行。也就是说程序会先执行 result = pv(5000,0.04,30)，计算完成后，再执行 print(result) 打印出计算结果。

形式参数与实际参数

在了解了如何定义 Python 函数后，下面我们介绍形式参数与实际参数的区别。

```
# 定义函数时，括号内的参数为形式参数
def function_name ( 形式参数列表 )：
    函数体
# 调用函数时，括号内的参数是实际参数
function_name ( 实际参数列表 )
```

在调用函数时，实际参数会向形式参数传参，如调用 pv(5000,0.04,30)，参数传递过程为：

```
A=5000
r=0.04
n=30
```

而根据实际参数向形式参数传递方式的不同，可以分为位置参数、默认参数、可变参数、关键字参数。下面我们逐一进行讲解。

位置参数

概念：调用函数时根据函数定义的参数位置来传递参数。

我们定义的函数 pv(A,r,n)，在调用时，形成参数 A、r、n 的值是根据实际参数 5000、0.04、30 的位置确定的。这样的参数称为"位置参数"。

默认参数

概念：用于定义函数，为参数提供默认值，调用函数时可不传该默认参数的值。注意，所有位置参数必须出现在默认参数前，包括函数定义和调用。

在年金现值函数 pv() 中，假设的是每一期保费是年末交费，但现实情况是一般是在购买时交费也就是年初交费。对应的公式应该为 $pv=\sum_{i=1}^{n}\frac{A}{(1+r)^{(i-1)}}$。那么是不是还需要再定义一个函数呢？答案是不用的，因为主要的计算逻辑都是一样的。实际上，可以增加一个参数 method，由此决定是按年初交费还是按年末交费的方式进行计算。

```python
def pv(A,r,n,method=1):
    """年金现值函数
    A:年金
    r:利率
    n:期数
    method:计算方式
    return:现值
    """
    pv=0
    for i in range(1,n+1):
        if method == 1:
            pv += A / pow((1+r),i)
        else:
            pv += A / pow((1+r),i-1)
```

```
    return pv
```

程序通过判断 method 参数是否等于 0 来执行不同的公式。需要注意的是，在定义参数 method 的时候和其他参数不同，使用 method=1 让参数默认为 0，也就是默认为按年末交费的方式计算。这种在定义函数时给参数赋予默认值的情况，称为"默认参数"。使用默认参数有一个好处，就是在调用时可以缺省该参数，程序会按默认值计算。例如，同样使用 pv(5000,0.04,30) 进行调用，此时会按 method=1 计算。当然也可以使用 pv(5000,0.04,30,0)，此时会按 method=0 计算，这对需要增加函数功能但又不想修改以前调用函数代码的人非常有用。需要注意的是，默认参数一般会放在最后。

可变参数

概念：定义函数时，传入的参数是可变的。

使用 pv(A,r,n) 函数时，假设保费在未来 n 年每年年末交，那么在指定哪几年交保费后如何计算现值呢？例如，计算未来的第 1 年、第 2 年、第 5 年这 3 年交保费，需要将之前函数中的 n 替换成一个列表 [1,2,5]，通过判断传入的参数 n 使列表执行不同的操作。

```
def pv(A,r,n):
    """年金现值函数
    A:年金
    r:利率
    n:期数
    return:现值
    """
    pv=0
    if isinstance(n,list):# 判断 n 是否为列表
        for i in n:
            pv += A / pow((1+r),i)
    elif isinstance(n,int):# 判断 n 是否为整数
        for i in range(1,n+1):
            pv += A / pow((1+r),i)
    else:
        pv=0
        print('n 值错误 ')
```

```
        return pv

result=pv(5000,0.04,[1,2,5])
print(result)
```

当然，上述方法是可以解决这个问题的。但还有另外一种方法，那就是可以使用可变参数 pv(A,r,*n)。*n 可以接收多个参数，其中 n 是将接收的多个参数组成元组，* 是将元组拆解开以获取元组内的各个元素。

```
def pv(A,r,*n):
    """年金现值函数
    A：年金
    r：利率
    n：期数
    return：现值
    """
    pv=0
    if len(n)> 1:
        for i in n:
            pv += A / pow((1 + r),i)
    else:
        for i in range(1,n[0] + 1):
            pv += A / pow((1 + r),i)
    return pv

result=pv(5000,0.04,1,2,5)
print(result)
```

本例中 (1,2,5) 会作为元组传入参数 n，*n 则是将元组拆解开，相当于 1、2、5。这里需要理解 * 的作用。

更简单的方法是，写一个字符串合并函数：

```
def concat(*args,sep='/'):
    return sep.join(args)
```

传入多个字符串并进行合并，如 concat('a','b','c')，得到 a/b/c。

关键字参数

调用函数时可以使用"关键字参数",它的形式是 kwarg=value。关键字参数将组装成 dict 类型传递给形式参数。

```
def func(**kwargs):
    print(kwargs)

func(a=1)
func(a=1,b=2,c=3)
```

执行结果:

```
{'a':1}
{'a':1,'b':2,'c':3}
```

为了对比可变参数与关键字参数的区别,运行代码:

```
def foo(*args,**kwargs):
    print('args =',args)
    print('kwargs =',kwargs)
    print('---------------')

foo(1,2,3,4)
foo(a=1,b=2,c=3)
foo(1,2,3,4,a=1,b=2,c=3)
foo('a',1,None,a=1,b='2',c=3)
```

执行结果:

```
args= (1,2,3,4)
kwargs= {}
---------------
args= ()
kwargs= {'a':1,'b':2,'c':3}
---------------
args= (1,2,3,4)
kwargs= {'a':1,'b':2,'c':3}
```

```
---------------
args= ('a',1,None)
kwargs= {'a':1,'b':'2','c':3}
---------------
```

最后介绍一下匿名函数,匿名函数是指一类无须定义函数名的函数或子程序。

```
def sum(x,y):
    return x+y
```

用匿名函数来实现:

```
sum=lambda x,y:x + y
print(sum(1,2))
```

4.9 调试及常见错误类型

初学编程语言时最重要的就是要学会调试。很多人在学习完书本知识后,等到自己动手写代码的时候,会发现一运行代码就报错,而这些错误在一般教程里并不会介绍。如果不会调试,那么遇到错误时就会手足无措。

本节将要介绍的"调试"(debug)虽然没有太多高深的技巧,但是希望大家了解解决问题的思路。在学习过程中,绝不可能一帆风顺。实事上,这条道路往往满布了荆棘,他人只能给你提供一个方向,至于怎么到达终点,需要自己走每一步,解决遇到的每一个问题。

调试方法 1:print

以 4.8 节可变参数构建的年金现值函数为例:

```
def pv(A,r,*n):
    """年金现值函数
    A:年金
    r:利率
    n:期数
    return:现值
```

```
    """
    pv=0
    if len(n)> 1:
        for i in n:
            pv += A / pow((1 + r),i)
    else:
        for i in range(1,n + 1):
            pv += A / pow((1 + r),i)
    return pv


result=pv(5000,0.04,30)
print(result)
```

当调用 pv(5000,0.04,1,3,5) 的时候，程序能够正常运行。但当调用 pv(5000,0.04,30) 的时候，程序就会发出报错。如下：

```
Traceback (most recent call last):
  File "/home/nigo/tmp/test.py",line 18,in <module>
    result=pv(5000,0.04,30)
  File "/home/nigo/tmp/test.py",line 13,in pv
    for i in range(1,n + 1):
TypeError:can only concatenate tuple (not "int")to tuple
```

初学者一遇到报错就紧张，心想："完了，报错了，怎么办？我不会解决。"不要着急，首先要仔细阅读报错的信息。比如报错信息的最后一行提示的是 TypeError:can only concatenate tuple (not"int") to tuple，翻译成中文就是"类型错误：只能将元组（不是'int'）连接到元组"。

这里报错提示的是"类型错误"。至于"只能将元组（不是'int'）连接到元组"的具体含义，需要再往上看提示。第 13 行为"for i in range(1,n+1):"其含义是让 i 从 1 循环至整数 n。联想一下报错的类型错误，可以想到是不是因为 n 在这里不是整数而出现了问题。为了验证我们的想法，可以在第 13 行前使用 print() 函数将 n 打印出来。

print(n) 的结果是 (30,)，可以看到 n 是元组类型，不能直接和整数 1 相加。因此，我们应该取元组的第一个值"30"，也就是将第 13 行修改为"for i in range(1,n[0]+1):"后，再次运行程序就不再报错了。

使用 print() 函数打印出关键变量的值，看与我们预期的值是否有出入。虽然这个方法比较简单，但是这是对初学者最有效的调试方法。

调试方法 2：打断点

无论是 VS Code 还是 PyCharm 都是非常强大的调试工具，也就是俗称的打断点。如图 4-9-1 所示，在 VS Code 中我们可以在需要程序暂停的地方前单击，打上红色的断点。

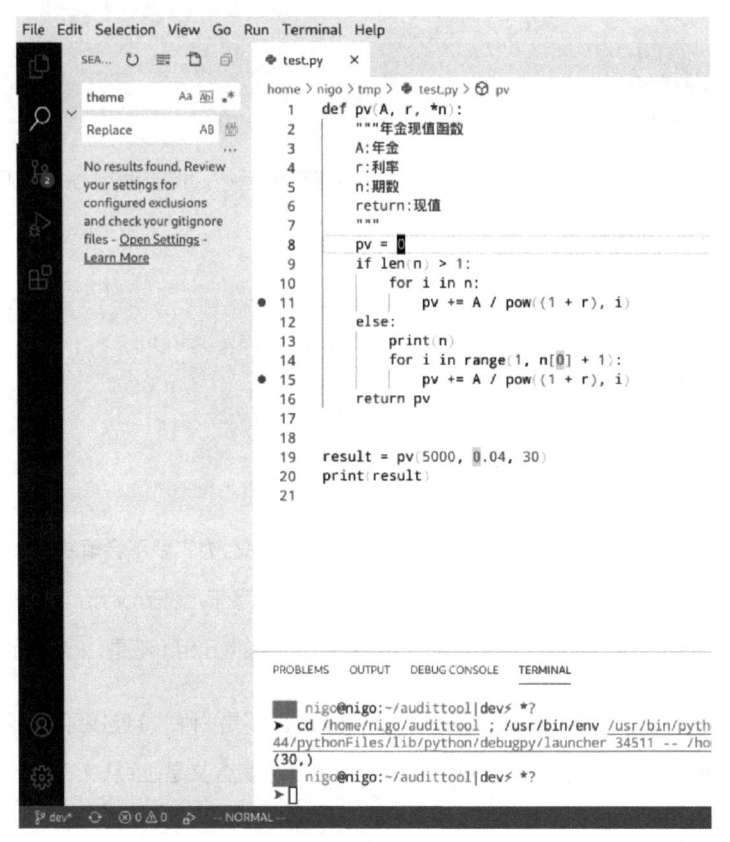

图 4-9-1

打完断点后，按 F5 键进行运行调试，选择 Python File，如图 4-9-2 所示。

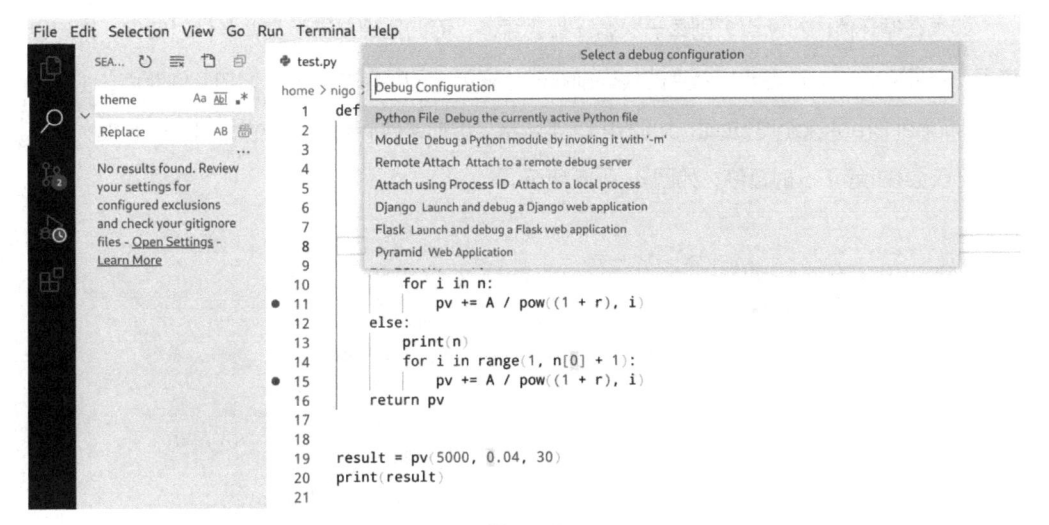

图 4-9-2

程序运行到断点位置时暂停，如图 4-9-3 所示。此时在左侧窗口查看各个变量的值，这样就不用使用 print() 函数将每个变量打印出来了。通过观察各个变量的值我们可以排查报错的原因。同时我们也可以使用调试工具栏进行逐行调试。

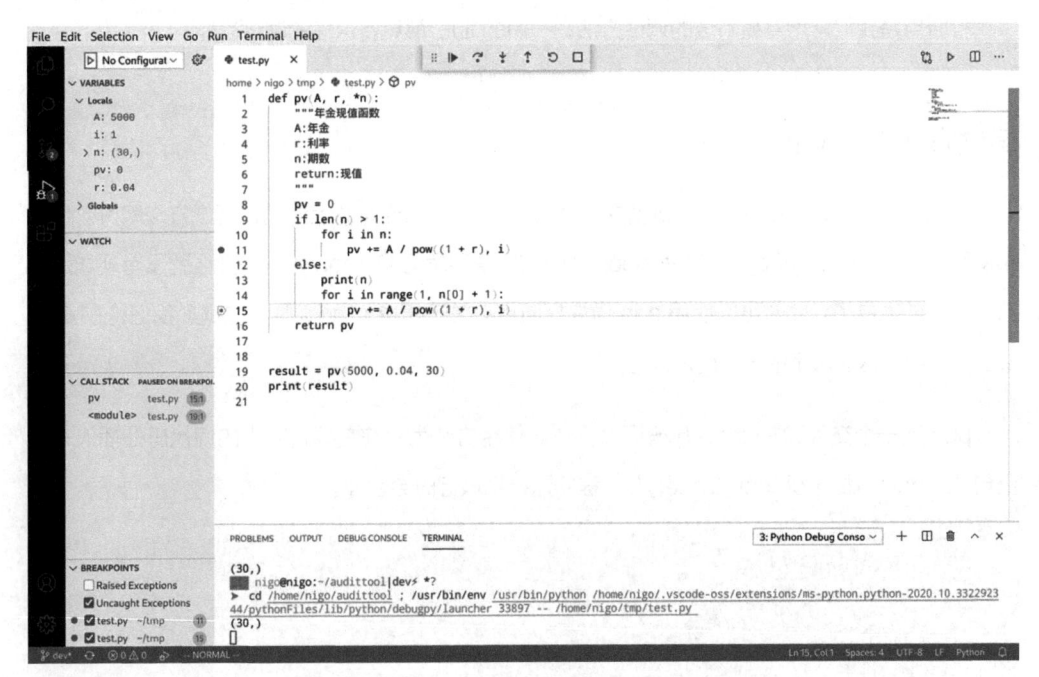

图 4-9-3

如果在循环体内打断点，则每一次循环都会暂停，而如果想在满足某些条件时暂停，则可以使用"条件断点"。在需要打断点的代码前右击，在弹出的菜单中选择"增加条件断点"（Add Conditional Breakpoint）选项，如图 4-9-4 所示。增加条件 i==5，再次执行（按 F5 键）时，则循环仅会在 i 等于 5 时暂停，如图 4-9-5 所示。

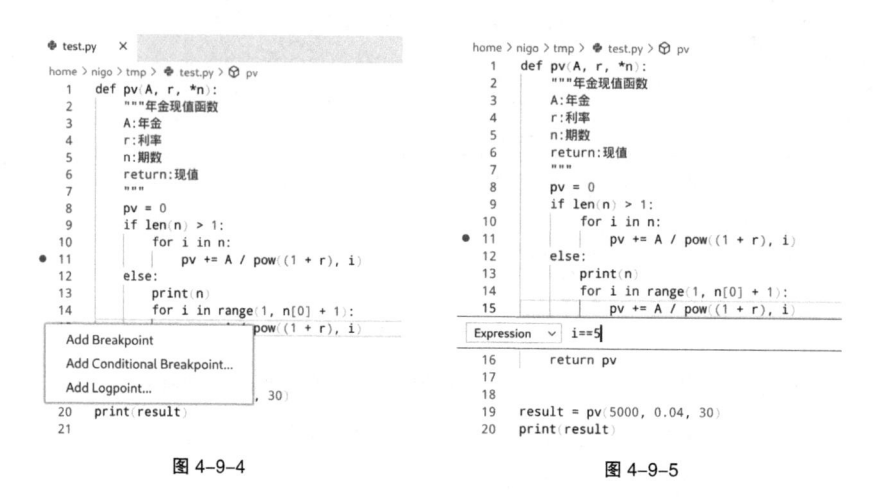

图 4-9-4

图 4-9-5

打断点是我们常用且最简洁的调试方法，一般的 IDE 都具备这样的调试功能。

调试方法 3：pdb

一般使用 VS Code 或 PyCharm 类似的 IDE 时，仅需要掌握上面两种调试方法即可。但如果使用的是与 Vim 或 Jupyter Notebook 类似的编辑器编写 Python 代码，那么就没有现成的打断点的调试工具了。此时可以使用 pdb 模块打断点。关于模块（module）的概念我们将在 4.10 节进行介绍，这里仅了解一下用法即可。

pbd 是一个交互式 Python 代码调试模块。使用方法为：在需要打断点的源代码处插入一行语句"import pdb; pdb.set_trace()"，程序运行到该行时会暂停。

```
def pv(A,r,*n):
    """年金现值函数
    A:年金
    r:利率
```

```
        n: 期数
        return: 现值
        """
        pv=0
        if len(n)> 1:
            for i in n:
                pv += A / pow((1 + r),i)
        else:
            for i in range(1,n[0] + 1):
                import pdb; pdb.set_trace()
                pv += A / pow((1 + r),i)
        return pv


result=pv(5000,0.04,30)
print(result)
```

在终端运行以下代码。

```
▶ python3 ~/tmp/test.py
> /home/nigo/tmp/test.py(16)pv()
→ pv += A / pow((1 + r),i)
(Pdb)
```

此时可以通过命令在终端进行调试。pdb 可以在终端中运行"python -m pdb 文件名 .py",进入逐行调试模式。pdb 调试常用的命令如表 4-9-1 所示。

表 4-9-1

序号	命令	解释
1	l 或 list	显示当前行代码段
2	ll	显示当前函数代码段
3	n 或 next	执行下一行语句
4	s 或 step	进入函数
5	r 或 return	执行代码直到从当前函数返回
6	c 或 continue	继续执行
7	p 或 pp	打印变量(直接输入变量名也可以打印)

续表

序号	命令	解释
8	q 或 quit	退出调试
9	b 或 break	b 查看断点；b+ 行号设置断点
10	disable 断点号	禁用断点
11	enable 断点号	启用断点
12	cl 或 clear	清除断点
13	condition 断点号 条件	设置条件断点

常见错误类型

表 4-9-2 中列示了常见的错误，遇到错误提示要阅读报错信息，找到发生错误的位置，发生错误的原因，必要时进行调试排查。整体流程如图 4-9-6 所示。

表 4-9-2

序号	错误类型	解释
1	TypeError	类型错误，当不同类型的变量组合运算时会出现此类问题，如 int+string
2	ValueError	值错误，如 float("beijing")
3	IndexError	下标越界
4	AttributeError	调用了对象没有的属性或方法
5	SyntaxError	语法错误
6	IndentError	缩进错误

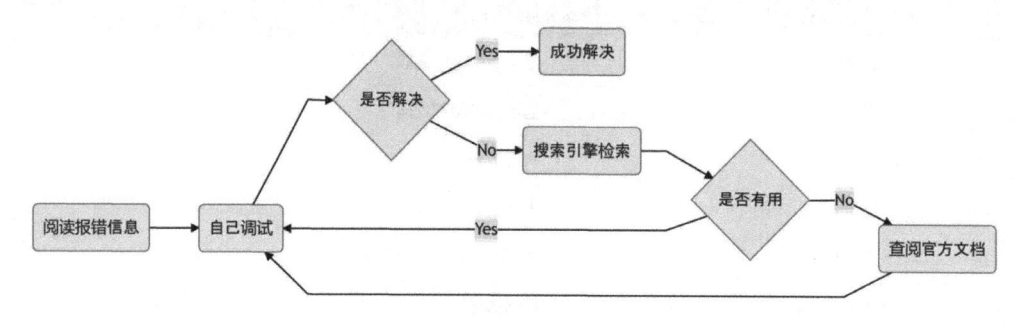

图 4-9-6

4.10 模块与包

Python 的生态已经相当完善，你需要做的只是利用已有的工具。本节我们将要学习模块（Module）与包（Package）的概念。

模块是指 .py 格式的 Python 文件，如 abc.py 就是 abc 模块；而包是指一组模块集。一个模块里编写了类或函数以实现一些功能，而在一个目录下有多个模块，如 M 目录下有 abc.py 与 xyz.py 两个模块，那么我们就称这个 M 目录就是一个 M 包。

在 Python 中有很多自带的包，也有很多第三方的包，如 numpy、pandas、requests 等。在讲解模块与包之前，我们用一个实际案例看一看如何利用别人的"轮子"。

利用轮子

在审计中我们经常遇到需要合并文件的情况。下面以合并 Excel 文件为例，在本书配套资源中有"合并文件"的目录，共 10 个 Excel 文件，数据 -1.xlsx 至数据 -10.xlsx。每个文件都有 A 列、B 列、C 列，我们要做的是将这些文件中的 A 列、B 列、C 列数据合并到一个文件中。

首先，我们分析一下要完成这件事，需要做些什么：

1. 获取文件夹下所有文件列表。

2. 循环读取 Excel 文件。

3. 写入单个文件。

要完成以上步骤我们要利用 Python 自带的包或使用第三方包。如果要安装第三方包，则可以在终端下使用命令"pip install 包名"，如使用 pandas 库，则可以使用命令"pip install pandas"。

使用 Python 自带的 os 包获取文件夹下的文件列表并拼接成文件夹路径列表，再使用 pandas 包读取 Excel 文件数据并进行合并。

这里我们用 import 导入了需要的 os 包和 pandas 包。导入包后，我们可以使用"."来调用包中的模块或函数。需要注意的是，import pandas as pd 中的 as 是将 pandas 包用自定义的别名 pd 进行替代，pandas.read_excel() 函数可以简写成 pd.read_excel()。

```python
import os
import pandas as pd


def get_file_list(path):
    """ 获取文件夹下的文件列表 """
    files=os.listdir(path)# 获取 path 路径下的所有文件名称
    file_paths=[os.path.join(path,file) for file in files] # 拼接成文件夹路径列表
    return file_paths


if __name__ =='__main__':
    paths=get_file_list('合并文件')# 获取"合并文件"下的所有文件路径
    df=pd.DataFrame()# 创建一个空的 DataFrame 二维表
    for path in paths:# 循环每一个文件路径
        df_tmp=pd.read_excel(path)# 读取文件数据
        df=pd.concat([df,df_tmp])# 将 df 二维表与 df_tmp 二维表合并为 df
    df.to_excel('output.xlsx',index=False)# 将合并后的二维表写入 output.xlsx 文件
```

创造轮子

如果想创造一个包，应该怎么做呢？尤其是经常做数据分析的话，我们可以将常用的一些功能抽象出来，需要用的时候就直接使用，这样可以避免重复造轮子的情况。

例如，笔者在做审计项目的时候经常需要核对银行流水，因此笔者写了一个通用的核对功能，把它放在 bankflow 文件夹下：

```
bankflow
├── function
│   ├── __init__.py
│   └── mapping.py
```

```
├── __init__.py
└── load
    ├── __init__.py
    └── loaddata.py
```

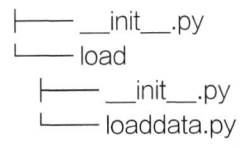

此处的 bankflow 就是一个包，每个 .py 的文件就是一个模块，而包是模块的集合。这里我们一共写了两个模块，每个模块有不同的功能。loaddata.py 是用来导入外部数据的，mapping.py 是用来进行银行流水核对的。

需要注意的是，文件夹中有一个 __init__.py 文件，实际上它只是一个空文件，因为 Python 把含 __init__.py 文件的目录当成了包。只要在 bankflow 的目录及其子目录中都新建一个空文件 __init__.py，这样它就从名义上变成了一个包，可以使用 "." 调用模块，比如要导入 mapping 模块，可以直接使用 import bankflow.function.mapping。这种在使用 mapping 中的函数时需要写完整路径 bankflow.function.mapping.one_way_check() 的方法和 import bankflow 的方法没有区别。

另一种导入模块的方法是，使用 from bankflow.function import mapping。可以直接写 mapping.one_way_check() 调用自己编写的单向核对函数。

除了可以导入模块，还可以直接导入模块里的类、函数、变量：

from bankflow.function.mapping import one_way_check

大家可以按照这个例子自己试着创建一个包。当你自己动手创建的时候就会发现，只要你正在编写的 Python 文件与自己创建的包不在同一个目录，那么在导入的时候就会出现报错：

```
Traceback (most recent call last):
  File "xxx.py",line 1,in <module>
    from bankflow.function import mapping
ModuleNotFoundError:No module named'bankflow'
```

报错信息显示没有名为 bankflow 的包。原来当我们使用 import 导入包时，Python 会在 sys.path 中查找是否有这个目录。如果没有，就会报错。

大家可以打印 sys.path，看自己的计算机上显示的路径：

```
import sys

print(sys.path)
```

在笔者的计算机上打印出来的是：

```
['/usr/lib/python39.zip','/usr/lib/python3.9','/usr/lib/python3.9/lib-dynload','/home/nigo/.local/lib/python3.9/site-packages','/usr/lib/python3.9/site-packages']
```

也就是说在导入包前，需要先把路径写入 sys.path，写入方法就是 sys.path.append(路径)。

例如，计算机中的 bankflow 文件夹在路径"/home/nigo/IT-Audit-Resources/ 第 4 章 /4.10 导入模块"文件夹下，那么在 import bankflow 前需要先将该路径添加到 sys.path 中：

```
import sys
sys.path.append('/home/nigo/IT-Audit-Resources/第四章/4.10 导入模块')
from bankflow.function import mapping

if __name__ == "__main__":
    mapping.one_way_check()
```

sys.path.append() 除了可以使用绝对路径，还可以使用相对路径，如…/ 代表上级目录，…/…/ 代表上上级目录，依此类推。在 Python 中可以在很多地方看到 if __name__ == "__main__":，那么这个语句是什么含义呢？

新建一个 Python 文件，打印变量 __name__：

```
print(__name__)
```

可以看到结果是 __main__，也就是说当运行一个 Python 文件时，它的 __name__ 变量值为 __main__。而如果将它当成一个模块导入时，__name__ 就是模块的文件名，那么 if __name__ == "__main__" 为 False，即当直接运行这个文件时程序才会执行。

4.11 处理二维表数据

pandas 是最常用的、处理二维表数据的包。它的功能强大，上手简单，用法灵活。pandas 包含了两种数据结构：Series 和 DataFrame，前者是一维数组，后者是二维数组。本节只介绍 DataFrame 最常用的函数与属性，力求让大家用最短的时间了解最主要的功能。

pandas 安装

在终端下执行：

```
pip install pandas
```

读取数据

pandas 支持读取多种数据格式的文件，如 Excel、TXT 文件等，能够满足工作中的大部分需求。以本书配套资源中的 company_basic.xlsx 文件为例，练习读取 Excel 文件。

```
import pandas as pd

df=pd.read_excel('company_basic.xlsx')
print(df)
```

执行结果：

```
      ts_code    ...              main_business
0     603861.SH  ...  公司主营业务为高、低压成套开关设备...
1     601399.SH  ...  本公司主营冶金、电力、石化等行业...
2     601599.SH  ...  主要从事各类针织毛纺纱线及高档...
3     603998.SH  ...  主营业务：主要从事心脑血管中成药,...
4     688023.SH  ...        主营业务为网络信息安全...
...       ...    ...                        ...
4345  002761.SZ  ...  主营业务：建设工程总承包，建筑工程,...
4346  002699.SZ  ...  主要产品：迪士尼形象动漫服饰，电影...
4347  300506.SZ  ...  主营业务：照明工程业务及与之相关的...
4348  300450.SZ  ...  专业从事自动化成套设备的研发，设计...
4349  300478.SZ  ...  主营业务为线缆用高分子材料的研发,...
```

```
[4350 rows x 16 columns]
```

pd.read_excel() 函数将读取上市公司基本信息表 company.xlsx 的数据并转化为 DataFrame 数据结构，如表 4-11-1 所示。

表 4-11-1

读取文件类型	函数
xlsx,xls	pd.read_excel(文件路径 ,sheet_name= 表名)
csv	pd.read_csv(文件路径)
sql	pd.read_sql(sql,con)

输出数据

与读取数据相反，我们可以将 DataFrame 导出为 CSV、Excel 文件。

```
df.to_csv( 文件路径 )
df.to_excel( 文件路径 ,sheet_name= 表名 )
```

选择数据

我们经常要对表做筛选操作，如选择某一行、某一列，或者某几行、某几列，也可能筛选满足条件的值，等等。

选择某一列

df[列名] 和 df. 列名。例如，在读取的 company_basic.xlsx 表中，df['ts_code'] 或 df.ts_code 为公司代码。

选择行

通过 df[:] 切片的方法选择行。例如，选择第 1 行到第 10 行的数据，可以用 df[:10]，选择第 3 行的数据可以用 df[2:3]。

切片

对于行和列同时进行筛选,可以使用切片。DataFrame 有两种切片方式 df.loc[,] 和 df.iloc[,],逗号前后分别代表行和列。这两种切片方式的区别是,loc 选择列时使用的是列名,而 iloc 选择列时使用的是数字。

选择第 2 行、第 3 列的值:df.iloc[1,2]。

选择第 3 列到第 5 列的值:df.iloc[:,2:5]

选择第 2 行所有的值:df.iloc[1,:] 或 df.loc[1,:]。

选择 ts_code 列中前 10 行的值:df.loc[:10,'ts_code']。

选择 ts_code 列和 province 列中前 10 行的值:df.loc[:10,['ts_code','province']]

条件选择

筛选出四川所有的上市公司:df[df.province==' 四川 ']。

筛选出注册资本大于 1 亿元的公司:df[df.reg_capital>10000](注:表中的注册资本的单位为万元)。

筛选出注册资本大于 1 亿元的、注册地为四川的公司:df[(df.province ==' 四川 ') & (df.reg_capital > 10000)]。

对于多条件筛选,需要将每个条件用 () 括起来。条件之间用连接符相连,"且"条件用"&"相连,"或"条件用"|"相连。

筛选出北京和上海的上市公司:df[(df.province==' 北京 ') | (df.province==' 上海 ')]。

正则筛选

```
df[df['xxx'].str.contains(xxx)]
```

对数字条件的选择是指用大于、小于、等于进行筛选。但是对于文本信息,如果想筛选出包含某些关键词的信息,那么就需要用到正则筛选。

例如，筛选出公司简介（introduction）中包含"高新技术企业"关键词的所有行。

```
df[df.introduction.str.contains('高新技术企业')]
```

我们知道 df.introduction 代表公司介绍列，因此可以写成 df['introduction']。

```
df[df['introduction'].str.contains('高新技术企业')]
```

需要注意的是，contains() 括号中是可以写正则表达式的。

正则替换

```
df['xxx'] = df['xxx'].str.replace(被替换文字, 替换文字)
```

和正则筛选写法基本一样，区别是正则替换是将文本信息替换为新的文本信息。例如，将公司简介（introduction）中的"高新技术企业"全部替换为"高新企业"。

```
df.introduction = df.introduction.str.replace('高新技术企业','高新企业')
```

数据清洗

我们在处理数据的过程中会发现，源数据会有"脏"数据或缺失数据。在开始数据分析前，先要进行数据处理。对于缺失数据，pandas 会默认显示 NAN。我们可以删除缺失数据所在行或填充一个默认值。

删除缺失值

```
df.dropna(how='any')
```

参数 how 可写为 any 或者 all，默认为 any。

- any 指有一个值缺失，删除其所在行或列。
- all 指全部值缺失，删除其所在行或列。

填充缺失值

```
df = df.fillna(值)
```

缺失值用 0 填充，如 df = df.fillna(0)。需要注意的是，df.fillna(值) 需要赋值给 df，缺失值才会被填充。

格式转换

由于 pandas 处理数据非常方便,所以通常会将列表、字典等其他数据类型转换为 DataFrame,然后再进行数据处理。

列表转换为 DataFrame:

```
import pandas as pd

data=[[1,2,3],[4,5,6]]
df=pd.DataFrame(data)
print(df)
```

执行结果:

```
   0  1  2
0  1  2  3
1  4  5  6
```

可以看到使用 pd.DataFrame() 转换后没有列名,因此要通过 df = pd.DataFrame(data, columns=['A','B','C']),指定 ['A','B','C'] 为 columns 列名。

执行结果:

```
   A  B  C
0  1  2  3
1  4  5  6
```

字典转换为 DataFrame:

```
import pandas as pd

data={
    'A':[1,4],
    'B':[2,5],
    'C':[3,6],
}
df=pd.DataFrame(data,columns=['A','B','C'])
```

```
print(df)
```

执行结果：

```
   A  B  C
0  1  2  3
1  4  5  6
```

更改列名

直接指定 DataFrame 的列名，df.columns=[列名 1, 列名 2…]，也可以使用 df.rename() 替换某几个列名：

```
import pandas as pd
data={
    'A':[1,4],
    'B':[2,5],
    'C':[3,6],
}
df=pd.DataFrame(data,columns=['A','B','C'])
print(df)
df=df.rename(columns={'A':'a','B':'b'})
print(df)
```

执行结果：

```
   A  B  C
0  1  2  3
1  4  5  6

   a  b  C
0  1  2  3
1  4  5  6
```

转置

当字典转换为 DataFrame 时，每一个键对应的列表为一列，如果想让其转换后代表一行，该怎么办呢？答案是可以使用转置 df.T。

打印一下 df.T：

```
   0  1
A  1  4
B  2  5
C  3  6
```

修改列名

转置后，列名又变成 0、1 索引了，需要再次修改列名：

```
df=df.T
df.columns=['A','B']
print(df)
```

执行结果：

```
   A  B
A  1  4
B  2  5
C  3  6
```

重置索引

修改完列名后，行索引还是 A、B、C，如果想将行索引重置为 0、1、2，那么需要使用 df.reset_index(drop=True)。

```
df=df.reset_index(drop=True)
print(df)
```

drop=True 代表丢弃原索引，否则原索引会变成数据列。

执行结果：

```
   A  B
0  1  4
1  2  5
2  3  6
```

如果不进行索引重置的话，那么在使用 df.iloc[] 或 df.loc[] 切片时，行索引为数字就会报错。因为行索引是 A、B、C，不是数字。

列转换为索引

类似地,如果想将某一列数据转换为行索引,那么可以使用 df.set_index(列名),或者将多列转换为行索引 df.set_index([列名1,列名2])。

排序

按列名进行降序排列:

```
df.sort_index(axis=1,ascending=False)
```

按行索引进行降序排列:

```
df.sort_index(axis=0,ascending=False)
```

axis=0 代表对行进行排序,axis=1 代表对列进行排序。

按列的值进行降序排列:

```
df.sort_values(by='列名',ascending=False)
```

对 df 进行排序后,若直接打印,则会发现并没有变化。我们需要将其赋值给 df,如 df = df.sort_index(axis=1, ascending=False)。

分组求和

对 DataFrame 数据进行类似 SQL 一样的分组求和。

对一个字段分组:

```
df.groupby('A').sum()
```

对多个字段分组:

```
df.groupby(['A','B']).sum()
```

使用 groupby 后,统计列会改变索引,导致引用时 key 报错。解决办法:

```
df.groupby(['A','B'],as_index=False).sum()
```

拼接

在数据分析中,需要将多个 DataFrame 进行拼接。

concat

在 4.10 节中我们将多张 Excel 工作表拼接成一张表。下面按行进行拼接:

```
import pandas as pd

df1=pd.DataFrame([['a',1],['b',,2]],columns=['letter','number'])
df2=pd.DataFrame([['c',3],['d',4]],columns=['letter','number'])
df=pd.concat([df1,df2])
print(df1)
print(df2)
print(df)
```

执行结果:

```
  letter  number
0   a       1
1   b       2

  letter  number
0   c       3
1   d       4

  letter  number
0   a       1
1   b       2
0   c       3
1   d       4
```

除了按行上、下拼接,还可以按列左、右拼接,区别是添加一个拼接方向参数 axis=1。

```
import pandas as pd

df1=pd.DataFrame([['a',1],['b',2]],columns=['letter','number'])
df2=pd.DataFrame([['bird','polly','a'],['monkey','george','c']],
```

```
                     columns=['animal','name','letter'])
df=pd.concat([df1,df2],axis=1)
print(df1)
print(df2)
print(df)
```

执行结果：

```
  letter  number
0    a       1
1    b       2

  animal    name  letter
0  bird    polly    a
1  monkey  george   c

  letter  number  animal   name  letter
0    a       1    bird    polly    a
1    b       2    monkey  george   c
```

可以看到 concat() 仅能简单地按行或列进行拼接，但在实际工作中往往需要将两张表按某一个关联字段进行拼接。如两张表都有 letter 字段，则需要将值相同的字段合并在一行。

实际上 concat() 是按 index 进行关联拼接的，要实现按某字段关联拼接，可以先将该字段转换为 index。

```
import pandas as pd

df1=pd.DataFrame([['a',1],['b',2]],columns=['letter','number'])
df2=pd.DataFrame([['bird','polly','a'],['monkey','george','c']],
                 columns=['animal','name','letter'])
df1=df1.set_index('letter')
df2=df2.set_index('letter')
df=pd.concat([df1,df2],axis=1)
print(df1)
print(df2)
print(df)
```

执行结果：

```
        number
letter
a            1
b            2

        animal      name
letter
a          bird     polly
c        monkey    george

        number   animal      name
letter
a          1.0     bird     polly
b          2.0      NaN       NaN
c          NaN   monkey    george
```

concat() 完整参数如下：

```
pandas.concat(objs,
              axis=0,
              join='outer',
              ignore_index=False,
              keys=None,
              levels=None,
              names=None,
              verify_integrity=False,
              sort=False,
              copy=True)
```

除了 concat()，还可以使用 merge() 进行拼接：

```
DataFrame.merge(right,
                how='inner',
                on=None,
                left_on=None,
                right_on=None,
```

```
                left_index=False,
                right_index=False,
                sort=False,
                suffixes=('_x','_y'),
                copy=True,
                indicator=False,
                validate=None)
```

先看 merge() 的用法：

```
import pandas as pd

df1=pd.DataFrame([['a',1],['b',2]],columns=['letter','number'])
df2=pd.DataFrame([['bird','polly','a'],['monkey','george','c']],
                  columns=['animal','name','letter'])
df=df1.merge(df2,on='letter',how='outer')
print(df1)
print(df2)
print(df)
```

执行结果：

```
  letter  number
0      a       1
1      b       2

   animal    name letter
0    bird   polly      a
1  monkey  george      c

  letter  number  animal    name
0      a     1.0    bird   polly
1      b     2.0     NaN     NaN
2      c     NaN  monkey  george
```

在 df = df1.merge(df2, on='letter', how='outer') 中 on= 表示两张表按哪个字段进行关联拼接，how= 表示两张表的拼接方式，可以选 left、right、outer、inner、cross，默认是 inner。这个和第 2 章中 SQL 的 join 用法类似，分别表示左连接、右连接、外连接、内连接、差集。

当两张表都有相同关联字段时才可以用 on=，若字段名不一样，则可以使用 left_on 和 right_on。

```python
import pandas as pd

df1=pd.DataFrame([['a',1],['b',2]],columns=['left_letter','number'])
df2=pd.DataFrame([['bird','polly','a'],['monkey','george','c']],
                 columns=['animal','name','right_letter'])
df=df1.merge(df2,
             left_on='left_letter',
             right_on='right_letter',
             how='outer')
print(df1)
print(df2)
print(df)
```

执行结果：

```
  left_letter  number  animal    name right_letter
0           a     1.0    bird   polly            a
1           b     2.0     NaN     NaN          NaN
2         NaN     NaN  monkey  george            c
```

append() 的拼接方式和 concat() 按行上下拼接的拼接方式类似。

DataFrame.append(other,ignore_index=False,verify_integrity=False,sort=False)

```python
import pandas as pd

df1=pd.DataFrame([['a',1],['b',2]],columns=['letter','number'])
df2=pd.DataFrame([['bird','polly','a'],['monkey','george','c']],
                 columns=['animal','name','letter'])
df=df1.append(df2)
print(df1)
print(df2)
print(df)
```

执行结果：

```
   letter  number
0     a       1
1     b       2

   animal    name  letter
0    bird   polly      a
1  monkey  george      c

   letter  number  animal    name
0      a     1.0     NaN     NaN
1      b     2.0     NaN     NaN
0      a     NaN    bird   polly
1      c     NaN  monkey  george
```

若想拼接后的索引按顺序编号，则可以添加参数 ignore_index=True。

pandas 中的拼接函数比较多。实际上，我们在学习的时候不用像背字典一样全部记下，只要记住几个重要的、刚好够我们使用的函数即可。在学习一些容易混淆的函数的时候，也可以用对比总结的方法，如表 4-11-2 所示。

表 4-11-2

函数	按行拼接	按列拼接
concat()	Y	Y
merge()	N	Y
append()	Y	N

concat() 可以按行或列进行简单拼接，但当需要关联两张表的字段时就不是很方便了。而 merge() 可以非常方便地对有关联字段的两张表按列拼接。append() 等同于 concat() 的按行拼接。由此可见，只需要熟练掌握 concat() 和 merge() 就可以了。

加、减、乘、除

在审计中经常要进行数据核对，企业系统中有一张表，而我们在重新计算后会得到另一张表，因此需要对两张表进行核对。例如，将两张表相减。

```
DataFrame.sub(other,axis='columns',level=None,fill_value=None)
```

- other：可取 Scalar、Sequence、Series 或 DataFrame。

- axis：可取 0 或 index，1 或 columns。区别是看按索引还是按列进行比较。

- level：可取 int 或 label。在多索引的情况下选择匹配索引层级。

- fill_value：可取 float 或 None，默认为 None，即填充缺失值。

```
import pandas as pd

# 创建第一个 DataFrame
df1=pd.DataFrame(
    {
        "A":[1,5,3,4,2,6],
        "B":[3,2,4,3,4,6],
        "C":[2,2,7,3,4,6],
        "D":[4,3,6,12,7,6],
    },
    index=["A1","A2","A3","A4","A5","A6"])

# 创建第二个 DataFrame
df2=pd.DataFrame(
    {
        "A":[10,11,7,8,5],
        "B":[21,5,32,4,6],
        "C":[11,21,23,7,9],
        "D":[1,5,3,8,6]
    },
    index=["A1","A2","A3","A4","A5"])

df=df1.sub(df2,fill_value=0)
print(df1)
print(df2)
print(df)
```

执行结果：

```
     A  B  C  D
A1   1  3  2  4
A2   5  2  2  3
A3   3  4  7  6
A4   4  3  3  12
A5   2  4  4  7
A6   6  6  6  6

     A   B   C   D
A1  10  21  11  1
A2  11   5  21  5
A3   7  32  23  3
A4   8   4   7  8
A5   5   6   9  6

       A      B      C     D
A1  -9.0  -18.0   -9.0   3.0
A2  -6.0   -3.0  -19.0  -2.0
A3  -4.0  -28.0  -16.0   3.0
A4  -4.0   -1.0   -4.0   4.0
A5  -3.0   -2.0   -5.0   1.0
A6   6.0    6.0    6.0   6.0
```

可以看出 DataFrame.sub() 实现了两个表对应单元格的值相减。除了减法，还有以下运算。

- 加法：DataFrame.add()

- 乘法：DataFrame.mul()

- 除法：DataFrame.div()

- 求余：DataFrame.mod()

- 指数：DataFrame.pow()

用法与 DataFrame.sub() 相同。

数据透视

前面我们讲了用 df.groupby() 进行分组求和，这个函数类似于 Excel 中的数据透视，但功能比较单一。pandas 中有一个专门用于数据透视功能的函数 df.pivot_table()。

```
DataFrame.pivot_table(values=None,
                      index=None,
                      columns=None,
                      aggfunc='mean',
                      fill_value=None,
                      margins=False,
                      dropna=True,
                      margins_name='All',
                      observed=False)
```

- values：数值项。

- index：聚合字段（显示行 index）。

- columns：聚合字段（显示列 columns）。

- aggfunc：聚合函数。

- fill_value：填充缺失值。

输入以下代码：

```
import pandas as pd

df=pd.DataFrame({
    "A":["foo","foo","foo","foo","foo","bar","bar","bar","bar"],
    "B":["one","one","one","two","two","one","one","two","two"],
    "C":[
        "small","large","large","small","small","large","small","small",
        "large"
    ],
    "D":[1,2,2,3,3,4,5,6,7],
```

```
    "E":[2,4,5,5,6,6,8,9,9]
})

table=df.pivot_table(values='D',index='A',columns='C',aggfunc='sum')
print(df)
print(table)
```

执行结果:

```
     A    B      C  D  E
0  foo  one  small  1  2
1  foo  one  large  2  4
2  foo  one  large  2  5
3  foo  two  small  3  5
4  foo  two  small  3  6
5  bar  one  large  4  6
6  bar  one  small  5  8
7  bar  two  small  6  9
8  bar  two  large  7  9


C    large  small
A
bar     11     11
foo      4      7
```

以上函数包含 4 个要素:

1. 行上的聚合字段 index。

2. 列上的聚合字段 columns。

3. 数值字段 values。

4. 对数值作用的聚合函数 aggfunc。

上述 4 个要素都可以缺省,index、columns、values 可以用列表表示多个字段。

例如,仅对 A 字段按行进行数据透视,求 D 字段的平均值。

```
table=df.pivot_table(values='D',index='A',aggfunc='mean')
```

执行结果:

```
       D
A
bar  5.5
foo  2.2
```

同样地,对 A 字段按列进行数据透视,求 D 字段的合计数。

```
A  bar  foo
D   22   11
```

最后看一下稍微复杂的数据透视,对 A 字段、C 字段按行进行数据透视,求 D 字段的平均值,以及 E 字段的最大值、最小值、平均值。

```
table=df.pivot_table(values=['D','E'],
                     index=['A','C'],
                     aggfunc={
                         'D':'mean',
                         'E':['min','max','mean']
                     })
```

执行结果:

```
                  D     E
               mean   max      mean   min
A   C
bar large  5.500000   9.0  7.500000   6.0
    small  5.500000   9.0  8.500000   8.0
foo large  2.000000   5.0  4.500000   4.0
    small  2.333333   6.0  4.333333   2.0
```

可以看出 df.pivot_table() 函数的强大和灵活。

apply()

下面我们学习最后一个函数 apply()，其可以自定义将一个函数作用于二维表所有单元格的值。

首先创建一个 DataFrame：

```
df=pd.DataFrame([[4,9]] * 3,columns=['A','B'])
```

执行结果：

```
   A  B
0  4  9
1  4  9
2  4  9
```

如果想对每一个值开方，那么可以使用 apply()。

```
import pandas as pd
import numpy as np

df=pd.DataFrame([[4,9]] * 3,columns=['A','B'])
result=df.apply(np.sqrt)
print(result)
```

执行结果：

```
     A    B
0  2.0  3.0
1  2.0  3.0
2  2.0  3.0
```

将 numpy 包的开方函数 sqrt() 传给 apply()，即作用于二维表中所有的值。

完整参数如下：

```
DataFrame.apply(func, axis=0, raw=False, result_type=None, args=(), **kwds)
```

对每一个值进行计算：

```
result=df.apply(lambda x:x*x+1)
```

执行结果：

```
   A   B
0  17  82
1  17  82
2  17  82
```

其他

pandas 的属性和方法比较多，我们在学习的时候没有必要一次性了解完，可以在实际运用的过程中需要什么，再去查看文档。一些常用的属性或方法，如表 4-11-3 所示。

表 4-11-3

属性或方法	解释
df.head()	显示前几行数据
df.tail()	显示最后几行数据
df.index	索引
df.columns	列名
df.[列名].to_dict()	将 index 作为键，将一列数据作为值转换为字典
df.[列名].unique()	求一列不重复值列表

4.12　访问 MySQL 数据库

在第 2 章、第 3 章我们学习了 SQL，其主要应用于数据量大的简单分析。一般情况下，SQL 能够满足 IT 审计项目的数据分析需求。但是面对个别逻辑复杂的问题，SQL 就很难完成分析任务了。例如，计算正态分布时涉及的逻辑运算的问题。此时，我们需要将 SQL 和 Python 结合起来使用，简单的分析用 SQL 完成，复杂的计算用 Python 完成。本节将介绍 Python 是如何与 MySQL 进行互动的。

pandas 读取数据库

在 4.11 节中我们介绍了 pandas 包的用法，其中讲到了使用 pandas 读取 Excel、CSV 文件。

实际上，它还可以直接读取、写入数据库。读取关系型数据库的表后，将其转换为 DataFrame 数据结构。

> pandas.read_sql(sql,con)

- "sql"指数据库查询语句。

- "con"指连接数据库。

以第 2.3 节导入的表 ecommerce 为例，读取本地数据库数据。"sql"很好理解，是指写一个查询语句。这里的"con"（connection）又该如何理解呢？因为程序必须连接数据才能读取表，所以需要告诉它数据在哪个服务器、哪个数据库，以及登录的用户名和密码。具体过程如下：

```python
import pandas as pd
from sqlalchemy import create_engine

# 使用 sqlalchemy 创建 connect
connect=create_engine(
    'mysql+pymysql://nigo:1234@localhost:3306/learn?charset=utf8')
sql='select * from ecommerce limit 5'
df=pd.read_sql(sql,connect)
print(df)
```

导入 sqlalchemy 中的 create_engine 以创建连接。需要填写的数据库信息如下：

create_engine('mysql+pymysql://用户名:密码@ip:端口号/数据库?charset=编码')

针对 MySQL 我们可以不使用 sqlalchemy 包，而使用 pymysql 包创建连接：

```python
import pandas as pd
import pymysql

connect=pymysql.connect(host='127.0.0.1',
                        db='learn',
                        user='nigo',
                        passwd='1234',
                        charset='utf8')
```

```
sql='select * from ecommerce limit 5'
df=pd.read_sql(sql,connect)
print(df)
```

执行结果:

```
  InvoiceNo StockCode  ... CustomerID         Country
0    536365    85123A  ...    17850.0  United Kingdom
1    536365     71053  ...    17850.0  United Kingdom
2    536365    84406B  ...    17850.0  United Kingdom
3    536365    84029G  ...    17850.0  United Kingdom
4    536365    84029E  ...    17850.0  United Kingdom
```

pymysql 与数据库交互

pandas 虽然比较容易理解，但毕竟不是专门用来操作 MySQL 数据库的包，要想更灵活地操作数据库，建议使用 pymysql 包。

查询数据:

```
import pymysql

# 创建数据库连接
connect=pymysql.connect(host='127.0.0.1',
                        db='learn',
                        user='nigo',
                        passwd='1234',
                        charset='utf8')
# 创建游标对象 cursor
cursor=connect.cursor()
# 要执行的 SQL
sql='select * from ecommerce limit 5'
# 使用 execute() 执行 SQL
cursor.execute(sql)
# 使用 fetchall() 获取执行 SQL 后获取的语句
data=cursor.fetchall()
print(data)
```

```python
# 关闭游标
cursor.close()
# 关闭连接
connect.close()
```

执行结果：

```
(('536365','85123A','WHITE HANGING HEART T-LIGHT HOLDER','6','12/1/2010 8:26','2.55','17850.0','United Kingdom'),('536365','71053','WHITE METAL LANTERN','6','12/1/2010 8:26','3.39','17850.0','United Kingdom'),('536365','84406B','CREAM CUPID HEARTS COAT HANGER','8','12/1/2010 8:26','2.75','17850.0','United Kingdom'),('536365','84029G','KNITTED UNION FLAG HOT WATER BOTTLE','6','12/1/2010 8:26','3.39','17850.0','United Kingdom'),('536365','84029E','RED WOOLLY HOTTIE WHITE HEART.','6','12/1/2010 8:26','3.39','17850.0','United Kingdom'))
```

我们写了一个查询表 ecommerce 前 5 条数据的 SQL 语句。使用创建游标 cursor 中的 execute() 执行语句，使用 cursor 中的 fetchall() 获取数据库返回的所有值。使用 for row in data 循环获取返回的每一行的值，由于返回的值是元组数据类型，因此对于每一行的值可以使用 row[i] 访问第几个值，从而达到操作的目的。这样有一个问题就是，如果数据库中表的字段特别多，那么我们就很难分清每一个字段的索引号。最好的情况是，我们能够直接通过字段名访问数据，因此需要返回的数据为字典数据结构。实际上只需要将 cursor = connect.cursor() 指定为 cursor = connect.cursor(cursor=pymysql.cursors.DictCursor)，这样返回的数据将是字典类型。具体操作如下：

```python
import pymysql

# 创建数据库连接
connect=pymysql.connect(host='127.0.0.1',
                        db='learn',
                        user='nigo',
                        passwd='1234',
                        charset='utf8')
# 创建游标对象 cursor
cursor=connect.cursor(cursor=pymysql.cursors.DictCursor)
# cursor=connect.cursor()
```

```
# 要执行的 SQL
sql='select * from ecommerce limit 5'
# 使用 execute() 执行 SQL
cursor.execute(sql)
# 使用 fetchall() 获取执行 SQL 后获取的语句
data=cursor.fetchall()
# 循环每一行数据
for row in data:
    print(row['Country'])
# 关闭游标
cursor.close()
# 关闭连接
connect.close()
```

执行结果:

```
United Kingdom
United Kingdom
United Kingdom
United Kingdom
United Kingdom
```

fetchall() 指能获取所有返回数据, fetchaone() 指只获取一条数据。

增、删、改

除了查询, 数据库中常用的操作为增、删、改。而这 3 类操作都是一样的, 我们只需要将 SQL 语句交给游标 "提交" 就行。

假设我们有一个需求是将表 ecommerce 中 Country 字段中的 United Kingdom 修改为中文, 那么可以写如下代码。

```
import pymysql

# 创建数据库连接
connect=pymysql.connect(host='127.0.0.1',
                        db='learn',
                        user='nigo',
```

```python
                            passwd='1234',
                            charset='utf8')
# 创建游标对象cursor
cursor=connect.cursor()
# 要执行的SQL语句
sql="update ecommerce set country='%s' where country='%s'"% (
    '英国','United Kingdom')
try:
    # 执行SQL语句
    cursor.execute(sql)
    # 提交到数据库执行
    connect.commit()
except:
    # 发生错误时回滚
    connect.rollback()
# 关闭游标
cursor.close()
# 关闭连接
connect.close()
```

查询是使用 cursor.execute(sql) 执行 SQL 语句后，再使用 fetchall() 获取返回值。而增、删、改是使用 cursor.execute(sql) 执行 SQL 语句后，再使用 connect.commit() 通过连接提交数据库执行操作。同时我们使用了 try except 异常捕获机制。如果能正确执行"try："中的语句，那么就可以正常执行；如果在执行过程中报错，那么会执行"except："下的语句。在执行报错时，数据库能够回滚。增、删、改的操作方式一样，区别仅是执行的 SQL 语句不同。

4.13 关于时间

在数据分析中，时间是非常重要的分析维度。例如，互联网行业中的日活（日活跃用户数量）、月活（月活跃用户数量），以及对按订阅模式收费的产品计算某一时点的有效用户等，这些概念都涉及时间。

而在 IT 审计中利用 Python 对时间数据做处理，经常遇到以下两类需求。

1. 时间格式的转换。

2. 时间的计算。

对于这两类需求，我们只需要学习一个 datetime 包。

时间格式的转换

例如，原始数据是文本格式，而我们想将其转换为时间格式，可以参考以下操作。

使用 strptime() 将文本解析为 datetime 类型：

```
import datetime

t1='2020-12-31'
t2='20201231'
t3='201231'
t4='2020-12-31 23:59:59'

s1=datetime.datetime.strptime(t1,'%Y-%m-%d')
s2=datetime.datetime.strptime(t2,'%Y%m%d')
s3=datetime.datetime.strptime(t3,'%y%m%d')
s4=datetime.datetime.strptime(t4,'%Y-%m-%d %H:%M:%S')
print(s1,s2,s3,s4)
```

执行结果：

```
2020-12-31 00:00:00
2020-12-31 00:00:00
2020-12-31 00:00:00
2020-12-31 23:59:59
```

这里用了 datetime 包下的 datetime 类型中的 strptime()，其作用是将文本解析为 datetime 类型。我们根据需要解析的文本格式指定 format，如 %Y-%m-%d。每个指示符的含义如表 4-13-1 所示。

表 4-13-1

指示符	描述
%Y	年 四位数
%y	年 两位数
%m	月 (00~12)
%d	日 (00~31)
%H	小时 (00~23)
%M	分钟 (00~59)
%S	秒 (00~59)

细心的读者会发现，我们将文本类型转换为 datetime 类型是精确到秒的。但很多情况下，我们只想按日期聚合统计。那么如何才能只精确到日期呢？

与 strptime() 将文本类型转换为 datetime 类型相反，strftime() 是将 datetime 类型转换为文本类型。变量 s4 是一个 datetime 类型，值为 2020-12-31 23:59:59。使用 strftime() 将其转换为精确到日期的文本类型。

```
x=s4.strftime('%Y-%m-%d')
print(x)
```

执行结果：

```
2020-12-31
```

同样地，可以根据表中提示将 datetime 类型转为自己想要的格式。

strftime() 和 strptime() 的含义为：

strftime() 中的 f 代表 format，即将时间格式化为文本格式。

strptime() 中的 p 代表 parse，即将文本解析为时间。

下面看一下如何将时间戳转换为 datetime 类型？timestamp 是时间戳如 1609430399，将其转换为 datetime 类型。

```
import datetime

x=1609430399
y=datetime.datetime.fromtimestamp(x)
print(y)
```

执行结果：

```
2020-12-31 23:59:59
```

再看如何将 datetime 类型转换为时间戳。

```
import datetime

x=datetime.datetime.now()
y=datetime.datetime.timestamp(x)
print(y)
```

执行结果：

```
1615299778.090669
```

datetime.datetime.now() 为获取当前时间，获取的时间为 datetime 类型。将当前时间用 datetime.datetime.timestamp() 转换为时间戳。感兴趣的人可以根据这个时间戳还原笔者写作本节内容的时间。

前面我们学习了 datetime 包中的 datetime 类型，其包含小时、分钟、秒等信息。实际上 datetime 包中还有一个 date 类型，仅包含年、月、日的信息。下面调用 date 类型中的 today()，以获取当天日期。

```
import datetime

today=datetime.date.today()
print(today)
```

执行结果：

```
2021-03-09
```

同样地，我们也可以将时间戳与 date 类型进行相互转换。

```
import datetime

x=1609430399
y=datetime.date.fromtimestamp(x)
print(y)
```

执行结果：

```
2020-12-31
```

date 类型中没有 timestamp()。因此我们只能先将 date 类型转换为 datetime 类型，然后使用 datetime 类型的 timestamp() 再进行转换。

```
import datetime

x=datetime.date.today()
y=datetime.datetime(year=x.year,month=x.month,day=x.day)
z=y.timestamp()
print(z)
```

date 类型中有 year、month、day 属性，分别代表年、月、日。

下面看一下 date 类型是如何转换为 str 的。

```
import datetime

x=datetime.date.today()
y=x.strftime('%Y%m%d')
print(y)
```

执行结果：

```
20210309
```

因为 strptime() 只有 datetime 类型才有，所以要想将文本类型转换为 date 类型只能先将 str 转换为 datetime 类型，再由 datetime 类型转换为 date 类型。

```
import datetime

x='20210309'
y=datetime.datetime.strptime(x,'%Y%m%d')
z=datetime.date(year=y.year,month=y.month,day=y.day)
print(z)
```

时间计算

对于时间的计算，就是计算两个时间的差或者一个日期加、减一个时间段。前面我们学习了时点，现在我们要学习的是计算时间的间隔。

```
import datetime

today=datetime.date(2021,3,9)
yesterday=datetime.date(2021,3,8)
delta=today - yesterday
print(delta,type(delta))
```

执行结果：

```
1 day,0:00:00 <class 'datetime.timedelta'>
```

使用 type() 可以查看一个变量的数据类型。这里我们将两个日期相减得到了一个 datetime.timedelta 类型的数据。除了可以使用两个 datetime.date 类型相减，还可以使用两个 datetime.datetime 类型相减。

```
import datetime

time_start=datetime.datetime.now()
time_end=datetime.datetime.now()
delta=time_end - time_start
print(delta.total_seconds())
```

执行结果：

```
1.9e-05
```

通过这段代码可以查看程序运行时长。timedelta 类型中的 total_seconds() 可以将时长转换为秒数。除此之外，还有 timedelta.days、timedelta.hour 等属性。大家在 IDE 中输入"."时，程序会自动进行提示。

如果已知一个日期，那么想查看 5 天后是什么日期，应该怎么做呢？

```
import datetime

time_start=datetime.datetime.now()
delta=datetime.timedelta(days=5)
time_end=time_start + delta
print(time_start,'\r\n',time_end)
```

可以用 datetime.timedelta(days=…,seconds=…,minutes=…,hours=…,weeks=…) 创建一个 timedelta 类型，表示时间长度。然后用一个日期加上或减去这个时间长度，从而完成时间的计算。

例如，在写一些自动化脚本的时候，往往需要根据当前日期计算前几天或者后几天的日期，再返回文本的格式。

```
def get_date(days):
    """ 计算日期 """
    today=datetime.date.today() # 当前日期
    delta=datetime.timedelta(days=days) # 间隔天数
    calc_date=today + delta  # 计算日期
    format_date=calc_date.strftime('%Y-%m-%d') # 格式化为文本
    return format_date # 函数返回值

if __name__ == '__main__':
    date=get_date(-2)
    print(datetime.date.today())
    print(date)
```

执行结果：

```
2021-03-11
2021-03-09
```

4.14 执行终端命令

这里的终端指的是 Windows 系统中的 CMD、Power Shell，以及 Linux 系统中的 Bash Shell 等可以运行命令行的工具。在 4.10 节中我们学习了通过"调包"使用别人已经做好的"轮子"，但这些包是 Python 的包，如果包不是用 Python 写的，那么应该怎么使用呢？实际上，只要这个包能够在终端运行，就都可以使用 Python 调用终端命令。

例如，笔者写了一个爬虫工具获取网络上的信息，自动生成 Markdown 格式的文件。而将 Markdown 格式的文件转换为 PDF 格式的文件时，笔者借助了免费的命令行工具 Pandoc。下面我们就以这个背景为例，学习如何使用 Python 调用终端命令。

首先从 Pandoc 官方网站下载并安装 Pandoc。安装完成后，打开终端（在 Windows 系统中按 Win+R 组合键调出 CMD）运行命令：

```
pandoc 2021-03-05.md --pdf-engine=xelatex -o 2021-03-05.pdf -V mainfont="WenQuanYi Micro Hei Mono" --toc
```

- 2021-03-05.md 是 Markdown 文件。

- –pdf-engine=xelatex 是转换 PDF 文件时使用的引擎。

- -o 2021-03-05.pdf 是转换输出文件的路径。

- –mainfont 是使用的字体。

- –toc 是根据标题层级生成的目录大纲。

这里不用关注这个命令本身，因为要想知道命令的用法，可以在终端中输入命令 -h 或者命令 --help 来查看命令中各个参数的用法。在 Python 中调用终端需要使用 subprocess 包，安装方法如下：

```
pip install subprocess
```

在 Python 中导入 subprocess 包后，可以使用 subprocess.run() 执行终端命令。

```
import subprocess
```

```
subprocess.run(['dir','-a'])# 在 Windows 环境下查看当前目录文件
```

执行结果:

```
.  ..  2021-03-05.md  2021-03-05.pdf  md2pdf.py
```

可以看出 subprocess.run() 的使用方法很简单,就是将我们需要在终端使用的命令写成一个列表再传入函数即可。命令中所有空格间隔的段为一个元素,这些元素又可以组成一个列表。例如,dir -a 可以拆成"dir"和"-a"两个元素,将其组成列表 ['dir', '-a'] 后再代入 subprocess.run()。

下面用 Python 写出将 Markdown 格式的文件转换为 PDF 格式的文件的代码:

```
import subprocess

def md2pdf(mdname,pdfname):
    mainfont="mainfont=WenQuanYi Micro Hei Mono"# 字体
    cmd=[
        'pandoc',mdname,'--pdf-engine=xelatex','-o',pdfname,'-V',
        mainfont,'--toc'
    ] # 将终端命令组成列表
    subprocess.run(cmd)# 调用终端命令


if __name__ == '__main__':
    md2pdf('2021-03-05.md','2021-03-05.pdf')
```

对于比较长的命令,可以使用变量进行替换。例如,我们构造了一个名为 md2pdf() 的格式转换函数,将文件名分别用参数 mdname、pdfname 进行替换。字体设置的命令比较长,可以用 mainfont 变量进行替换,这样更容易阅读,以及方便将来复用。

4.15 多线程和多进程

在 4.14 节中我们在调用 Pandoc 命令时发现,程序"卡"住了。因为 Pandoc 转换需要时间,

程序一直等到转换结束才能执行下一行语句。假如写一个图形程序，在执行某项数据处理过程中界面卡住了，那一定是不好的。因为我们需要同时执行数据处理，以及给用户反馈。而同时执行多个任务，就是本节将要学习的内容。

多线程

首先我们看一下如何利用多线程解决上述问题。通过 pip install threading 安装包。使用 Thread 创建一个线程（Thread(target= 函数名 ,args= 参数)）thread，然后运行线程 thread.start()。此时 md2pdf() 需要运行 5 秒，但程序并不会停止。因为我们是用主线程之外新建的线程执行 md2pdf() 的，主线程继续执行 work()。

```python
import time
from threading import Thread


def md2pdf(mdname,pdfname):
    time.sleep(5)
    print('%s 转换完成' % mdname)


def work():
    for i in range(5):
        print(i)


if __name__ == '__main__':
    thread=Thread(target=md2pdf,args=('1.md','1.pdf'))# 创建线程
    thread.start()# 执行线程
    work()
```

执行结果：

```
0
1
2
```

```
3
4
1.md 转换完成
```

thread.start() 新线程开始执行后并没有继续等待,而是执行了下一步 work()。但是在很多情况下,我们需要等前一步处理完成后,利用处理的结果再进行下一步的处理,因此这个时候直接执行后面的程序可能就会出问题。如果需要线程阻塞,那么可以在 thread.start() 后加一个语句 thread.join() 让线程执行完成后再执行下一步函数。

执行结果:

```
1.md 转换完成
0
1
2
3
4
```

与不使用线程的 join() 的结果刚好相反。

多进程

在这里我们不去讨论线程、进程、协程等概念。我们需要知道的是对于计算密集型(CPU 耗用较大)的任务,如果需要执行多项任务,则使用多进程,充分利用 CPU 的核心数;对于 IO 密集型(如爬虫请求网页数据),则使用线程或者协程。对于多进程,需要使用 multiprocess 包,可以用 pip install multiprocess 进行安装。

和 threading 线程一样,multiprocess 中有 process 模块可以添加进程。为了与 Thread 对比,下面仍然以 Markdown 格式的文件转换为 PDF 格式的文件为例。

```
from multiprocess import Process
import time


def md2pdf(mdname,pdfname):
```

```
        time.sleep(5)
        print('%s 转换完成' % mdname)


def work():
    for i in range(5):
        print(i)


if __name__ == '__main__':
    process=Process(target=md2pdf,args=('1.md','1.pdf'))# 创建进程
    process.start()# 执行子进程
    process.join()# 阻塞当前进程
    work()
```

执行结果：

```
1.md 转换完成
0
1
2
3
4
```

通过添加线程和进程可以执行多任务，但前面仅添加了少量的任务。如果存在大量任务，就需要用到 multiprocess 包中提供的 Pool 模块建立进程池。

使用方法如下：

```
from multiprocess import Pool

pool=Pool()# 创建进程池
pool.map(函数名,参数)# 传递参数
pool.close()# 结束进程池运行
pool.join()# 阻塞当前进程
```

创建一个 Pool 对象，使用 pool.map() 添加进程到进程池，使用 pool.close() 结束进程池运行。pool.join() 与前面我们学习的一致，作用是当进程池所有进程执行完后，才执行下一个语句。

如果不加 join()，则会先执行后面的语句。需要注意的是，map(函数名，参数) 中的参数需要填写可迭代的数据类型，如列表、元组等。下面使用进程池完成将 Markdown 格式的文件转换为 PDF 格式的文件的任务。

```python
import time
import datetime
from multiprocess import Pool


def md2pdf(item):
    "Markdown 转 PDF"
    (mdname,pdfname)= item
    time.sleep(5)
    print('%s 转换完成' % mdname)


if __name__ == '__main__':
    start=datetime.datetime.now()
    items=[(str(i)+ '.md',str(i)+ '.pdf')for i in range(1,99)] # 构造可迭代参数
    pool=Pool()# 创建进程池
    pool.map(md2pdf,items)# 传参
    pool.close()# 关闭 pool
    pool.join()# 阻塞当前进程
    end=datetime.datetime.now()
    spend_time=end - start
    print(' 结束，共消耗时间:%s 秒' % spend_time.total_seconds())
```

执行结果：

```
5.md 转换完成
6.md 转换完成
...
96.md 转换完成
结束，共消耗时间:70.077705 秒
```

由于 md2pdf(mdname, pdfname) 需要传两个参数，而 map() 只能传一个可迭代的参数，因此要将 md2pdf 的参数改造成一个元组类型，在函数内获取 item 的值。用列表生成器生成

items，值为 [('1.md', '1.pdf'), …, ('98.md', '98.pdf')]，当 items 传入 map() 后，则会创建进程并将列表中每个 item 值传给 md2pdf(item)。

有的人看到执行耗用的时间可能会疑惑，虽然比 5x98=490 秒快了不少但是仍然要花 70 多秒。究竟在进程开始的时候创建了几个进程？而 490/70.077705 近似等于 7，是不是进程池里不是一下子创建所有的进程，而是维持着 7 个进程的规模，等进程执行完了，才将新的进程添加到进程池里？实际上我们使用 pool=Pool() 创建进程池的时候可以指定进程数。如果不指定，就维持一个恒定值。一般为计算机的 CPU 核心数，比如笔者的计算机是 8 核心的 CPU，因此系统就自动维持 8 个进程。等其中一些进程执行完成后，再添加新的进程进来，所以执行速度变慢了。在实际工作中，当需要处理计算密集型任务的时候，最好不要超过计算机 CPU 的核心数，使用默认方式创建 Pool 对象即可。

当然，也可以指定创建进程的数目。例如，将前面的代码改成指定 100 个进程。再次运行后，执行时间变成了 5.17523，也就是执行 98 次任务和执行 1 次任务的时间差不多。

```
pool=Pool(processes=100) # 指定进程池100个进程
```

4.16 面向对象编程

前面所讲的都是面向过程编程，其含义是要完成一项工作就要将其拆分成几个步骤，然后通过循环、条件判断等逻辑按步骤编写代码。而本节将介绍面向对象编程。

类与对象

类和对象的概念非常好理解，俗话说"物以类聚"，类就是具有共同特征的、抽象出来的概念。比如，"人类"不代表某个具体的人，而是形容这类直立行走、具有高级智慧的动物。而张三、李四是人类中某个具体的人，是一个个实实在在的对象，也是人类的实例化，如图 4-16-1 所示。

图 4-16-1

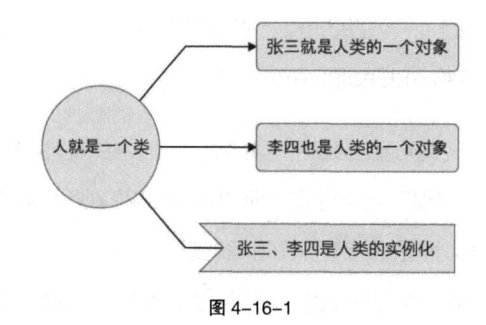

这就是类与对象的区分，大家也可以举身边的例子，如水果与苹果。这两个概念都是"类"，因为它们都是一个抽象的、不代表某个具体事物的概念。而"今天晚上吃的那一个苹果"才是"对象"，是苹果类的实例化。

此处创建一个 People 类（注：类的首字母一般大写），并且使用关键字 class 进行声明。比如定义一个人是有一个脑袋、两只手、两条腿、一张嘴，能思考、能工作的动物。我们在类中可以定义 3 个函数 __init__(self)、think(self)、eat(self,food)，这些函数也可以称为类的方法。其中 __init__(self) 是初始化函数，当我们实例化一个对象时会自动调用。函数中 self 参数只会在类中出现，代表的是类的实例化对象。如果定义类中的变量前带有 self，如 self.head，那么这个变量是类的实例化对象的变量，只能通过实例化对象访问。类中定义的变量也可以称为类或对象的属性。

```
class People:
    def __init__(self):
        self.head = 1
        self.hands = 2
        self.legs = 2
        self.mouth = 1

    def think(self):
        print('use my brain think')

    def eat(self,food):
        print('I have %s mouth' % self.mouth)
        print('I eat %s' % food)
```

我们通过调用 People() 将类实例化并赋值给变量 person。这个时候对象 person 就有了人类的属性和方法，我们可以通过"."进行访问。

```python
if __name__=="__main__":
    person = People()
    print(person.legs)
    person.think()
    person.eat('apple')
```

执行结果：

```
2
use my brain think
I have 1 mouth
I eat apple
```

如果我们直接调用 People.legs，是会报错的。因为 self.legs 是实例化对象的变量，而不是类的变量。如果我们需要直接调用类的变量，则需要在定义类时不使用 self。

```python
class People:
    head=1
    hands=2
    legs=2
    mouth=1

    def think(self):
        print('use my brain think')

if __name__=="__main__":
    person = People()
    print(person.legs)
    print(People.legs)
```

执行结果：

```
2
2
```

练习

下面是一家公司的股权架构图,每一层级为母公司与子公司的对应关系,如图 4-16-2 所示。可以看出这样的层级关系类似于树状结构,那么有没有办法构造一个类描述这样的结构呢?有没有将一些我们想要的功能写成类的方法呢?

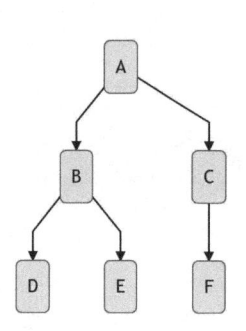

上级	下级
A	B
A	C
B	D
B	E
C	F
…	…

图 4-16-2

首先,可以看到这棵"树"是由一个个节点构成的,而每个节点都有共同的特征,即有名称、父节点、子节点。那么先构建一个节点类:

```python
class Node:
    def __init__(self,name):
        self.name=name # 节点名称
        self.father=None # 父节点
        self.children=[] # 子节点

    def add_child(self,obj):
        self.children.append(obj)# 添加子节点

    def add_father(self,obj):
        self.father=obj # 添加父节点

    def terminal(self):
        """末级节点"""
        terminal_list=[] # 创建末级节点列表
        for node in self.children:# 遍历子节点
```

```
            if node.children:# 若子节点还有子节点
                terminal_list += node.terminal()# 递归函数
            else:
                terminal_list.append(node.name)# 添加到末级节点列表
        return terminal_list
```

可以看到 Node 类中包含了 3 个属性：self.name、self.father、self.children，分别表示节点名称、父节点、子节点。这也就是前面我们总结出来的共同特征。其中，add_child(self, obj) 和 add_father(self, obj) 可以给节点添加子节点和父节点。

如果给定一个节点，那么从该节点开始想看末级的节点是哪些，该怎么办呢？方法是使用递归函数 terminal()。所谓递归函数就是可以调用自身的函数。我们先看一个简单的例子，如计算 n! = 1 × 2 × 3 × … × n，写出递归函数：

```
def fact(n):
    if n==1:
        return 1
    return n * fact(n - 1)
```

可以看到函数会先判断 n 是否等于 1，如果不等于 1，则执行 n*fact(n-1)。接着调用 fact(n-2) 直到 fact(1)，返回值为 1，再返回到求 fact(2) 时的 2×1。依次类推，从而求出 fact(n)。递归函数和我们高中学习的第二数学归纳法一样，原理是将 f(n) 的函数转化为 f(n-1)，从而省略中间复杂的逻辑。

再来看 terminal(self) 这个递归函数。首先，循环子节点判断该节点是否还有子节点。如果没有子节点，那么就是我们需要的末级节点。将这个末级节点的名称放进 list 变量 terminal_list 中并返回。如果有子节点，那么就使用 node.terminal() 求出所有的末级节点并添加到我们创建的末级节点列表中。

构建完 Node 节点类后，下面再构建一个 Tree 类，以便将读取上下层级关系的数据转化为树状结构。

```
import pandas as pd

class Tree:
```

```python
def __init__(self,df):
    self.init(df)# 初始化

def init(self,df):
    father_list=df.iloc[:,0] # df 第一列为父节点名称
    child_list=df.iloc[:,1] # df 第二列为子节点名称
    # 父节点中未出现在子节点的为顶级节点
    top=[i for i in father_list if i not in child_list]
    top=top[0]

    relation={} # 层级对应关系
    for index,row in df.iterrows():# 循环 DataFrame 每一行
        father=row[0] # 父节点名称
        child=row[1] # 子节点名称
        if father in relation.keys():
            children=relation[father]
            children.append(child)
            relation[father]=children
        else:
            relation[father]=[child]
    self.relation=relation
    self.top=self.make_tree(top)

def make_tree(self,top):
    """ 根据顶级节点建立树状关系 """
    father_node=Node(top)# 创建父节点
    for child in self.relation[top]:# 遍历父节点对应的所有下一层级
        if child in self.relation.keys():# 如果 child 有下一层级
            child_node=self.make_tree(child)# 调用递归函数
            child_node.add_father(father_node)# 给子节点添加父节点
            father_node.add_child(child_node)# 给父节点添加子节点
        else:# 如果 child 没有下一层级
            child_node=Node(child)# 创建子节点
            child_node.add_father(father_node)# 给子节点添加父节点
            father_node.add_child(child_node)# 给父节点添加子节点
    return father_node

def terminal(self):
```

```
            return self.top.terminal()


if __name__ == '__main__':
    data=[
        ['A','B'],
        ['A','C'],
        ['B','D'],
        ['B','E'],
        ['C','F'],
    ]
    df=pd.DataFrame(data)
    tree=Tree(df)
    print(tree.top.name)
    print(tree.top.terminal())
```

执行结果：

```
A
['D','E','F']
```

我们创建了 Tree 类的 3 个方法 init()、make_tree()、terminal()。在 init() 中主要根据 DataFrame 结构的二维表找到哪一个节点是顶级节点，也就是根节点 A。根据二维表建立一个字典 relation 以便保存每一层级的对应关系。

```
relation={} # 层级对应关系
for index,row in df.iterrows():# 循环 DataFrame 每一行
    father=row[0] # 父节点名称
    child=row[1] # 子节点名称
    if father in relation.keys():
        children=relation[father]
        children.append(child)
        relation[father]=children
    else:
        relation[father]=[child]
```

例如，循环 df 二维表中的每一行数据，当读取第一行 A、B 时，判断"if father in relation.keys()"，其中 father 为 A。而此时 relation 为空字典，因此 relation.keys() 也为空。创建一

个父节点与子节点的对应关系 relation[father]=[child]，此时 relation 为 {'A':['B']}。当读取到下一行 A、C 时，father 仍然为 A，并且已经存在于 relation.keys() 中了，所以只是将已经存在的 relation[father]（即在 ['B'] 中添加一个 C）重新赋值给 relation[fater] 即可。此时 relation 为 {'A':['B','C']}。通过这样的遍历，我们能将每一个节点和其子节点列表建立对应关系。最终 relation 为：

```
{'A': ['B', 'C'], 'B': ['D', 'E'], 'C': ['F']}
```

make_tree() 也是一个递归函数，和前面 Node 类的递归函数 terminal() 类似。至此，我们自己动手写了一个类并添加了想要的功能。

继承

前面我们创建了 People 类，定义了一些属性和方法。如果还需要创建一个 Man 类，那么我们是不是要重新写一遍这些属性和方法呢？答案是不用，这个时候可以使用继承。

```python
class People:
    head=1
    hands=2
    legs=2

    def think(self):
        print('use my brain think')

    def work(self):
        self.think()
        print('do something with %s hands' % self.hands)

class Man(People):
    def play(self):
        print('play games')

if __name__ == "__main__":
    man=Man()
```

```
man.think()
print(man.head)
```

执行结果:

```
use my brain think
play games
1
```

在创建 Man 类时,用括号加上继承的 People 类即表示 Man 是 People 的子类,并且会将 People 类的属性和方法完全继承过来。我们可以直接调用基类的方法和属性。这样就创建了一些子类独有的方法和属性,而不需要重复写代码。

当然,对于父类的一些函数也可以重写。此时,再执行 Man 类的 work 函数时,就变成了 work for wife。

```python
class Man(People):
    def play(self):
        print('play games')

    def work(self):
        print('work for wife')
```

如果在子类中想调用基类的函数可以使用 super() 方法。例如,虽然重写了 Man 的 work() 方法,但是还想保留 People 类中的方法只是进行增加,而不是替换。

```python
class Man(People):
    def play(self):
        print('play games')

    def work(self):
        super().work()
        print('work for wife')


if __name__ == "__main__":
    man=Man()
```

```
    man.work()
```

执行结果：

```
use my brain think
do something with 2 hands
work for wife
```

Python 中除了单一继承，还可以多重继承。

```
class DerivedClassName(Base1,Base2,Base3):
    <statement-1>
        .
        .
        .
    <statement-N>
```

在了解了类和对象的概念后，在以后的工作中我们再根据需求进行深入学习即可。

第5章

Python实战

经过第 4 章的学习，我们已经对 Python 的基础用法有了一些了解。其实翻阅任何一本教材，对于基础语法知识的学习都是十分枯燥的。在这一过程中初学者往往容易放弃或者找不到学习的目标。尤其是对于审计师来说，学习的目的并不是成为专业的开发人员，而仅仅是想利用 Python 来帮助我们解决实际工作中的问题。如果我们能够把这些基础知识和实际工作结合起来，在学习中快速获取正向反馈，那么会大大提升学习兴趣和动力，促使我们在学习的道路上走得更远。本章我们将结合实际案例，利用 Python 解决工作中的问题。

5.1 计算稳定性

在审计中很多人非常关心数据的稳定性，当数据波动较大的时候，有人就会认为有异常，需要执行审计程序。该如何定义稳定性呢？在财务审计中对某个科目的不同年度的金额进行比较，计算出与上年的波动率，如果波动率超过 30%，就认为波动过大。需要注意的是，这种比较方法只涉及两个数据，而生活中往往会评价一组数据的波动率。例如，一个班级中学生身高的波动率，企业销售的某个产品一年价格的波动率，等等。当描述一组数据的波动率或稳定性时，就需要引入一个概念——标准差。

$$\delta = \sqrt{\frac{\sum_{i=1}^{n}(x_i - \bar{x})^2}{n}}$$

其中 $x_i(i=1\cdots n)$ 代表了一组数据，$\bar{x} = \frac{\sum_{i=1}^{n} x_i}{n}$ 为这组数据的均值。

在 Python 中可以使用 numpy 包求一组数的均值和标准差。

```
import numpy as np

values=[98,97,96,101,80,90,91,99,100]
np_data=np.array(values)# 构建 numpy 数组
mean=np_data.mean()# 求均值
std=np_data.std()# 求标准差
print(mean,std)
```

执行结果:

```
94.66666666666667 6.289320754704403
```

使用 numpy 包中的 mean() 函数和 std() 函数,可以方便地求出数组的均值约为 94.67,标准差约为 6.29。有了标准差和均值后,该如何衡量这个数组的稳定性或波动性呢?显然不可以直接用标准差的大小判断波动的大小。因为均值为 100 和均值为 10000 所对应的是同一个标准差,但其波动是完全不一样的。而我们如果用标准差除以均值的比率来衡量一个数组的波动,那么就不用参照数组的均值了,而这个比率在统计学中叫作变异系数。

变异系数的应用

以一个货运公司的运单数据为例,打开本书配套资源中的"waybill.csv",表中的字段解释如表 5-1-1 所示。

表 5-1-1

字段	注释	示例
waybill_id	运单 id	1
month	月份	5
year	年度	2018
price	单价	79
amount	吨数	32.9
deal_price	金额	2605.5
from	起运地	130100
to	送达地	140600

其中 from 和 to 分别为起运地和送达地的城市行政区编码。如果将相同起运地和送达地定义为同一条线路,那么可以对其运输单价进行稳定性分析,计算其单价的变异系数。

```
import pandas as pd
import numpy as np
```

```python
def init_data(df):
    """处理数据"""
    datas={}
    for index,row in df.iterrows():
        line=row['from'] + '-' + row['to']
        price=row['price']
        if line in datas.keys():
            datas[line].append(price)
        else:
            datas[line]=[price]
    return datas


def calc_rate(prices):
    """计算变异系数"""
    data=np.array(prices)
    avg=data.mean()
    std=data.std()
    rate=std/avg
    return rate


if __name__ == "__main__":
    # 读取数据,将from字段和to字段转换为文本
    df=pd.read_csv('waybill.csv',converters={'from':str,'to':str})
    # 计算所有线路的单价列表
    datas=init_data(df)
    # 循环每条线路的单价列表
    for line,prices in datas.items():
        rate=calc_rate(prices) # 计算单价的变异系数
        print(line,rate)
```

执行结果:

```
130100-140600 0.0788267762063 0849
410700-640100 0.08666462024008037
130300-131000 0.19282966610936664
```

计算出 3 条线路的变异系数分别为 7.9%、8.7%、19.3%，全部小于 30%，因此比较稳定。将 "130300-131000" 这条线路的所有运单的单价分布画一个图，如图 5-1-1 所示。

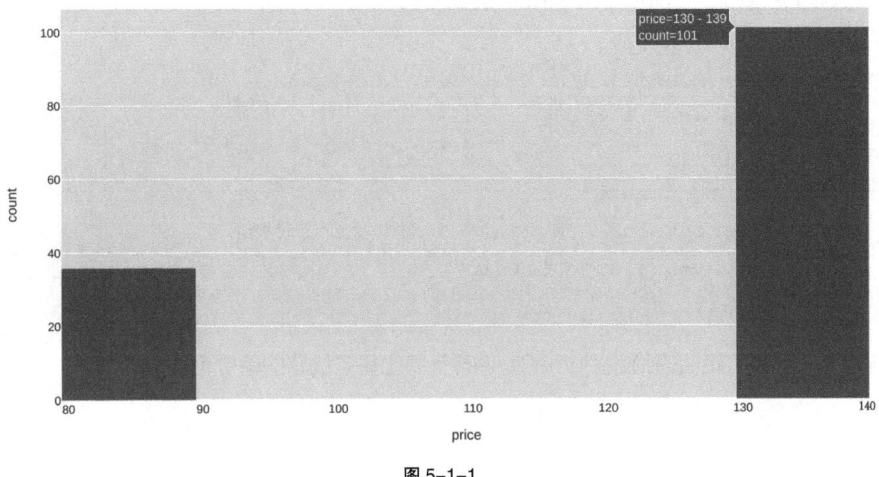

图 5-1-1

可以看到单价主要分布在 80~90 和 130~140 两个区间。查询一下这条线路是从河北秦皇岛到河北廊坊市，距离也比较近。两个城市不同区之间的运费可能存在一定的差异。

以上数据仅是示例数据，在真实项目中数据量会更大。但我们可以按此方法计算出所有线路的变异系数。将变异系数较大（如大于 30%）的线路筛选出来，再分析单价不稳定的原因，并且统计其金额占比。

3sigma rule

在统计学中，对于一个正态分布，在均值正负 1 倍标准差区间内的概率为 68.27%；均值正负 2 倍标准差区间内的概率为 95.45%；均值正负 3 倍标准差区间内的概率为 99.73%。对于与均值的差大于 3 倍标准差的数值一般认为是过失引起的，被称为 3sigma rule 或拉依达准则。我们可以使用该准则筛选出异常值。

$P(\mu-1\sigma \leq X \leq \mu+1\sigma \approx 68.27\%)$

$P(\mu-2\sigma \leq X \leq \mu+2\sigma \approx 95.45\%)$

$P(\mu-3\sigma \leq X \leq \mu+3\sigma \approx 99.73\%)$

```python
def sigma3(prices):
    """ 计算可疑值 """
    data=np.array(prices)
    avg=data.mean()# 均值
    std=data.std()# 标准差
    errors=[]
    for value in data:
        if abs(value - avg)>3* std:# 大于3倍标准差
            errors.append(value)
    return errors
```

构造一个计算可疑值的函数 sigma3，循环计算出每条线路的单价可疑值。

作业：

运用 3sigma rule 对 3 条线路的运单单价进行计算，查看是否有可疑值。

5.2 银行流水核对

我们学习 Python 的目的是解决工作中的问题，本章前 3 节都是利用 Python 中别人写好的包完成任务，这种方式也叫"调包"。对于我们这种非开发人员来讲，这并不是什么坏事，甚至值得提倡，没有什么比能快速解决工作中的问题更好的了。虽然调包很好，但在工作中不是所有问题都能用现成的包解决的。这个时候就需要我们提出需求，再将需求转化为逻辑，根据逻辑编写程序语言。

笔者做过很多 IT 审计项目，在工作中客户或者财务审计团队会提出一些需求。而这些需求其实已经超出了 IT 审计的工作范围，因为他们已经将 IT 审计当成了程序员。如果要实现这些需求就必须用编程实现。例如，财务审计团队会要求我们对 ERP 系统中的生产成本全部进行重新计算。而这在 IT 审计的方法论中可能只需要穿行测试几个工单，验算工单在 ERP 中各环节计算的准确性，从而保证系统结果的正确即可。

在财务审计中对于资金的核查越来越严格。对于电商等互联网行业的人，可以使用 SQL 将业务订单与第三方支付流水全部进行核对，因为这两个数据一般是由订单号关联字段进行关联的。但是若对传统企业尤其是大型集团的银行流水与财务的序时账进行核对，则是一件大工程。因为两个数据没有字段可以关联，只能使用日期和金额做判断。

本节我们将以银行流水核对作为案例，讲解如何提炼需求，将需求转化为逻辑，再根据逻辑编写代码。在本书配套资源中有两个文件。其中，从财务系统中导出的序时账，如表 5-2-1 所示；从资金系统中导出的银行流水，如表 5-2-2 所示。

表 5-2-1

字段	示例数据
月	7
日	31
凭证号	记账 -0001
分录号	1
摘要	2020-07-17 转账
科目编码	10025502
科目名称	10025502
辅助项	【1001】
币种	人民币
借方原币	2000
借方本币	2000
贷方原币	无
贷方本币	无
科目自由项	无
核销信息	无
结算信息	银企直连
内部交易信息	无

表 5-2-2

字段	示例数据
账户号码	1001
账户名称	ABC 公司
单位名称	ABC 公司
开户行名称	中国农业银行股份有限公司××××支行
币种	人民币
支出金额	600
收入金额	无
对方账户号码	无
对方账户名称	无
对方开户行	无
交易日期	2020-08-30 00:00:00
是否直联	非直联
摘要	付款账户 2020 年企业网银年服务费

提炼需求

将需求提炼出来，让别人能够明白。比如，若只说需求是核对银行流水，那么对没有财务背景的人可能不知道你说的是什么。所以要更加明确地提出需要做的事情，并且减少理解上的障碍。例如，可以将需求提炼为在"序时账""银行流水"两张表中匹配相同银行账号的数据（相近日期、相同金额），找出未匹配的数据，以及未匹配的银行账号。

梳理逻辑

一个软件正常的开发流程是需要业务方写出需求文档，明确每一项功能模块，再由产品经理根据需求文档细化每一项功能的逻辑的。产品经理编写开发文档，再由开发人员根据开发文档编写代码，最后由测试人员完成测试。这样的流程现在需要全部由一个人完成，并且梳理出计算逻辑。

本例中的计算逻辑比较简单，我们可以归纳出相应的计算逻辑：

1. 读取 Excel 数据。

2. 以银行账号为起点，分别找出单个银行账号对应的"序时账"数据和"银行流水"数据。

3. 编写匹配函数，从"序时账"出发在"银行流水"中找出相近时间、相同金额的数据，标记双方数据，最终输出匹配结果。

大方向上可以归纳出核对的逻辑。但对每个逻辑还需要在编写的过程中不断细化。例如，对于同一个银行账号，要编写匹配函数进行处理。但如果原数据中是多账号的，则需要先将原数据按银行账号归类，将多账号核对问题转化为单账号核对问题。另外，在"序时账"中并没有标准的银行账号的字段，而是在字段"辅助项"（【1001】）中包含了银行账号，因此我们需要将该字段中的银行账号提取出来。这些逻辑基本上就是将复杂问题不断转化为多个小问题，再逐一解决。

编写代码

很多初学者在学习了 Python 基础知识后总是迟迟不能将知识运用到实际工作中，或者面对复杂问题时总是感到手足无措。其实这就是一个不断将复杂问题转化为简单问题的过程。不需要想太多，清楚大致逻辑后，直接上手写就行了。

由于我们要经常使用核对银行流水的功能，所以我们在编写代码时将其封闭为一个类，具体操作可以参考 4.16 节的内容。

读取数据

首先构造一个 Bank 类，以便实现最简单的读取 Excel 数据的功能。

```
import pandas as pd
import re
import datetime
import calendar
import os
class Bank:
    def read_excel(self,path):
```

```python
        """
        path:D:序时账路径
        sheet_name:表名
        return:dataframe types
        """
        df=pd.read_excel(path)
        df=df.fillna(0)# 缺失值填充为0
        df['match']=""# 增加一列'match'
        return df

    def load_bank(self,path):
        """
        path:D:银行流水路径
        sheet_name:表名
        """
        self.df_bank=self.read_excel(path)

    def load_account(self,path):
        """
        path:序时账路径
        sheet_name:表名
        """
        self.df_account=self.read_excel(path)


if __name__ == "__main__":
    bank_path='数据/银行流水.xlsx'
    account_path='数据/序时账.xls'
    bk =Bank()
    bk.load_account(account_path)
    bk.load_bank(bank_path)
    print(bk.df_account)
    print(bk.df_bank)
```

我们构造了 Bank 类，编写了 load_bank()、load_account() 方法以读取银行流水数据和序时账数据。由于读取方法一样，所以可以创建一个 read_excel() 方法，以避免重新编写代码。在 read_excel() 方法中填充缺失值、增加一列 match 用作存储匹配标记。至此，我们实现了第一步的功能——读取数据。

列名映射

在开始数据处理之前，要想到使用 pandas 处理表格数据时需要用到表的列名。而不同公司导出的银行流水和序时账是不同的，为了让代码具有适用性，不能将列名写"死"，而要用变量代替。在类初始化时，将列名映射到变量中。

```python
class Bank:
    def __init__(self):
        # 序时账关键信息
        self.default_year=""
        self.account_column_year=""
        self.account_column_date=""# 日期
        self.account_column_month=""# 月
        self.account_column_day=""# 日
        self.account_column_no=""# 凭证号
        self.account_column_abstract=""# 摘要
        self.account_column_in=""# 借
        self.account_column_out=""# 贷
        self.account_column_bank=""# 银行账号

        # 银行流水关键信息
        self.bank_column_date=""# 日期
        self.bank_column_no=""# 银行账号
        self.bank_column_abstract=""# 摘要
        self.bank_column_in=""# 收
        self.bank_column_out=""# 支
        self.bank_column_oppsite=""# 对方账户名称
        self.df_bank=None # 银行流水
        self.df_account=None # 序时账
        self.distinct_accounts=None # 序时账中银行列表
        self.distinct_banks=None # 银行流水中银行列表
        self.data_account={} # 由银行账号对应序时账组成的字典
        self.data_bank={} # 由银行账号对应银行流水组成的字典
        self.match_account() # 初始化序时账表头对应关系
        self.match_bank()# 初始化银行流水表头对应关系
```

```python
def match_account(self):
    """
    建立序时账表头对应关系
    """
    self.default_year=2020
    self.account_column_day="日"
    self.account_column_month="月"
    self.account_column_no="凭证号"
    self.account_column_abstract="摘要"
    self.account_column_in="借方本币"
    self.account_column_out="贷方本币"
    self.account_column_bank="辅助项"

def match_bank(self):
    """
    建立银行流水表头对应关系
    """
    self.bank_column_date="交易日期"
    self.bank_column_no="账户号码"
    self.bank_column_abstract="摘要"
    self.bank_column_in="收入金额"
    self.bank_column_out="支出金额"
    self.bank_column_oppsite="对方账户名称"
```

在 __init__() 函数中我们将序时账和银行流水的列名分别用 self.account_column_*、self.bank_column_* 开头的自定义变量表示，并将这些列名变量设置为空字符串或者 None。在编写代码的时候，如果需要使用凭证号列的数据，那么可以用 self.account_column_no 代表凭证号列。这样做的好处是当下一次银行流水核对时列名发生改变，只需要修改变量与列名的对应关系就可以正常使用了。而这个对应关系的建立是由 self.match_account() 和 self.match_bank() 完成的。

清洗数据

清洗数据是指将不规则或不标准的信息转换为标准信息以便后续计算，主要包括银行账号信息提取、日期格式转换等。

银行账号信息提取

在序时账中对应的银行账号在"辅助项"列中,它并不是一个"干净"的字段,而是一个字符串【1001\ 中国农业银行股份有限公司××××支行】。因此,在核对前需要将银行账号1001从字符串中提取出来。这里使用正则表达式进行银行账号的提取,安装使用 re 包,这是 Python 中使用正则表达式的包。在终端中使用 pip install re 即可安装成功。

正则表达式是一种字符串的匹配规则,可以完成符合规则的文本提取或替换。re.findall(规则,字符串) 能够将字符串中符合规则的所有字符串匹配出来,并且返回所有匹配项的列表。例如,设定规则为 \d+,其中 \d 代表数字,+ 代表一个或多个。通过这个规则就能将字符串中所有连续的数字提取出来,从而达到我们的目的。

下面代码中的 row[self.account_column_bank] 其实与 row[' 辅助项 '] 是等价的。通过循环序时账(self.df_account)的每一行,将"辅助项"中的银行账号提取出来并替换序时账中"辅助项"的值,从而完成对银行账号的数据清洗工作。

```python
import re
class Bank:
    def clean_account_number(self):
        """ 清洗序时账的银行账号
        利用正则表达式提取出账号数字
        """
        for index,row in self.df_account.iterrows():
            no=row[self.account_column_bank] # 序时账表中列 " 辅助项 "
            nos=re.findall('\d+',no)# 提取银行账号
            if nos:
                no=nos[0]  # 匹配的第一个
            else:
                no=None
            self.df_account.loc[index,self.account_column_bank]=no
```

日期格式转换

有了银行账号,就可以将序时账和银行流水两个表进行关联了,但核对时还需要对日期进行操作,因为需要使用相近日期的数据进行核对。银行流水的日期格式为 2020-8-30 00:00:00,因此要舍弃小时、分钟提取出日期。而序时账仅有"月""日"两个字段,将其组合成日期。

为更具一般性，可以将这两种日期清洗方式抽象为两个函数。一个从字符串中提取出日期，另一个根据"月""日"组合成日期。首先完成第一个函数：

```
def clean_date(self,df,column_name):
    """
    df:数据表
    column_name:日期列名
    return:df 清洗完成后的数据表
    清洗数据日期格式
    """
    for index,row in df.iterrows():
        match_str=re.search('(\d{4})[/-](\d{1,2})[/-](\d{1,2})',
                            str(row[column_name]))
        match_tuple=match_str.group(1,2,3)
        number=tuple(map(int,match_tuple))
        df.loc[index,column_name]=datetime.date(number[0],number[1],
                                                number[2])
    return df
```

上一示例中我们使用 re.findall() 提取所有匹配项，而在本例中我们使用 re.search() 提取第一个匹配项。使用的规则是 (\d{4})[/-](\d{1,2})[/-](\d{1,2})，其中 \d 代表的是数字，+ 代表的是数量（一个或多个）。除此之外表示数量的方式，如表 5-2-3 所示。

表 5-2-3

数量	含义
+	一个或多个
?	一个或没有
{n}	n个
{n,m}	n至m个

表示内容的方式，如表 5-2-4 所示。

表 5-2-4

内容	含义
\d	数字
\w	数字或字母
\s	空格、制表符、换行符等
.	任意字符
[abc]	[] 表示枚举，代表可以为 a、b、c
[a-zA-Z]	通过连字符 – 表示范围，大 / 小写字母都可以使用
[^abc]	^ 表示排除，表示除 a、b、c 以外所有字符

现在可以理解了，(\d{4})[/-](\d{1,2})[/-](\d{1,2}) 表示的是 2020-01-01 或 2020/01/01 这类的日期格式。需要注意的是，括号表示的作用范围并没有实际意义。下面做一个小实验：

```
import re

string='2020-8-30 00:00:00'
match_str=re.search('(\d{4})[/-](\d{1,2})[/-](\d{1,2})',string)
match_tuple=match_str.group(1,2,3)
print(match_tuple)
number=tuple(map(int,match_tuple))
print(number)
```

执行结果：

```
('2020','8','30')
(2020,8,30)
```

re.search().group(1,2,3) 能够提取出规则中括号中的内容，并且为元组数据格式 ('2020','8','30')。需要注意的是，这里的数据虽然提取出来了，但还是字符串格式。需要将元组中的字符串转换成数字，使用 map(数据类型 , 可迭代对象) 将元组内所有字符串转换成 int 类型。这样转换后还需要将结果用 tuple 强制转换成元组。现在大家应该可以理解提取标准日期的 clean_date() 函数了。下面再来实现将"月""日"组合成"日期"的功能函数。

用函数循环序时账中的每一行数据，判断是否有"年"这一列的数据。有就用 datetime.

date() 将年、月、日转成一个日期，没有就用设置的默认年份和月、日转换成日期。

```python
def combination_account_date(self):
    for index,row in self.df_account.iterrows():
        if self.account_column_year:
            self.df_account.loc[index,
                    self.account_column_date]=datetime.date(
                        int(row[self.account_column_year]),
                        int(row[self.accoutn_column_month]),
                        int(row[self.account_column_day]))
        else:
            self.df_account.loc[index,
                    self.account_column_date]=datetime.date(
                            int(self.default_year),
                        int(row[self.account_column_month]),
                        int(row[self.account_column_day]))
```

设置完组合日期的函数后，就可以对序时账和银行流水的日期格式进行处理了。用 auto_clean_date() 先判断序时账中 self.account_column_date 是否存在，也就是有没有日期列。如果有，就直接调用 self.clean_date() 进行数据清洗。如果没有，就调用组合日期的函数 self.combination_account_date() 进行处理。对于银行流水数据也可以使用 self.clean_date() 进行数据清洗。

```python
def auto_clean_date(self):
    """
    将序时账和银行流水日期转化为标准日期格式
    """
    if self.account_column_date:
        self.clean_date(self.df_account,self.account_column_date)
    elif self.account_column_month != '' and self.account_column_day != '':
        self.df_account['日期']=''
        self.account_column_date='日期'
        self.combination_account_date()
    if self.bank_column_date:
        self.clean_date(self.df_bank,self.bank_column_date)
```

银行流水账号的数据清洗

可以看到银行流水中的"账户号码"字段中的值末尾有多余的符号",",如"1001,",因此需要将这些符号进行批量清除。在 clean_number() 中使用 re.sub(pattern,repl,string) 将字符串 string 中按 pattern 匹配规则匹配的字符用 repl 进行替换。示例中的 pattern 只需要设置为",",即可,它能够将所有多余的逗号清洗掉。但考虑到将来还可能遇到其他需要清洗的符号,因此将 pattern 设置为一个参数。

```
def clean_number(self,df,column_name,pattern):
    """ 清理替换字符串
    df:数据表
    column_name:列名
    pattern:特殊符号,用 | 隔开
    """
    pattern='[%s]' % pattern
    for index,row in df.iterrows():
        df.loc[index,column_name]=re.sub(pattern,'',row[column_name])
    return df

def auto_clean_number(self,pattern):
    """
    清洗银行流水账号中的不干净数据
    pattern:特殊符号,用 | 隔开
    """
    self.df_bank=self.clean_number(self.df_bank,self.bank_column_no,
                                    pattern)
```

例如,清除","和";"这两种符号,可以使用 clean_number(self,df,column_name,',|; ')。当调用函数时,执行 pattern ='[%s]'% pattern 后,pattern 即为 [,|;]。这个正则表达式代表了逗号或分号,re.sub('[, |;]','',string) 可以将两种符号都清除。

数据核对

完成数据清洗工作后,接下来就可以进行数据核对了

创建银行账号字典

可以看到序时账和银行流水包含了两个账号("1001","1002")的数据。那么对于这种多账

号的情况，我们首先想到的是如何将多账号的情况转化为单账号的情况后再进行处理。这样一种思想在数学上称为"化归"，就是面对一个复杂问题解决不了的时候，先将其转化为一个简单问题后再进行处理。因此，创建一个字典，键就是银行账号，值就是这个银行账号的序时账和银行流水。这样就可以循环这个字典，并且每次只需要核对一个账号的数据即可。在下面的代码中 dataframe.empty 是用来判断 DataFrame 数据是否为空的。如果为空，返回 True，否则返回 False。当序时账和银行流水都有数据时，我们可以分别获取序时账和银行流水两张表中不重复的银行账号列表并赋值给 self.distinct_accounts、self.distinct_banks（df[' 列名 '].unique()，即求某一列不重复值）。

```python
def distinct_no(self):
    """
    获取序时账和银行流水的银行账号编码列表
    创建银行账号对应的 DataFrame 字典
    (一个账号一个 DataFrame  self.data_bank,self.data_account
    """
    if self.df_account.empty == False and self.df_bank.empty == False:
        self.distinct_accounts=self.df_account[
            self.account_column_bank].unique()# 序时账银行列表
        self.distinct_banks=self.df_bank[
            self.bank_column_no].unique()# 资金流水银行列表
        self.distinct_all=list(
            set(self.distinct_accounts)& set(self.distinct_banks))
        self.distinct_diff=list(
            set(self.distinct_accounts)^ set(self.distinct_banks))
        self.distinct_diff_bank=list(
            set(self.distinct_accounts)- set(self.distinct_banks))
        self.distinct_diff_account=list(
            set(self.distinct_banks)- set(self.distinct_accounts))
        for account in self.distinct_accounts:
            self.data_account[account]=self.df_account[self.df_account[
                self.account_column_bank] == account] # 创建字典
        for bank in self.distinct_banks:
            self.data_bank[bank]=self.df_bank[self.df_bank[
                self.bank_column_no] == bank] # 创建字典
```

现在我们既有从序时账中获取的银行账号，也有从银行流水中获取的银行账号。对于两个数据集合，需要求并集以获得最全的账号列表。同时我们还想知道哪些账号是序时账里有但是银行流水里没有的，哪些是银行流水里有但是序时账里没有的，此时就需要求差集或者补集。

为了进行集合运算，需要使用 set 数据类型。它和 dict 字典类似，区别是 set 数据类型只有键没有值。通过它我们可以保证两个集合运算后得到的值是不重复的。假设有 x、y 两个集合，常用的 set 数据类型的集合运算，如表 5-2-5 所示。

表 5-2-5

集合运算	代码
并集	x | y
交集	x & y
差集	x - y
补集	x ^ y

也可以使用 Python 进行运算，执行结果如下：

```
>>> x=set('abcde')
>>> x
{'b','a','d','e','c'}
>>> y=set('dexyz')
>>> y
{'y','z','d','e','x'}
>>> x | y # 并集,如图 5-2-1 所示
{'b','y','z','a','d','e','x','c'}
>>> x & y # 交集,如图 5-2-2 所示
{'e','d'}
>>> x - y # 差集,如图 5-2-3 所示
{'a','c','b'}
>>> x ^ y # 补集,如图 5-2-4 所示
{'x','y','b','z','a','c'}
```

图 5-2-1

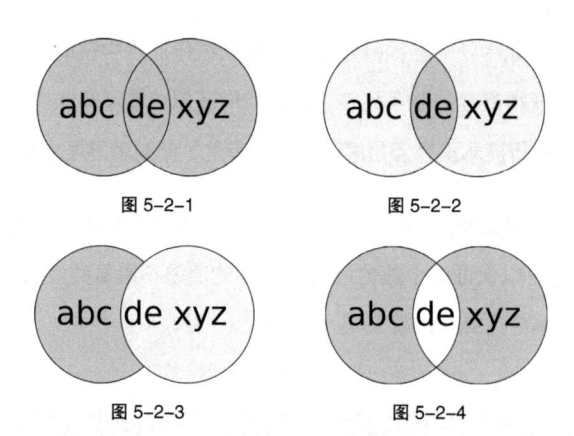

图 5-2-2

图 5-2-3

图 5-2-4

有了这个知识铺垫，我们可以理解代码中 self.distinct_all 为并集，self.distinct_diff 为补集，self.distinct_diff_account 和 self.distinct_diff_bank 为差集。self.data_account 是以银行账号为键、序时账（DataFrame 数据类型）为值的字典。self.data_bank 是以银行账号为键、银行流水（DataFrame 数据类型）为值的字典。有了这一步基础后，只需要编写单个银行账号的核对函数，通过循环银行账号的并集，对每个账号调用函数进行核对即可。

单账户匹配函数

下面我们将进行对单个银行账号的核对函数的编写。初步设想是先循环一个账号序时账的所有数据，通过判断两组数据是不是有较近日期，金额是不是相等（或者小于某个值）以此认定匹配是否成功。将两条数据做一个标记，以此类推，遍历完所有序时账。序时账和银行流水，如图 5-2-5 所示。

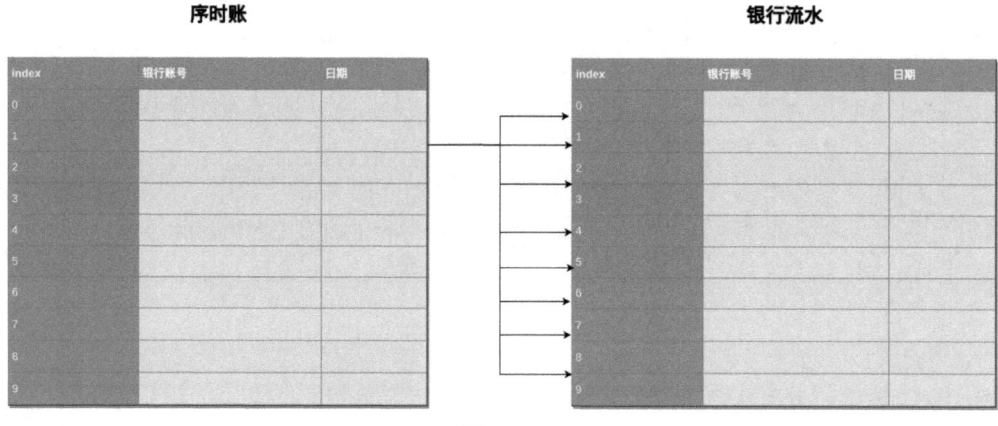

图 5-2-5

当这样编写完代码后可能会发现一个问题，就是——执行太慢了！因为对每一个序时账的数据，程序都会从银行流水的第一条数据进行匹配，直到匹配成功为止。相当于每一个序时账都要遍历完整的银行流水，如果序时账和银行流水都是 1 万条，那么将会达到上亿的计算量。这样计算效率就太低了。

这个方法失败后，我们开始考虑如何才能找出序时账对应的相近日期的银行流水，而不是从第一条银行流水开始找。比如给定一个 2020-02-15 日期的凭证，假设只想找这个日期前后 5 天的银行流水进行核对，即 2020-02-10 到 2020-02-20 的流水，那么只需取出相关日期的数据即可。具体做法是，将每一天的数据单独分隔出来，并且建立日期与当天数据的映射关系。

```python
def create_bank_date_index(self,df):
    """创建银行流水日期与索引的字典"""
    match_date={} # 日期与 DataFrame 索引的字典
    for index,row in df.iterrows():
        bank_date=row[self.bank_column_date] # 流水日期
        if bank_date in match_date.keys():# 如果日期已经在字典中
            index_list=match_date[bank_date]
            index_list.append(index)
            match_date[bank_date]=index_list # 将索引添加到该日期的索引列表中
        else:# 如果日期不在字典中
            index_list=[]
            index_list.append(index)
            match_date[bank_date]=index_list # 将该日期映射到相应的索引
    return match_date
```

当有了日期与数据索引的映射关系后，我们还需要在给定一个日期时求出需要核对日期的数据索引的函数。在 get_bank_index 函数中 match_date 参数为开始创建的日期与数据索引的映射字典，give_date 为给定的日期，period 为期间（如 5 就代表求前后 5 天的数据），check_month 为 Bool 类型，判断是否需要按月核对。date_down 和 date_up 指日期区间的上、下边界。period_dates 指通过列表生成器创建日期区间内所有的日期。如果 check_month 为 True，则应将当月所有日期也添加到日期区间内。通过循环日期区间内每一个日期，用 match_date 获取每天的数据索引并组合成 lindex_list 列表。

```python
def get_bank_index(self,match_date,give_date,period,check_month):
```

```python
    """给定序时账日期,需要核对的银行索引
    match_date:银行流水日期与索引对应关系字典
    give_date:序时账指定日期
    period:期间
    check_month:是否按月核对
    return:index_list  需要核对的索引列表
    """
    date_down=give_date - datetime.timedelta(days=period)
    date_up=give_date + datetime.timedelta(days=period)
    period_dates=[i.date()for i in pd.date_range(date_down,date_up)]
    if check_month:
        week,last_day=calendar.monthrange(give_date.year,give_date.month) # 返回当月第一天是星期几,当月天数
        month_start=datetime.date(give_date.year,give_date.month,1) # 当月第一天
        month_end=datetime.date(give_date.year,give_date.month,last_day) # 当月最后一天
        month_dates=[i.date()for i in pd.date_range(month_start,month_end)] # 当月所有日期列表
        period_dates=list(set(period_dates + month_dates)) # 期间与当月所有日期的合并
    index_list=[]
    for day in period_dates:
        if day in match_date.keys():
            index_list += match_date[day] # 获取所有需要核对日期的数据索引
    return index_list
```

下面利用 create_bank_date_index() 和 get_bank_index() 两个函数进行单个账户的数据核对。

```python
def myfloat(self,str):
    if str == '':
        return 0
    else:
        return float(str)

def match(self,df_account,df_bank,tolerance=0.01,period=0,check_month=False):
```

```python
"""
df_account: 单个账户序时账
df_bank: 单个账户银行流水
tolerance: 核对容错金额
period: 跨期核对天数
check_month: 在跨期天数的基础上，在全月范围内核对
将匹配上的序时账和银行流水标记对方的索引号
"""
match_date=self.create_bank_date_index(df_bank)# 日期与数据索引映射关系字典
for index_a,account_row in df_account.iterrows():# 遍历序时账数据
    # 序时账借方 - 贷方金额
    account_money=self.myfloat(account_row[self.account_column_in]) - self.myfloat(account_row[self.account_column_out])
    account_abstract=account_row[self.account_column_abstract] # 序时账摘要
    if self.account_column_date:# 如果序时账日期列名不为空
        account_date=account_row[self.account_column_date] # 获取序时账日期
    else:
        account_date=datetime.date(# 根据序时账月、日组合成日期
            2020,int(account_row[self.account_column_month]),
            int(account_row[self.account_column_day])
            )) # 注意！当序时账没有日期，只有月和日的时候，将其转换为日期
    bank_index_list=self.get_bank_index(match_date,account_date,period,check_month)# 获取日期对应的、需要核对的银行流水数据索引列表
    for index_b in bank_index_list:# 遍历需要核对的银行流水数据索引
        flag=self.df_bank.loc[index_b,'match']  # flag 为银行流水是否已经匹配的标志
        if flag == "":# 如果未成功匹配，则进行匹配操作
            bank_money=self.myfloat(# 银行流水借方金额 - 贷方金额
                self.df_bank.loc[index_b,self.bank_column_in]-self.df_bank.loc[index_b,self.bank_column_out])
            if abs(account_money - bank_money)<= tolerance: # 序时账金额与银行流水金额差异小于可容忍值
                df_account.loc[index_a,'match']=index_b # 序时账对应行记录银行流水匹配的索引号
```

```
                            df_bank.loc[index_b,'match']=index_a
# 在银行流水对应行记录序时账匹配的索引号
                            self.df_account.loc[index_a,'match']=index_b
# 在序时账对应行记录银行流水匹配的索引号
                            self.df_bank.loc[index_b,'match']=index_a
# 在银行流水对应行记录序时账匹配的索引号
                            break
        result={  # 统计核对结果
            'account_in':df_account[self.account_column_in].sum(),
# 序时账借方合计数
            'account_out':df_account[self.account_column_out].sum(),
# 序时账贷方合计数
            'bank_in':df_bank[self.bank_column_in].sum(),
# 银行流水借方合计数
            'bank_out':df_bank[self.bank_column_out].sum(),
# 银行流水贷方合计数
            'match_account_in':df_account[df_account['match'] != '']
[self.account_column_in].sum(),# 序时账匹配借方合计数
            'match_account_out':df_account[df_account['match'] != '']
[self.account_column_out].sum(),# 序时账匹配贷方合计数
            'match_bank_in':df_bank[df_bank['match'] != ''][self.bank_
column_in].sum(),# 银行流水匹配借方合计数
            'match_bank_out':df_bank[df_bank['match'] != ''][self.bank_
column_out].sum(),# 银行流水匹配贷方合计数
            }
        return df_account,df_bank,result # 返回银行流水、序时账和统计结果
```

有了这个单个账户核对函数，就可以通过遍历所有账户，调用 match() 函数完成多账户的核对了。

```
    def match_all(self,tolerance=0,period=0,check_month=False):
        """ 多银行账号批量核对 """
        summary={}  # 核对结果信息
        total_accounts=len(self.distinct_accounts)# 银行账户数量
        count=0
        for code in self.distinct_all:# 遍历所有银行账户
            count += 1
```

```
            print('正在测算账号',code,"进度{:.2%}".format(count / total_accounts))
            account=self.data_account[code] # 银行账号为code对应的序时账数据
            bank=self.data_bank[code] # 银行账号为code的银行流水数据
            df_account,df_bank,result=self.match(account,bank,tolerance=tolerance,period=period,check_month=check_month)
            summary[code]=result # 银行账号为code的核对统计信息
        df=pd.DataFrame(summary) # 将summary字典转换为DataFrame数据类型
        return df.T # 返回转置后的df
```

以上就编写完了 Bank 类的所有方法和属性。下面我们只需要针对本案例数据实例化一个 Bank 对象，调用对应方法，完成数据核对即可。

```
    if __name__ == "__main__":
        bank_path='数据/银行流水.xlsx'
        account_path='数据/序时账.xls'
        out_path='./结果.xlsx'
        bk =Bank() # 实例化Bank类
        bk.load_account(account_path) # 加载序时账数据
        bk.load_bank(bank_path) # 加载银行流水数据
        bk.clean_account_number() # 从序时账摘要中提取银行账号
        bk.auto_clean_date() # 对序时账和银行流水日期进行清洗
        bk.auto_clean_number(',') # 对银行流水账号中的特殊符号进行清洗
        bk.distinct_no() # 计算序时账和银行流水中银行账号的并集、交集、补集、差集
        result=bk.match_all(tolerance=0.05,period=31,check_month=True)
# 多账号流水核对结果
        writer=pd.ExcelWriter(out_path)
        bk.df_account.to_excel(excel_writer=writer,sheet_name='序时账')
# 标记匹配字段的序时账并保存到Excel中
        bk.df_bank.to_excel(excel_writer=writer,sheet_name='银行流水')
# 标记匹配字段的银行流水并保存到Excel中
        result.to_excel(excel_writer=writer,sheet_name='结果统计')
# 将统计结果保存到Excel中
        df_diff=pd.concat([pd.DataFrame({'序时账缺失账号':bk.distinct_diff_account}),pd.DataFrame({'银行流水缺失账号':bk.distinct_diff_bank})],axis=1) # 缺失银行账号
        df_diff=df_diff.fillna('') # 将缺省值替换为''
```

```
        df_diff.to_excel(excel_writer=writer,sheet_name=' 缺失账号 ')
# 将缺失账号保存到 Excel 中
        writer.save()# 保存 Excel 文档
        writer.close()# 关闭 Excel 文档
```

完整代码文件，大家可以查看本书的配套资源。

总结

在真实项目中遇到的情况往往不像我们的举例那么简单。但有一点是确定的，那就是将一个复杂问题先简单化，将其拆分成一个一个的简单问题，每解决一个简单问题可能就会遇到一个新的知识点，此时再去搜索查找相关的解决方法。例如，在本例中我们为了清洗数据就去学习了正则表达式，为了计算两个集合的并集、交集，又学习了 set 函数。由此可见，我们并不是拿着一份百科全书式的文档从头读到尾，而是为了解决问题去查询文档中的知识点。一次学会一个，次数多了就掌握了相关知识的运用。这样一种依托项目和问题的学习方法，对于初学者是最快速、最容易得到正向反馈的学习方法。不需要刻意去记忆这些知识点，只需要动手多写、多练、多查，最终熟能生巧。就像《卖油翁》中所说——"无他，但手熟尔。"

5.3 公司名称模糊匹配

在审计中如果往来科目中的客商名称录入不规范或遇到更换系统的情况，那么就会出现上一年的客商名称和今年的客商名称不一致的情况。这将给我们带来大量的数据处理工作。例如，上一年往来的公司名称为"青藤数据"，但今年的公司名称变为了"深圳市青藤数据科技有限责任公司"。如果是少量的记录，我们是可以手动建立匹配关系的，但是如果客商有成百上千家，那么这个工作量将会变得十分巨大。

那么，有没有批量匹配的方法呢？答案是有的。

例如，这里有两张表表 5-3-1 和表 5-3-2，分别代表在财务系统中导出的不同年度的往来辅助科目余额表中的客商字段。我们需要对这两张表中的新、老名称建立对应关系。

表 5-3-1

老名称
一只酸牛奶成都店
深圳市青藤数据科技有限责任公司
信永中和会计师事务所

表 5-3-2

新名称
一只酸牛奶（成都店）
青藤数据
信永中和会计师事务所－成都分所

下面介绍如何使用 Python 中的 fuzzywuzzy 包进行匹配。

安装 fuzzywuzzy：

```
pip install fuzzywuzzy
```

fuzzywuzzy 包括完全匹配和部分匹配。

使用 ratio() 实现完全匹配。

```
from fuzzywuzzy import fuzz

str1='深圳市青藤数据科技有限责任公司'
str2='青藤数据'

result=fuzz.ratio(str1,str2)
print(result)
```

执行结果：

```
42
```

返回两个字符串的相似度为"42"。

使用 partial_ratio(str1,str2) 实现部分匹配。

```
result=fuzz.partial_ratio(str1,str2)
print(result)
```

执行结果:

```
100
```

两个字符串的相似度为"100"。

使用 extract(text,choices) 建立匹配列表。将一个字符串与多个字符串进行匹配。

```
from fuzzywuzzy import process

text='深圳市青藤数据科技有限责任公司'
choices=['青藤数据','青藤科技','深圳青藤']

result=process.extract(text,choices)
print(result)
```

执行结果:

```
[('青藤数据',90),('深圳青藤',68),('青藤科技',45)]
```

extract() 会将一个字符串与一个字符串列表中的多个值进行匹配,并且返回字符串列表中每个值的相似度,以及将相似度由大到小排列。

使用 extractOne(text,choices) 实现列表匹配并返回相似度最高的值。

```
from fuzzywuzzy import process

text='深圳市青藤数据科技有限责任公司'
choices=['青藤数据','青藤科技','深圳青藤']

result=process.extractOne(text,choices)
print(result)
```

执行结果:

```
('青藤数据',90)
```

从多个字符串中找出最匹配的值。构造一个通用的核对函数 fuzzy_match()。df_match、df_basic 分别为需要核对的两张表（DataFrame 数据类型）。match_columns 和 basic_column 分别为两张表对应的公司名称字段。threshold 为阈值，用来设置大于多少相似度的数据算作匹配成功。

构造完核对函数后，就不用再关心核对细节了，只需要读取 Excel 表格数据为 DataFrame 并调用函数即可。需要注意的是，用 tqdm 包在循环时生成进度条，这样比较方便查看运行进度。

```python
from fuzzywuzzy import process
import pandas as pd
from tqdm import tqdm


def fuzzy_match(df_match,df_basic,match_column,basic_column,threshold=90):
    """匹配最佳名称
    df_match: 数据表1
    df_basic: 数据表2
    match_column: 数据表1的字段名称
    basic_column: 数据表2的字段名称
    threshold: 相似度阈值（只有大于这个值的才会匹配）
    """
    choices=df_basic[basic_column].to_list()# 表2公司名称列表
    df_match['matchs']='' # 表1添加一行用于存放表2对应的公司名称
    for index in tqdm(range(len(df_match))):# 循环表1所有行
        value=df_match.loc[index,match_column] # 表1每一行的公司名称
        match_value=process.extractOne(value,choices,score_cutoff=threshold)# 表2中最佳匹配
        df_match.loc[index,'matchs']=match_value[0] if match_value else ''
    return df_match

if __name__ == "__main__":
    df1=pd.read_excel('数据.xlsx',sheet_name='旧')
    df2=pd.read_excel('数据.xlsx',sheet_name='新')
    df=fuzzy_match(df2,df1,'新名称','老名称',threshold=90)
    print(df)
```

执行结果：

```
100%|■■■■■■■■■■| 3/3 [00:00<00:00,1662.87it/s]
             新名称                    matchs
0      一只酸牛奶（成都店）              一只酸牛奶成都店
1          青藤数据         深圳市青藤数据科技有限责任公司
2   信永中和会计师事务所-成都分所         信永中和会计师事务所
```

5.4 BOM 穿透

BOM(Bill of Materials) 物料清单是 ERP 中的一个重要概念。在生产制造型企业中，它记录了一个物料所用到的下阶材料及相关属性。通过它，企业能够计算出生产一个产品需要的物料，因此可以将其理解为一个产品结构表。

表 5-4-1 中展示的是一张 BOM 表，其列出了生产一台电脑需要的物料清单。其中主板、显示器为一级组件，芯片为二级组件，二极管为三级组件。当审计师需要分析某一产品最终原材料的耗用关系时，就需要进行"BOM 穿透"，也就是将半成品转化为最末级的物料。为实现这个需求，我们可以将一个产成品想象成一棵树的顶端，每一个组件就是一个子节点。我们需要做的就是求出末位节点。

表 5-4-1

物料描述	组件	组件数量	父物料描述	父组件	父项数量
主板	808088	1.000	电脑	808080	1.000
显示器	808081	1.000	电脑	808080	1.000
芯片	808082	3.000	主板	808088	1.000
二极管	808084	100.000	芯片	808082	1.000

按照我们在 4.16 节学过的内容构造节点类和树类。

```
import pandas as pd

class Node:
    def __init__(self,name,amount=1):
```

```python
        self.name=name  # 节点名称
        self.amount=amount  # 数值
        self.father=None  # 父节点
        self.children=[]  # 子节点

    def add_child(self,obj):
        self.children.append(obj)# 添加子节点

    def add_father(self,obj):
        self.father=obj  # 添加父节点

    def terminal(self,name=True):
        """ 末级节点 """
        terminal_list=[]  # 创建末级节点列表
        for node in self.children:# 遍历子节点
            if node.children:# 若子节点有子节点
                terminal_list += node.terminal(name)# 递归函数
            else:
                if name:
                    terminal_list.append([name,node.name,node.amount])# 添加到末级节点列表
                else:
                    terminal_list.append([node.name,node.amount])# 添加到末级节点列表
        return terminal_list

class Tree:
    def __init__(self,df):
        self.trees=[]
        self.init(df)# 初始化

    def init(self,df):
        father_list=df.iloc[:,0]  # df 第一列为父节点名称
        child_list=df.iloc[:,1]   # df 第二列为子节点名称
        # 父节点中未出现子节点的为顶级节点
        tops=[i for i in father_list if i not in list(child_list)]
        tops=list(set(tops))
```

```python
        relation={}  # 层级对应关系
        for index,row in df.iterrows():# 循环 DataFrame 每一行
            father=row[0]  # 父节点名称
            child=row[1]   # 子节点名称
            amount=row[2]  # 子节点值
            if father in relation.keys():
                children=relation[father]
                children.append({'name':child,'amount':amount})
                relation[father]=children
            else:
                relation[father]=[{'name':child,'amount':amount}]
        self.relation=relation
        for top in tops:
            self.trees.append(self.make_tree(top,1))

    def make_tree(self,top,amount):
        """根据顶级节点建立树状关系"""
        father_node=Node(top,amount)# 创建父节点
        for child in self.relation[top]:# 遍历父节点对应的所有下一层级
            if child['name'] in self.relation.keys():
# 如果 child 有下一层级
                child_node=self.make_tree(child['name'],child
['amount']*amount)# 调用递归函数
                child_node.add_father(father_node)# 给子节点添加父节点
                father_node.add_child(child_node)# 给父节点添加子节点
            else:# 如果 child 没有下一层级
                child_node=Node(child['name'],child['amount']*amount)
# 创建子节点
                child_node.add_father(father_node)# 给子节点添加父节点
                father_node.add_child(child_node)# 给父节点添加子节点
        return father_node


if __name__ == "__main__":
    df=pd.read_excel('数据.xlsx',converters={'父组件':str,'组件':str})
    code2name={}  # 物料编码与物料名称的映射
    for index,row in df.iterrows():
```

```python
        code2name[row['父组件']]=row['父物料描述']
        code2name[row['组件']]=row['物料描述']
    df=df.loc[:,['父组件','组件','组件数量']] # 截取3列
    tree=Tree(df)# 实例化Tree类
    df_result=pd.DataFrame()
    for top in tree.trees:# 循环每一个根节点
        # 求每个根节点的末级节点
        df_tmp=pd.DataFrame(top.terminal(top.name),columns=['父组件','组件','数量'])
        # 合并DataFrame
        df_result=pd.concat([df_result,df_tmp])
    # 根据物料代码添加物料名称
    df_result['父组件名称']=''
    df_result['组件名称']=''
    for index,row in df_result.iterrows():
        df_result.loc[index,'父组件名称']=code2name[row['父组件']]
        df_result.loc[index,'组件名称']=code2name[row['组件']]
    df_result.to_excel('result.xlsx',index=False)
    print(df_result)
```

构造一个 Tree 类，在类实例化时自动调用 make_tree() 函数计算出所有根结点对应的末级节点。读取 Excel 中的 BOM 表数据，创建一个 Tree(df) 实例化对象，将计算出的末级节点保存为 Excel 文件 result.xlsx。

生成根节点（产品）耗用的最终原材料（末级节点）的数量，如表 5-4-2 所示。需要注意的是，make_tree() 函数为递归函数。如果企业的 BOM 表不规范，存在一个产品 A 的下阶物料为另一个产品 B，而另一个产品 B 的下阶物料又有产品 A，那么递归函数将陷入死循环。当发现此种情况时，可以手动修正源数据，或者在代码中限制递归函数的次数。

表 5-4-2

父组件	组件	数量	父组件名称	组件名称
808080	808084	300	电脑	二极管
808080	808081	1	电脑	显示器

5.5 邮件回函真实性验证

在审计过程中，如果项目组通过邮件方式进行函证，那么我们需要对邮件的真实性进行验证。虽然是不同的企业邮箱，但我们也需要防止被审计单位自己利用这些账号回函。尤其是对于一些国外的回函，要看这些邮件是否真是从国外公司发出的。本节将介绍如何利用 Python 验证邮件回函的真实性。

获取邮件 IP 地址

发送的邮件实际上是包含 IP 信息的，那么可以先获取 IP 地址，通过 IP 地址解析出真实地址，判断其是否是伪造的。以 163 邮箱为例，打开一封邮件，单击"更多"-"查看信头"菜单命令，如图 5-5-1 所示。

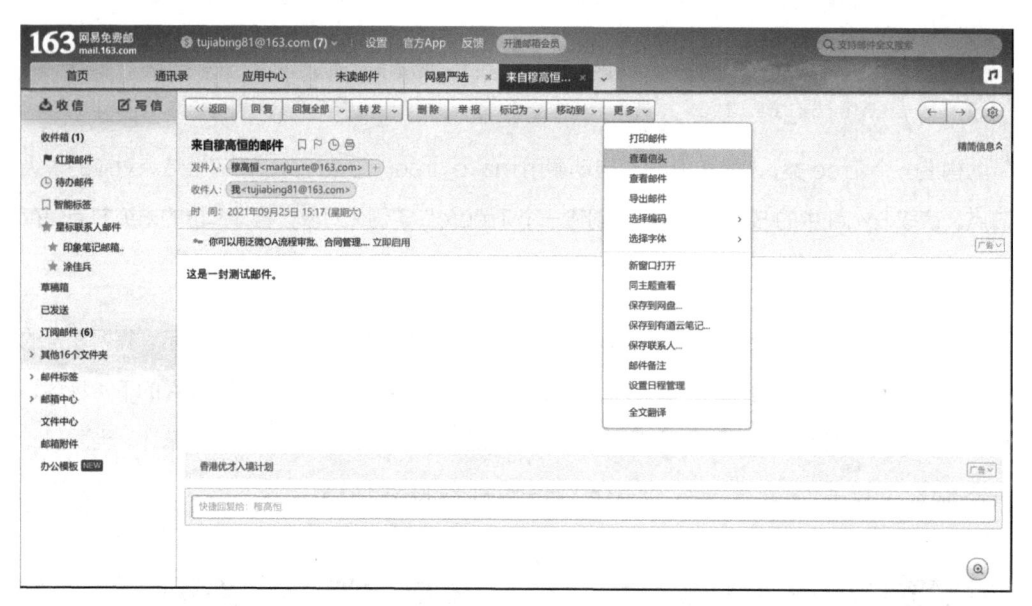

图 5-5-1

可以看到 X-Originating-IP:[101.87.141.61] 包含了发件人的 IP 地址，如图 5-5-2 所示。

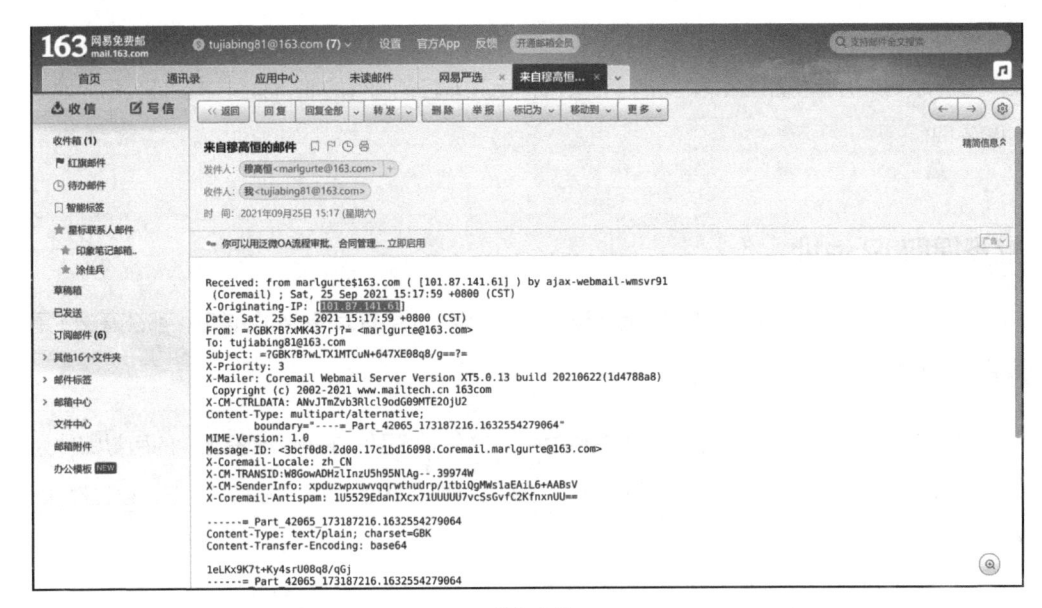

图 5-5-2

解析 IP 地址

使用 IPIP 查询网站解析出 IP 对应的物理地址，如图 5-5-3 所示。

图 5-5-3

至此，我们就可以将该地址与对方公司的地址进行核对，查找出不一致的异常数据。如果是公司在一个地方伪造被函证公司的邮件，那么我们会发现回函邮件的 IP 地址与被函证公司的地理位置不同。

批量提取 IP 地址

对于一两个 IP 地址进行手工核对完全没有问题。但是如果有大量的邮件信息，那么建议还是使用 Python 进行批量处理。

先将邮件导出到本地计算机，导出文件为 eml 文件。下面以本书配套资源中的两封邮件为示，将所有 eml 文件保存到 "file" 文件夹中。循环读取并提取邮件信息，提取后保存为 Excel 文件 "邮件信息 .xlsx"。

```python
from email.parser import Parser
from email.header import decode_header
from email.utils import parseaddr
import pandas as pd
import os
import re

def decode_str(msg):
    """ 解码文本 """
    value,charset=decode_header(msg)[0]
    if charset:
        value=value.decode(charset)
    return value

def decode_address(msg):
    """ 解析出邮件地址 """
    address,charset=parseaddr(msg)
    return charset

def extract_info(path):
    """ 提取邮件信息 """
    with open(path,encoding='utf8')as f:
```

```
            data=f.read() # 读取 eml 文件
            email=Parser().parsestr(data)
            ip=email['X-Originating-IP']  # IP 地址
            ip=re.sub("\[|\]",'',ip)
            source=email.get('From') # 发件人
            source=decode_address(source) # 发件人邮箱地址
            to=email['to']  # 收件人
            to=decode_address(to) # 收件人邮箱地址
            subject=email['subject']  # 邮件标题
            subject=decode_str(subject) # 邮件标题解码为明文
            series=pd.Series([subject,source,to,ip])
# 创建一行 pandas 的 series
            return series

    def GetFileList(dir,fileList):
        """ 获取文件列表 """
        newDir=dir
        if os.path.isfile(dir):
            fileList.append(dir)
        elif os.path.isdir(dir):
            for s in os.listdir(dir):
                newDir=os.path.join(dir,s)
                GetFileList(newDir,fileList)
        return fileList

    if __name__ == "__main__":
        path='file'
        file_list=GetFileList(path,[]) # 获取 'file' 目录下所有文件路径列表
        df=pd.DataFrame()
        for path in file_list:
            s=extract_info(path)
            df=df.append(s,ignore_index=True)
        df.columns=[' 标题 ',' 发件人 ',' 收件人 ','ip']
        df.to_excel(' 邮件信息 .xlsx',index=False)
```

如表 5-5-1 所示，我们可以看到批量提取出了 IP 地址。有了 IP 地址后，就可以使用 5.1 节介绍的方法将 IP 地址批量转换为物理地址，以达到批量验证的目的。

表 5-5-1

标题	发件人	收件人	IP
邮箱验证	tujiabing81@sina.com	tujiabing81@163.com	10.71.1.28
来自穆xx的邮件	Mxxxxxxxx@163.com	tujiabing81@163.com	101.87.141.61

第6章

数据可视化

在计算机辅助审计中会要求我们进行大量的数据分析，并伴随着数据可视化的需求。"一图胜千言"，一张清晰的图往往比一大堆文字更能说明问题，这也是本章介绍数据可视化的原因。市面上有很多数据可视化的工具，其中最易上手的就要属 Excel 了。毕竟只需要简单地拖动就可以画出图形，所以刚做数据分析的人可以先熟练使用 Excel 制图即可。除此之外，还有 PowerBI、Tableau，以及 Python 的 matplotlib 包、Seaborn 包、Superset 等可视化工具。

结合工作的实际需要，笔者希望找到符合以下条件的数据可视化工具：

1. 高颜值。因为 IT 审计或者 IT 咨询中需要向客户展示相关图表，颜值高是非常重要的，否则直接用 Excel 最省事。

2. 语法简单。由于绘图只是辅助我们分析，所以不应该占用太多时间。像 Python 中的 matplotlib 包，语法复杂、配置项多就不太适合初学者。

3. 免费。一般付费的数据可视化软件都非常贵，除非需要专业绘图，否则 Tableau 这类的付费软件也可排除在外。

4. 能处理多数据来源。数据来源有很多，可能是 Excel 工作底稿中的一个表格，可能是 MySQL 数据库中的表，也可能是 CSV 文件等。要能非常方便、快速地读取不同的数据来源，而符合这条要求的只能是 Python 中的可视化包了，因为其具有最大的灵活性。

通过试用，能够同时满足上述 4 个条件的有 Python 的 Plotly 包，其颜值高、语法简单、免费，并且能处理多数据来源。下面我们主要介绍如何使用 Plotly 绘制常用的图表。

6.1　Plotly 使用方法

Plotly 包中有一个 plotly.express 模块是 Plotly 的优化精简版，绘制基本图形一般只需要一行代码，十分便利。

安装 Plotly：

```
pip install plotly
```

绘图三板斧

刚开始看文档或者别人的教程的时候可能会感觉有点懵，感觉语法一直在变，实际上 Plotly 的绘图语法非常简单，总结起来就是三板斧：轨迹、样式、画布。

- 轨迹：轨迹代表具体画的物体，如线、点、条形图等，在画布上可以画多个轨迹。
- 样式：样式是指在画布上除图之外的东西，如标题、图例、坐标等。
- 画布：绘制的图最终在一张画布上，就和在纸上画画一样。无论画什么，最终都落在一张"纸"上，画布就是这张纸。

下面以一个实例讲解轨迹、样式、画布的含义。为描述方便我们将 plotly.graph_objects 简称为"go"，将 plotly.express 简称为"px"。这里以 go 画图为例，导入 go 后，画两条线 line1 和 line2，再写一个标题样式（layout）。通过 go.Figure() 创建一个画布实例并设置轨迹和样式，最后用 fig.show() 显示出画布。Plotly 可以直接使用 DataFrame 类型的数据，用 go.Scatter() 画线，其中参数 x、y 分别代表 x 轴的数据和 y 轴的数据，name 代表显示在图例中的图形名称。

```
import pandas as pd
import plotly.graph_objects as go

# 数据
df=pd.DataFrame({'a':[1,2,3,4],'b':[10,11,12,13],'c':[11,12,13,14]})
# 轨迹
line1=go.Scatter(x=df['a'],y=df['b'],name="线1")
line2=go.Scatter(x=df['a'],y=df['c'],name='线2')
# 样式
layout=go.Layout(title='绘图三板斧')
# 画布
fig=go.Figure([line1,line2],layout)
# 显示画布
fig.show()
```

执行结果，如图 6-1-1 所示。

绘图三板斧

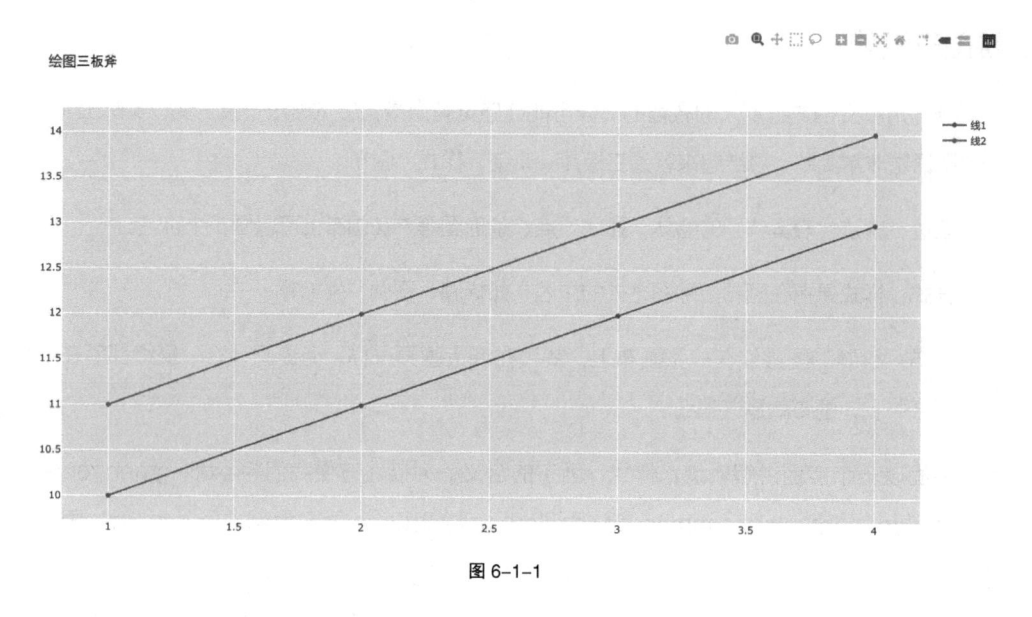

图 6-1-1

当了解了绘图三板斧后，再看一下用 go 绘图的方法。创建画布的时候，只设置轨迹数据，先不设置样式，之后再通过 fig.update_layout() 设置样式。这样会简洁一点，并且可以与使用 px 的绘图效果保持一致。大家可以将样式代码注释掉。

```
import pandas as pd
import plotly.graph_objects as go

# 数据
df=pd.DataFrame({'a':[1,2,3,4],'b':[10,11,12,13],'c':[11,12,13,14]})
# 轨迹
line1=go.Scatter(x=df['a'],y=df['b'],name='线 1')
line2=go.Scatter(x=df['a'],y=df['c'],name='线 2')
# 画布
fig=go.Figure([line1,line2])
# 样式
fig.update_layout(title='绘图三板斧')
# 显示画布
fig.show()
```

创建画布（Figure）对象的完整参数如下：

```
go.Figure(data=None,layout=None,frames=None,skip_invalid=False,
**kwargs)
```

以上代码需要传入 data 即 [line1,line2] 轨迹，以及 layout。牢记这两个参数非常重要，后面在使用 px 时还会灵活运用这两个参数。通过 go 绘图感觉还是有点麻烦是不是？而使用 px 绘图就会简单很多。使用 px 画图只需要一行代码就可以完成，它将画图和创建画布结合在一起，也就是直接创建了 Figure 对象。px 与 go 在语法上有些许的区别，px 的第一个参数要放 DataFrame 类型的数据，而 go 不需要；同时 px 设置 x 轴、y 轴数据时只需要写列名，而 go 则需要写 df[' 列名 ']。记住两者在语法上的区别，理解 go 画的是一个轨迹（这里是线）对象，而 px 画的是一个画布对象。

```
import pandas as pd
import plotly.express as px

# 数据
df=pd.DataFrame({'a':[1,2,3,4],'b':[10,11,12,13],'c':[11,12,13,14]})
# 轨迹 + 画布
fig=px.line(df,x='a',y=['b','c'],title='绘图三板斧')
# 显示画布
fig.show()
```

执行结果，如图 6-1-2 所示。

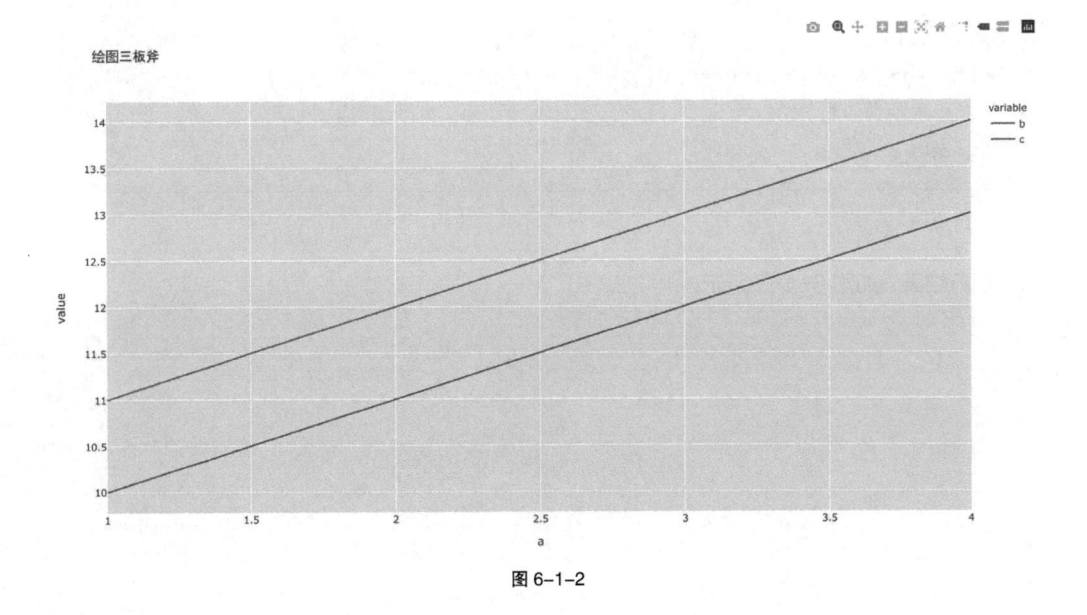

图 6-1-2

go 与 px 的组合使用

我们知道使用 px 画图更简单，但还是建议初学者先使用 go 画图，等熟练后再使用更简洁的 px 绘图。当掌握了 go 后再开始使用 px 的时候，就会发现 px 直接创建的是一个 Figure 对象，也就是只有一个轨迹。当画多个轨迹的时候，就需要与 go 组合使用。

例如，使用 px 画一个条形图和散点图，使用 go 创建一个散点图，然后使用 fig.add_traces() 添加图形。也就是说当多个图进行组合时就需要使用 fig.add_trace() 或者 fig.add_traces() 进行添加了。前者是添加一个轨迹，后者可以添加多个轨迹。

```
import pandas as pd
import plotly.express as px
import plotly.graph_objects as go


x=['Aaron','Bob','Chris']
y1=[5,10,6]
y2=[8,16,12]


# 画布 + 条形图
fig=px.bar(x=x,y=y1)
# 散点图
scatter=go.Scatter(x=x,y=y2,mode="markers")
# fig 添加散点图
fig.add_traces(scatter)
# 显示画布
fig.show()
```

执行结果，如图 6-1-3 所示。

图 6-1-3

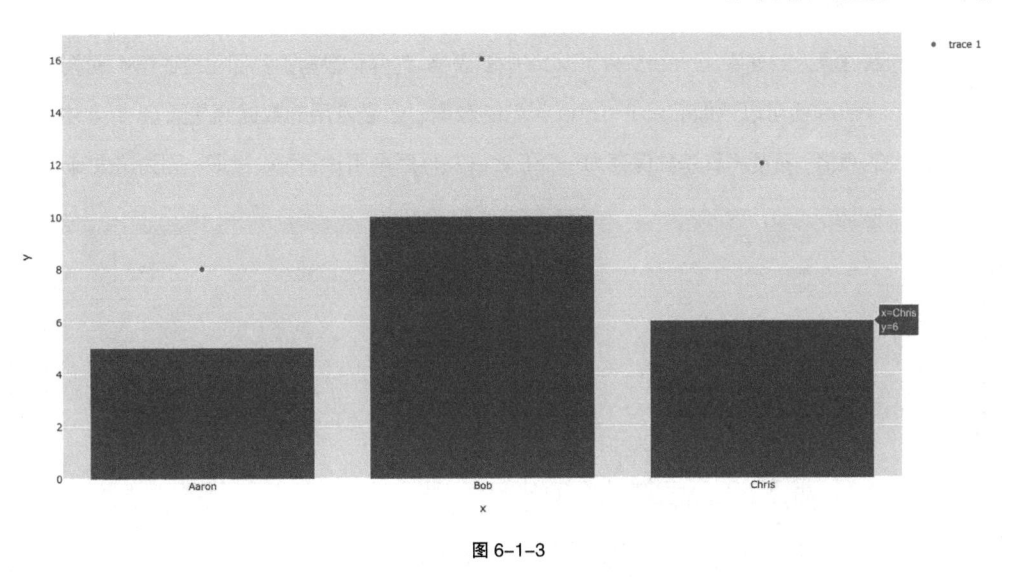

需要注意的是，fig.add_traces() 中添加的是 Figure 对象的 data 属性。如果理解了这一点，就不需要混用 px 和 go 来画多个图了，可以全都使用 px 完成。将代码改写为：

```python
import pandas as pd
import plotly.express as px

x=['Aaron','Bob','Chris']
y1=[5,10,6]
y2=[8,16,12]

fig1=px.bar(x=x,y=y1,barmode='group')
fig2=px.scatter(x=x,y=y2)
fig1.add_traces(fig2.data)
fig1.show()
```

虽然 px 创建的是 Figure 对象，不能直接用于 add_traces() 中，但是可以添加 Figure 对象的 data 属性，这样就可以不再用 go 创建 data 属性了。甚至可以在 px 中直接修改 Figure 对象中的 data 属性，从而修改图的样式，让 px 除具有简洁性外，还具有 go 的灵活性。

读取不同数据源

常见的数据源为数据库、Excel 文件、Excel 中的表格。前两个数据源我们已经在第 4 章学过了，直接使用 pandas 便可以读取 DataFrame 类型的数据。但最常用的数据源是图 6-1-4 中展示的 Excel 中的表格，不能将其单独保存为一个 Excel 文件后再用 pandas 读取，因为这太麻烦了。

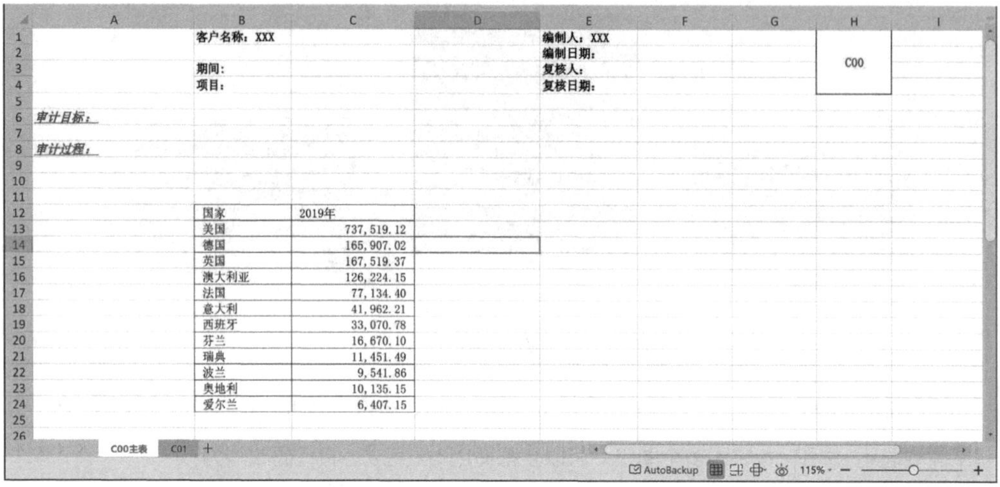

图 6-1-4

这里有一个小技巧就是使用 pandas.read_clipboard() 直接读取粘贴板，也就是只需要在运行代码前在 Excel 中复制该表格，就可以从粘贴板中获取数据。复制表格后执行代码：

```
import pandas as pd

df=pd.read_clipboard(delimiter='\s+',thousands=',')
print(df)
```

执行结果：

```
      国家      2019年
0     美国  737519.12
1     德国  165907.02
2     英国  167519.37
3   澳大利亚  126224.15
4     法国   77134.40
5    意大利   41962.21
```

```
    6      西班牙      33070.78
    7      芬兰        16670.10
    8      瑞典        11451.49
    9      波兰         9541.86
   10      奥地利      10135.15
   11      爱尔兰       6407.15
```

delimiter 的含义是设置分隔符，thousands=','用于将"，"识别为千分符。这样可以将 Excel 中有千分符的数据在读取时识别为数字，否则会被识别为文本。这个方法是笔者目前找到的最简便的方法。

代码片段

虽然我们知道读取数据源的代码怎么写，但每次都要重复写这些代码还是很麻烦的。为了节省时间，我们可以将常用的代码设置成代码片段，每次只需要输入一个关键词，程序就能自动补全整段代码。

在 VS Code 中单击左下角的设置按钮，在弹出的菜单中选择"User Snippets"，如图 6-1-5 所示。

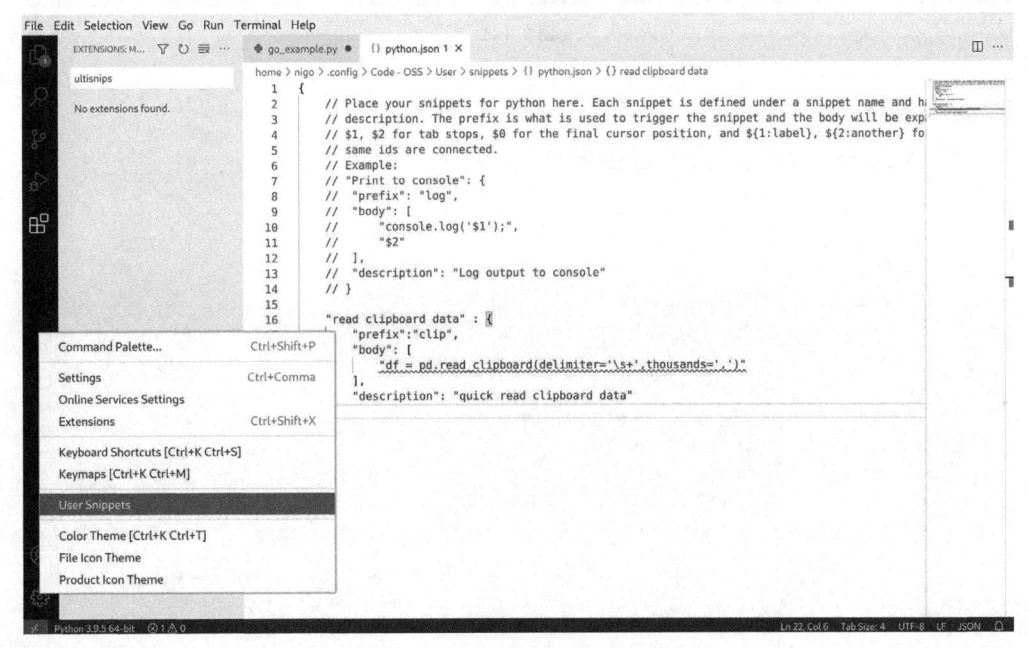

图 6-1-5

选择创建全局代码片段（对所有类型文件都有效），或者某一语言的代码片段（针对特定语言文件有效）。选择 Python，在打开的 python.json 配置文件中自定义需要的代码片段，如图 6-1-6 所示。

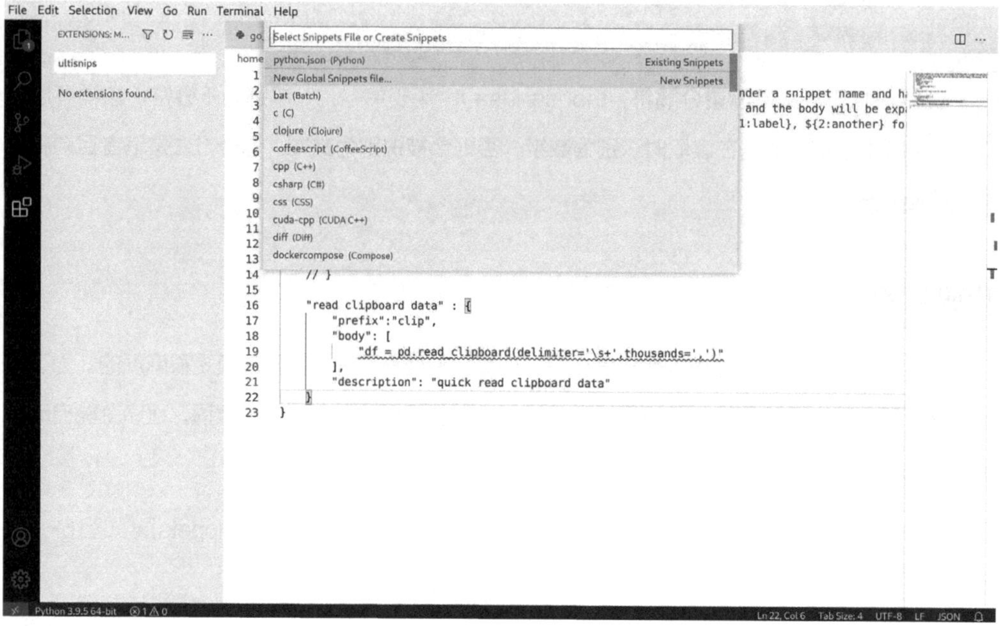

图 6-1-6

Snippet 语法

在 VS Code 中编写 Snippet 代码片断的语法如下：

```
{
    // Example:
    "Print to console":{
        "prefix":"log",
        "body":[
            "console.log('$1');",
            "$2"
        ],
        "description":"Log output to console"
    }
}
```

以上是配置文件给的一个示例。下面我们介绍如何设置一段代码片段：

- Example 下面的 Print to console 为代码片段名称，在触发时会显示该名称。

- prefix 为触发代码片段的关键字，触发后会拓展出 body 的代码片段内容，$1、$2 为按 Tab 键后光标停留的位置，$0 为光标最终停留的位置。

- body 为代码片段内容。

- description 为代码片段的描述。

根据示例的语法写一条代码片段：

```
{
    "read clipboard data":{
        "prefix":"clip",
        "body":[
            "df=pd.read_clipboard(delimiter='\s+',thousands=',')"
        ],
        "description":"quick read clipboard data"
    }
}
```

保存该配置后，在 Python 文件中输入 clip 时，程序就会弹出智能提示。按 Tab 键就能自动输出 df = pd.read_clipboard(delimiter='\s+',thousands=',')，节省了很多时间。当然你也可以将连接 MySQL 数据库的代码设置成代码片段，甚至可以把画常用图形的代码设置成代码片段，以提高工作效率。

在下面的章节中我们将介绍一些常见图形的绘制。由于 Plotly 可以绘制很多图形，我们介绍的图形也只是冰山一角，最好的学习教程还是官方文档，大家可以结合官方文档再进行学习。

作业：

设置一段代码片段。

6.2 散点图

以下为散点图函数。

- 在 go 中的写法：go.Scatter(mode="markers")

- 在 px 中的写法：px.scatter()

在 px 中有一些自带的测试数据集，在后面的介绍中我们将使用这些数据。

```
import plotly.express as px
```

```
df = px.data.iris()
```

表 6-2-1 为鸢尾花数据集，记录了花萼的长度、宽度，花瓣的长度、宽度，以及种属等信息。

表 6-2-1

sepal_length	sepal_width	petal_length	petal_width	species	species_id
5.1	3.5	1.4	0.2	setosa	1
4.9	3	1.4	0.2	setosa	1
7	3.2	4.7	1.4	versicolor	2
6.4	3.2	4.5	1.5	versicolor	2
6.3	3.3	6	2.5	virginica	3
5.8	2.7	5.1	1.9	virginica	3
6.2	3.4	5.4	2.3	virginica	3

基本用法

在 go 中的写法：

```
import plotly.express as px
import plotly.graph_objects as go
```

```
# 数据
df=px.data.iris()
# 轨迹（点）
scatter=go.Scatter(x=df['sepal_width'],y=df['sepal_length'],mode='markers')
# 画布
fig=go.Figure(scatter)
# 更新样式
fig.update_layout(title=' 鸢尾花散点图 ',xaxis_title=' 花萼宽度 ',yaxis_title=' 花萼长度 ')
# 显示画布
fig.show()
```

执行结果，如图 6-2-1 所示。

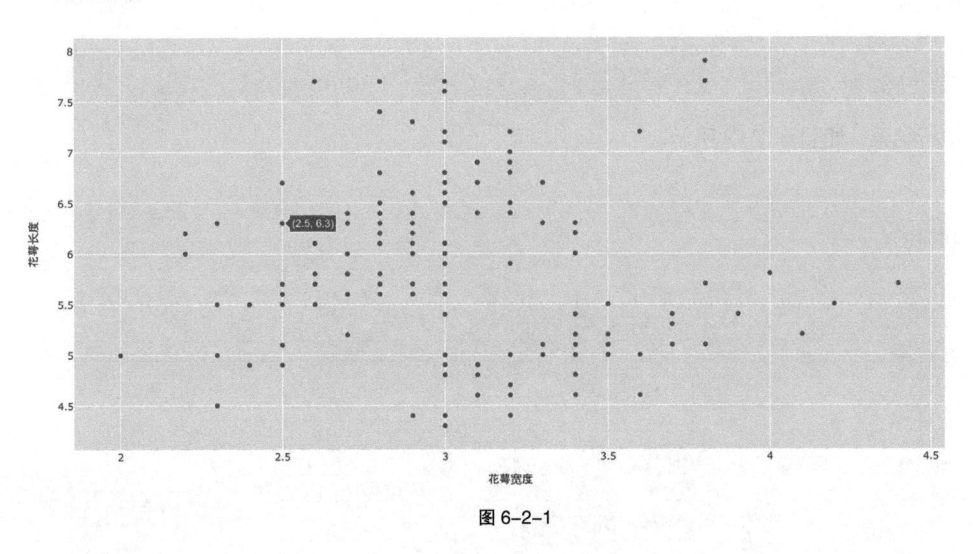

图 6-2-1

对于 go 来说，go.Scatter() 可以画点或线，通过 mode 参数进行控制。

- markers：点。

- lines：线。

- markers+lines：点 + 线。

缺省 mode 参数，默认值为"lines"。

fig.update_layout() 可用来更新样式，以下为参数的含义。

- title：图的标题。
- xaxis_title：横坐标标题。
- yaxis_title：纵坐标标题。

在 px 中的写法：

```
import plotly.express as px

# 数据
df=px.data.iris()
# 创建 Figure 对象 ( 轨迹 + 画布 )
fig=px.scatter(df,x="sepal_width",y="sepal_length",title=' 鸢尾花散点图 ')
# 显示画布
fig.show()
```

执行结果，如图 6-2-2 所示。

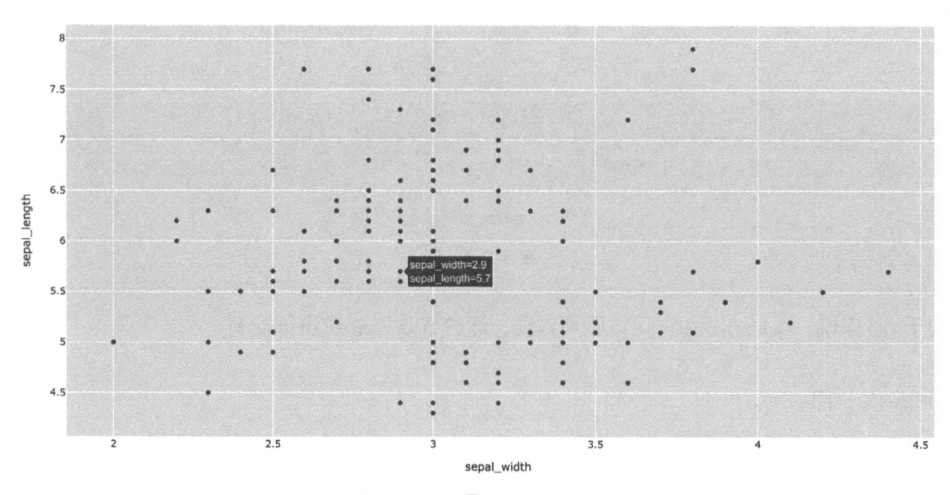

图 6-2-2

可以看到 px 会自动添加 x 轴和 y 轴的坐标名称，而在 go 中则需要手动添加样式。

设置颜色和大小

将不同种类 (species) 用不同的颜色区分，同时给每个散点设置点的大小。

在 px 中的写法：

```
import plotly.express as px

# 数据
df=px.data.iris()
# 创建 Figure 对象（轨迹 + 画布）
fig=px.scatter(df,x="sepal_width",y="sepal_length",title='鸢尾花散点图',color="species",
                size='petal_length',hover_data=['petal_width'])
# 显示画布
fig.show()
```

执行结果，如图 6-2-3 所示。

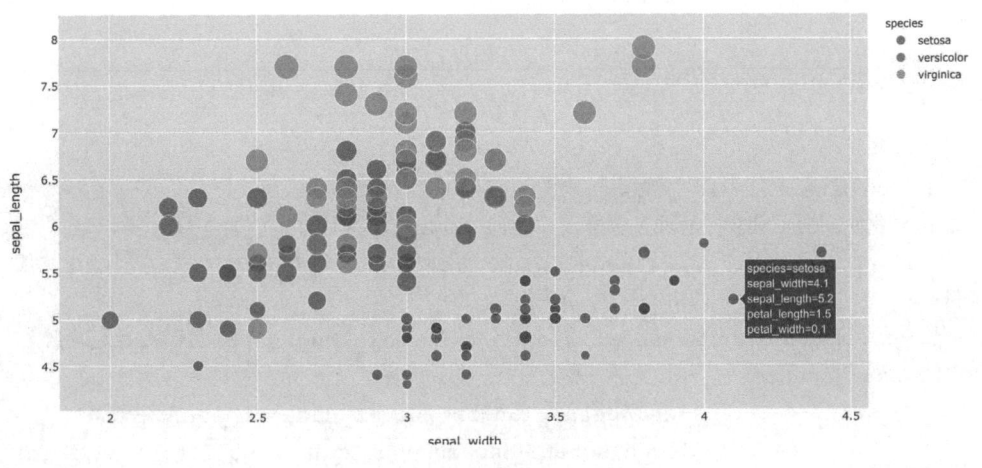

图 6-2-3

以下为参数说明。

- color：颜色。
- size：大小。
- hover_data：鼠标指针悬停时显示的字段。

使用 px 设置图的颜色和大小是十分方便的，如果传入 Color 参数的值是数字，那么图例的颜色将是连续的色块；如果传入 Color 参数的值是文本，那么图例的颜色将是枚举的颜色。当用 px 绘制图时鼠标指针悬停在点上会显示相关字段，显示的字段就是我们设置过的字段。如果想增加显示的字段，则需要使用 hover_data 进行添加。如图 6-2-3 所示，增加了 petal_width 字段。

对于 px 自动设置的配色方案，如果不满意，那么还可以用其他的配色方案进行替换。先看一下 px 中自带的配色方案：

```
import plotly.express as px

fig=px.colors.qualitative.swatches() # 所有配色方案
fig.show()
```

执行结果，如图 6-2-4 所示。

结果显示了内置的不同配色方案。假设想使用最后一种配色方案 Vivid，那么可以将代码修改为：

```
import plotly.express as px

# 数据
df=px.data.iris()
# 创建 Figure 对象（轨迹+画布）
# fig=px.scatter(df,x="sepal_width",y="sepal_length",title='鸢尾花散点图')
fig=px.scatter(df,x="sepal_width",y="sepal_length",title='鸢尾花散点图',color="species",
                size='petal_length',hover_data=['petal_width'],
                color_discrete_sequence=px.colors.qualitative.Vivid)
# 显示画布
```

```
fig.show()
```

图 6-2-4

只要将 color_discrete_sequence 设置为喜欢的配色方案，执行后散点图会自动进行配色修改，如图 6-2-5 所示。

如果只是觉得某一些颜色对比不是很明显，想修改某类颜色，那么可以使用 color_discrete_map 直接设置某一种类的颜色。例如，将图 6-2-5 中橙色的点修改为红色。代码如下：

```
import plotly.express as px

# 数据
df=px.data.iris()
# 创建 Figure 对象（轨迹 + 画布）
# fig=px.scatter(df,x="sepal_width",y="sepal_length",title='鸢尾花散点图')
fig=px.scatter(df,x="sepal_width",y="sepal_length",title='鸢尾花散点图',color="species",
               size='petal_length',hover_data=['petal_width'],
               color_discrete_sequence=px.colors.qualitative.Vivid,
```

```
                color_discrete_map={'setosa':'red'})
# 显示画布
fig.show()
```

鸢尾花散点图

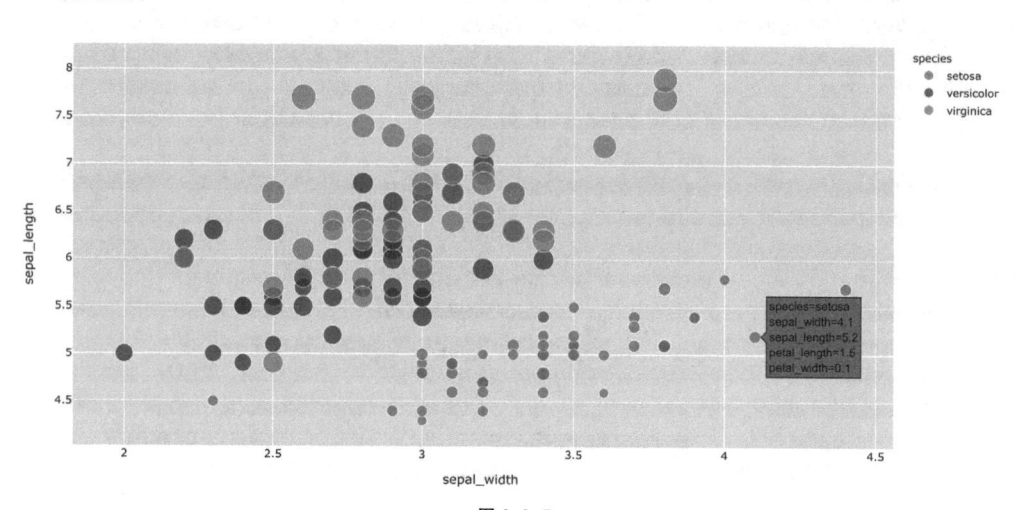

图 6-2-5

执行结果,如图 6-2-6 所示。

鸢尾花散点图

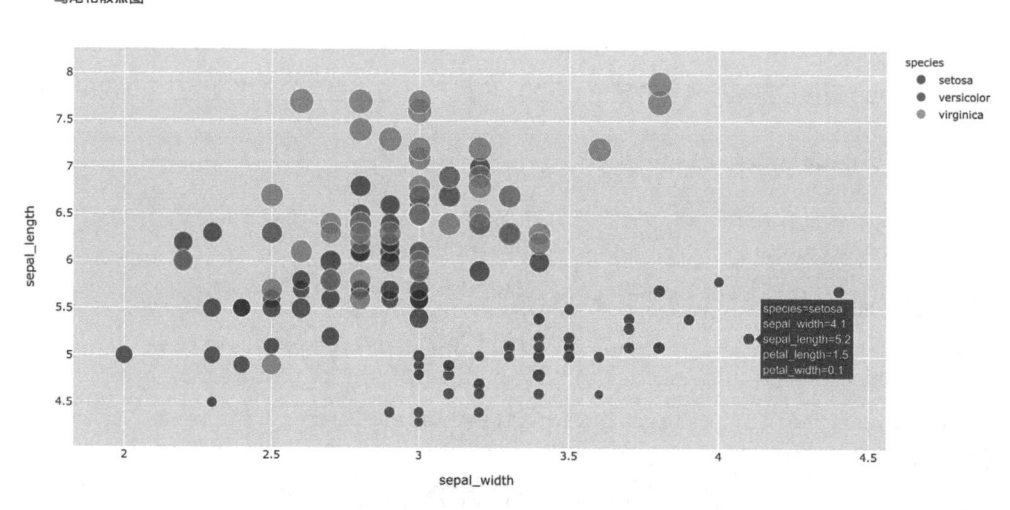

图 6-2-6

使用 go 实现 px 中的颜色和图例的过程较为烦琐。因为对于 species 这种非数字的类型，要设置颜色只能对每个种类进行设置，同时对于每个种类还要单独设置 name 才会显示图例。

在 go 中的写法是，首先创建一个不同 species 对应的颜色字典 color 并循环所有的 species。使用 fig.add_traces() 添加每个 species 的轨迹，从而实现不同 species 有不同颜色，并且生成图例。我们在设置点的大小 (marker_size) 时乘以了 5 倍，是因为显示出来的点太小了。代码如下：

```python
import plotly.express as px
import plotly.graph_objects as go

# 数据
df=px.data.iris()
# 创建每个 species 对应的颜色
color={'setosa':'rgb(147,112,219)',
       'versicolor':'rgb(220,20,60)',
       'virginica':'rgb(0,128,0)'}
# 创建一个空画布
fig=go.Figure()
# 画每个 species 的轨迹（点）
for speciecy in df['species'].unique():
    dfs=df[df['species'] == speciecy]
    scatter=go.Scatter(x=dfs['sepal_width'],y=dfs['sepal_length'],mode='markers',
                       marker_color=color[speciecy],marker_size=dfs['petal_length']*5,
                       name=speciecy)
    fig.add_traces(scatter)
# 更新样式
fig.update_layout(title='鸢尾花散点图',xaxis_title='花萼宽度',yaxis_title='花萼长度',legend_title='species')# 设置图例名称为 species
# 显示画布
fig.show()
```

执行结果，如图 6-2-7 所示。

鸢尾花散点图

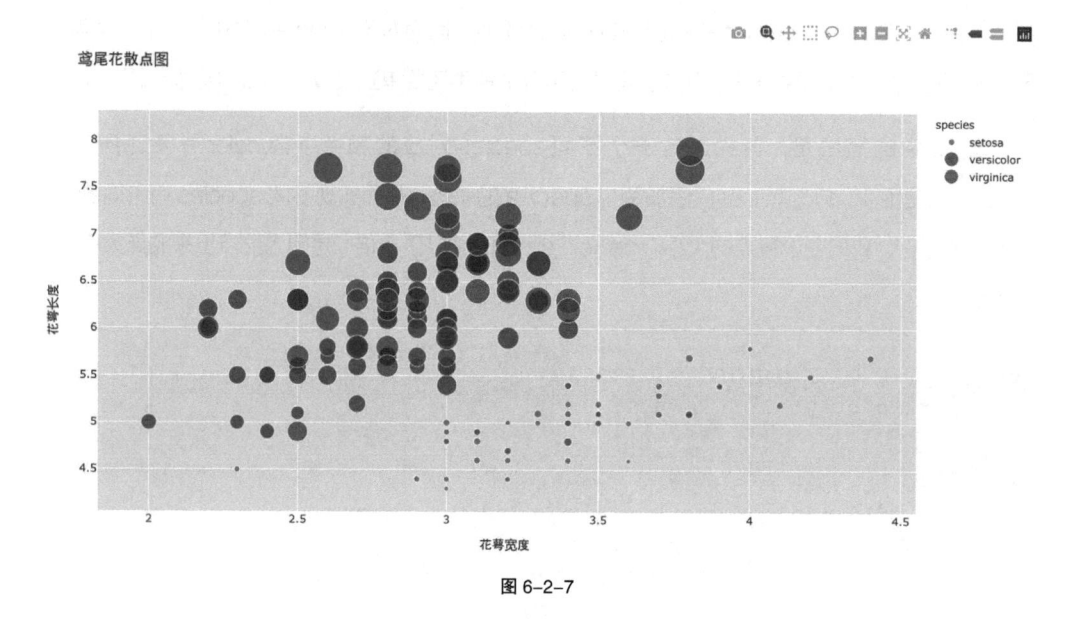

图 6-2-7

可以看出还是使用 px 画图才是最简洁的。本节介绍的参数在绘制其他图形的时候也是通用的，熟悉了这些参数后，也可以运用到其他图形中。

6.3 折线图

以下为折线图函数。

- 在 go 中的写法：go.Scatter(mode="lines+markers")

- 在 px 中的写法：px.line()

基本用法

我们使用的数据为 2019 年各月订单的平均消费额，绘制出月平均消费额和年平均消费额两条线。其中 layout 样式中 yaxis_range 为设置纵坐标，显示数值范围为 500~750。

在 go 中的代码如下：

```python
import pandas as pd
import plotly.graph_objects as go

# 数据
df=pd.DataFrame([
    ["2019-01",677.59],
    ["2019-02",670.82],
    ["2019-03",690.02],
    ["2019-04",689.96],
    ["2019-05",701.50],
    ["2019-06",705.37],
    ["2019-07",681.74],
    ["2019-08",649.31],
    ["2019-09",629.75],
    ["2019-10",623.21],
    ["2019-11",630.22],
    ["2019-12",621.71],
],columns=["月份","平均消费额"])
avg=df['平均消费额'].mean()
# 轨迹（线）
line=go.Scatter(x=df['月份'],y=df['平均消费额'],name='月平均消费额')
line_avg=go.Scatter(x=df['月份'],y=[avg]*len(df),name='年平均消费额')
# 画布
fig=go.Figure([line,line_avg])
# 更改样式
fig.update_layout(title='订单平均消费额分析',yaxis_range=[500,750])
# 显示画布
fig.show()
```

执行结果，如图 6-3-1 所示。

图 6-3-1

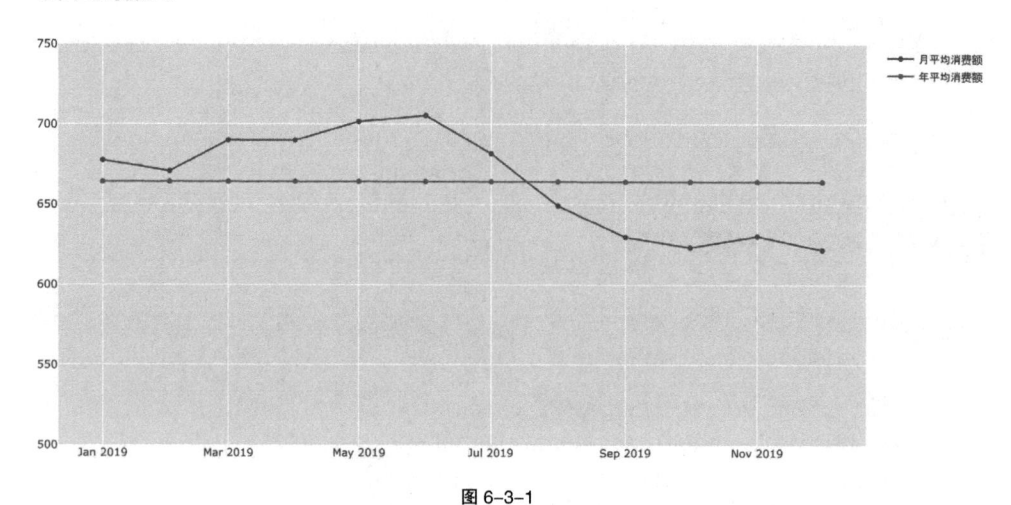

可以看到图 6-3-1 中横坐标刻度自动变为了英文日期格式，而要转换为中文日期格式则可以在样式中通过 xaxis_tickformat 进行设置。

```
fig.update_layout(title=' 订单平均消费额分析 ',yaxis_range=[500,750],
            xaxis_tickformat='%Y-%m')
```

修改后的图形，如图 6-3-2 所示。

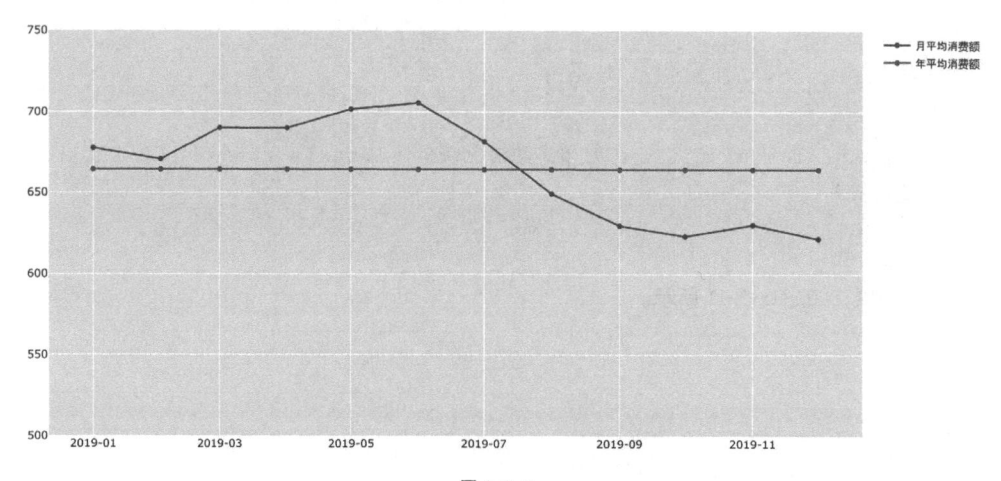

图 6-3-2

除了可以修改显示格式，还可以将坐标刻度重写为任意值。

```
fig.update_layout(title='订单平均消费额分析',yaxis_range=[500,750],
                  xaxis_tickmode='array',
                  xaxis_tickvals=df['月份'],
                  xaxis_ticktext=['一','二','三','四','五','六','七','八','九','十','十一','十二'],
                  )
```

修改后的图形，如图 6-3-3 所示。

订单平均消费额分析

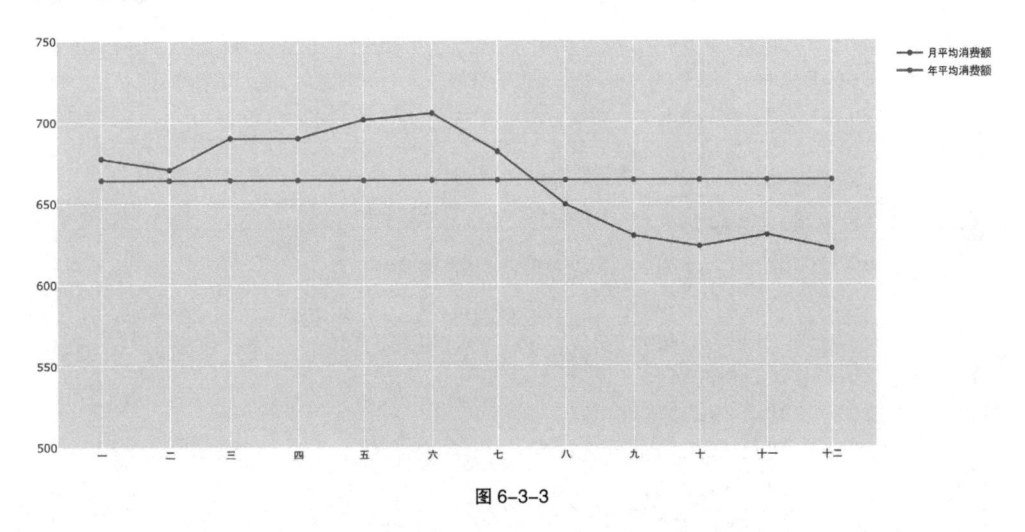

图 6-3-3

需要注意的是，xaxis_tickmode、xaxis_tickvals、xaxis_ticktext 均是 xaxis 横坐标的属性。

```
fig.update_layout(title='订单平均消费额分析',yaxis_range=[500,750],
                  xaxis=dict(tickmode='array',
                  tickvals=df['月份'],
                  ticktext=['一','二','三','四','五','六','七','八','九','十','十一','十二'])
                  )
```

- tickmode：坐标刻度模式有 auto、liner、array 3 种。如果用新坐标序列替换原坐标序列，则可以使用 array。

- tickvals：原坐标序列。

- ticktext：新坐标序列。

- tickformat：格式。

- range：显示范围。

在 px 中的写法是，给数据添加了一列年平均消费额，然后使用 px 直接画出两条轨迹。

```
import pandas as pd
import plotly.express as px

# 数据
df=pd.DataFrame([
    ["2019-01",677.59],
    ["2019-02",670.82],
    ["2019-03",690.02],
    ["2019-04",689.96],
    ["2019-05",701.50],
    ["2019-06",705.37],
    ["2019-07",681.74],
    ["2019-08",649.31],
    ["2019-09",629.75],
    ["2019-10",623.21],
    ["2019-11",630.22],
    ["2019-12",621.71],
],columns=["月份","平均消费额"])
avg=df['平均消费额'].mean()
df['年平均消费额']=avg
# 轨迹+画布
fig=px.line(df,x='月份',y=['平均消费额','年平均消费额'],title='订单平均消费额分析')
# 更改样式
fig.update_layout(xaxis_tickformat='%Y-%m',yaxis_range=[500,750])
# 显示画布
fig.show()
```

前面绘制的折线图都是单一坐标轴的。如果我们需要对两组不同性质的数据进行对比分析，那么可以使用双坐标轴绘制折线图。代码如下：

```python
import pandas as pd
import plotly.graph_objects as go
# 数据
df=pd.DataFrame([
    [2020,168308,65597480],
    [2019,97303,44893158],
    [2018,46606,25674345],
    [2017,20484,14412037]],columns=["年度","总用户数","销售额"])
df=df.sort_values(by='年度')# 按年度排序（升序）
# 轨迹（线）
line1=go.Scatter(x=df['年度'],y=df['总用户数'],
mode='lines+markers',name='总用户数')
line2=go.Scatter(x=df['年度'],y=df['销售额'],
mode='lines+markers',name='销售额',yaxis='y2')
# 画布
fig=go.Figure([line1,line2])
# 修改样式
fig.update_layout(title='用户增长与销售额对比分析',
                  yaxis_title='总用户数（万人）',
                  yaxis2=dict(title='销售额（万元）',overlaying='y',
side='right'),
                  xaxis_title='年度'
                  )
# 显示画布
fig.show()
```

执行结果，如图6-3-4所示。

用户增长与销售额对比分析

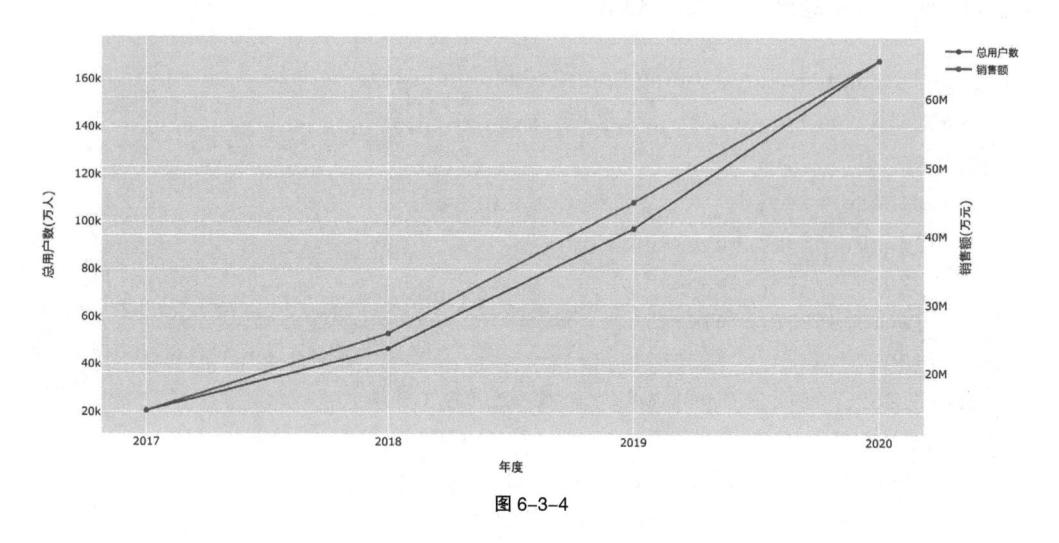

图 6-3-4

在做数据分析时，我们经常会对两组数据做对比分析，判断是否存在相关关系。如图 6-3-4 所示，将销售额与平台的用户数进行对比，可以发现增长趋势是一致的，符合我们分析前的预期。由于两组数据具有不同的数量级，因此需要用两个纵坐标轴才能将两个轨迹进行对比分析。在创建 line2 时，对其使用不同的坐标轴 yaxis='y2' 并在更新 layout 时对 yaxis2 进行设置。

6.4 柱状图

以下为柱状图函数。

- 在 go 中的写法：go.Bar()

- 在 px 中的写法：px.bar()

当我们做多组数据的对比分析时，经常会用到柱状图。下面以按小时统计 2018 年、2019 年、2020 年的销售金额为例进行讲解。

基本用法

在 go 中的代码如下：

```
import plotly.graph_objects as go
import pandas as pd


# 数据
df=pd.DataFrame([
["0",785000.3136,6233305.906,2550087.434],
["1",663447.2369,1474453.377,2161913.495],
["2",544830.5425,1017369.783,1106571.396],
["3",509194.6006,886328.0422,873527.5098],
["4",503029.011,780999.9469,835981.5658],
["5",568517.6568,974911.3402,1384659.422],
["6",575106.1942,1995157.798,2162251.593],
["7",566139.5672,1671248.118,2786747.31],
["8",2891405.893,4568150.727,12901974.4],
["9",5623159.234,6250077.456,8695038.749],
["10",6331223.117,7673817.55,7394275.271],
["11",4912722.445,4588916.734,4236846.746],
["12",2397516.769,2610582.933,3499778.456],
["13",3396716.959,3072826.157,3273558.027],
["14",5389401.79,4705490.72,5070085.002],
["15",5994764.104,5106133.511,4266857.715],
["16",5212544.355,4206025.853,3959896.309],
["17",4201251.793,3401392.14,3215455.694],
["18",2137976.947,2118454.015,2484051.181],
["19",1498460.563,1753987.645,1911221.654],
["20",1391622.851,1455084.691,2013835.543],
["21",1299623.069,1431128.782,1622985.52],
["22",1234589.467,1343933.443,1597251.852],
["23",1073408.838,1386597.902,1412144.315]]
,columns=["小时数","2018年","2019年","2020年"])

# 轨迹
bar_2018=go.Bar(x=df['小时数'],y=df['2018年'],name='2018年')
```

```
bar_2019=go.Bar(x=df['小时数'],y=df['2019年'],name='2019年')
bar_2020=go.Bar(x=df['小时数'],y=df['2020年'],name='2020年')
# 画布
fig=go.Figure([bar_2018,bar_2019,bar_2020])
# 更新样式
fig.update_layout(title='销售金额小时分布图',xaxis_title='小时数',yaxis_title='销售金额')
# 显示画布
fig.show()
```

执行结果,如图 6-4-1 所示。

从图 6-4-1 中可以看到纵坐标显示的是如 "2M" 这样的格式。如果想要显示为千分位格式,则需要对坐标使用 tickformat 进行修改。

```
fig.update_layout(title='销售金额小时分布图',xaxis_title='小时数',yaxis_title='销售金额',yaxis_tickformat=',.2r')
```

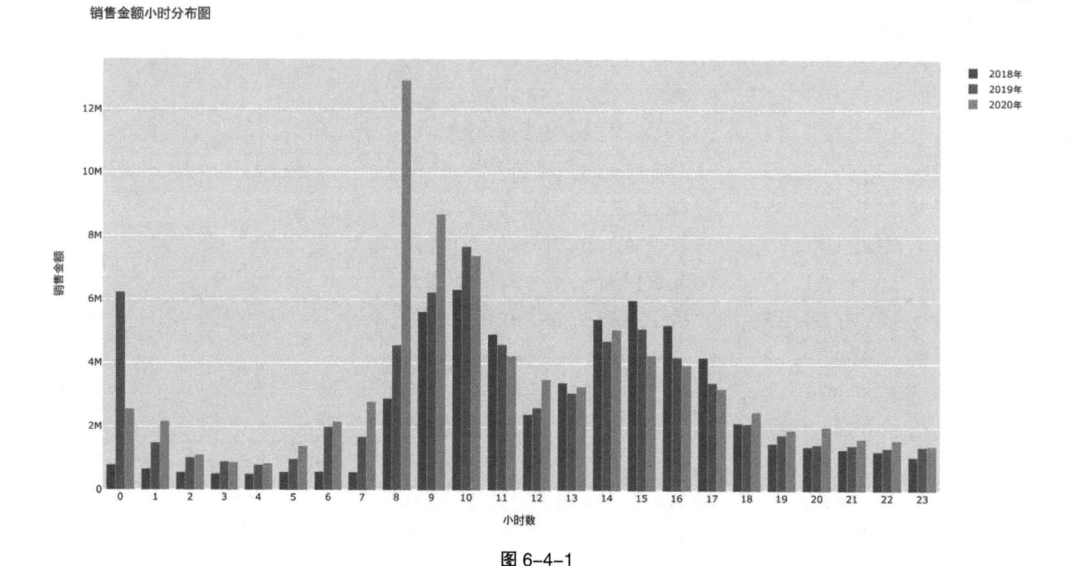

图 6-4-1

修改后的显示，如图 6-4-2 所示：

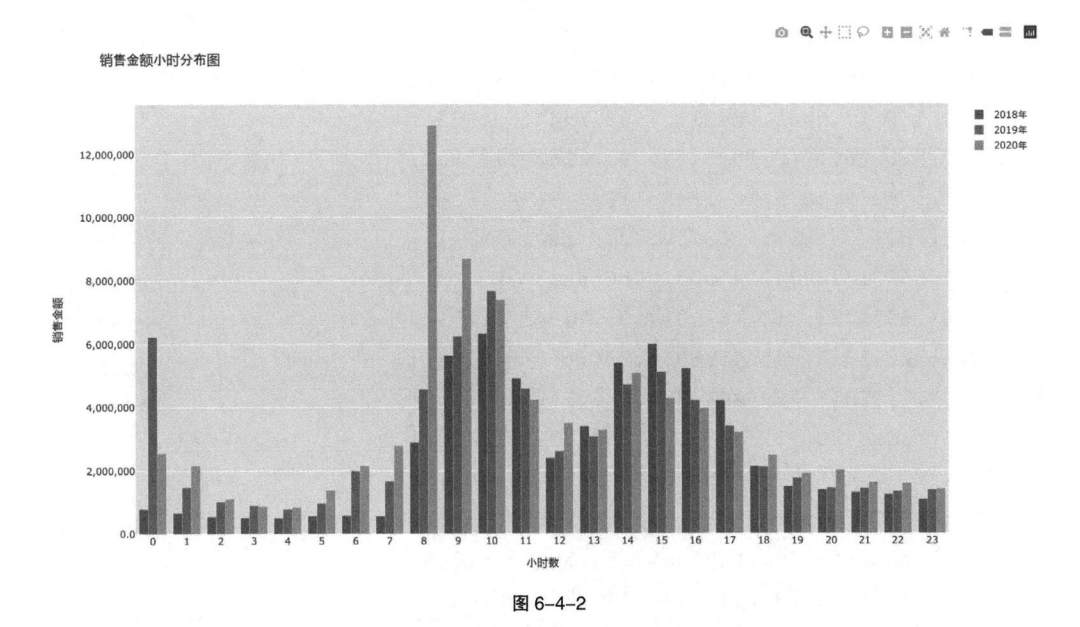

图 6-4-2

常见的格式有以下几种。

- .0%：显示为百分比，如 12%。

- $.2f：显示为本地货币，如 £3.50。

- .2s：显示为 k 代表千，如 42K；M 代表百万，如 42M。

- ,.2r：显示为千分位数字。

在 px 中的代码如下：

```
import plotly.express as px
import pandas as pd

# 数据
df=pd.DataFrame([
["0",785000.3136,6233305.906,2550087.434],
```

```
["1",663447.2369,1474453.377,2161913.495],
["2",544830.5425,1017369.783,1106571.396],
["3",509194.6006,886328.0422,873527.5098],
["4",503029.011,780999.9469,835981.5658],
["5",568517.6568,974911.3402,1384659.422],
["6",575106.1942,1995157.798,2162251.593],
["7",566139.5672,1671248.118,2786747.31],
["8",2891405.893,4568150.727,12901974.4],
["9",5623159.234,6250077.456,8695038.749],
["10",6331223.117,7673817.55,7394275.271],
["11",4912722.445,4588916.734,4236846.746],
["12",2397516.769,2610582.933,3499778.456],
["13",3396716.959,3072826.157,3273558.027],
["14",5389401.79,4705490.72,5070085.002],
["15",5994764.104,5106133.511,4266857.715],
["16",5212544.355,4206025.853,3959896.309],
["17",4201251.793,3401392.14,3215455.694],
["18",2137976.947,2118454.015,2484051.181],
["19",1498460.563,1753987.645,1911221.654],
["20",1391622.851,1455084.691,2013835.543],
["21",1299623.069,1431128.782,1622985.52],
["22",1234589.467,1343933.443,1597251.852],
["23",1073408.838,1386597.902,1412144.315]]
,columns=["小时数","2018年","2019年","2020年"])

# 创建Figue对象（画布+轨迹）
fig=px.bar(df,x='小时数',y=['2018年','2019年','2020年'],title='销售金额小时分布图')
# 显示画布
fig.show()
```

执行结果，如图6-4-3所示。3年的数据堆积到一根柱子上，这不是我们想要的效果。我们可以将柱状图设置为其他显示模式，如分组模式和堆叠模式。

销售金额小时分布图

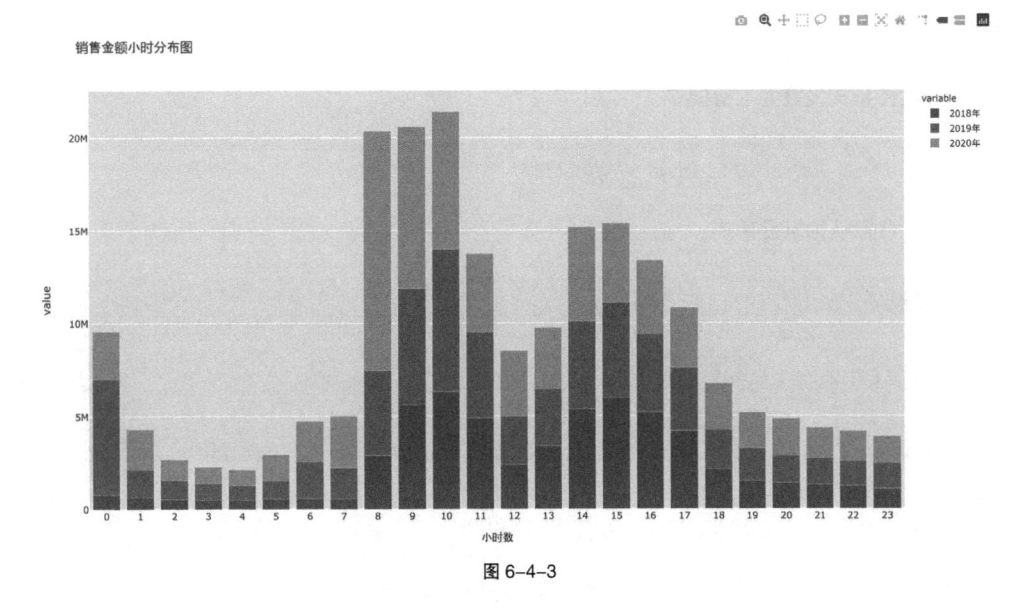

图 6-4-3

分组模式

将柱状图样式设置为分组模式：

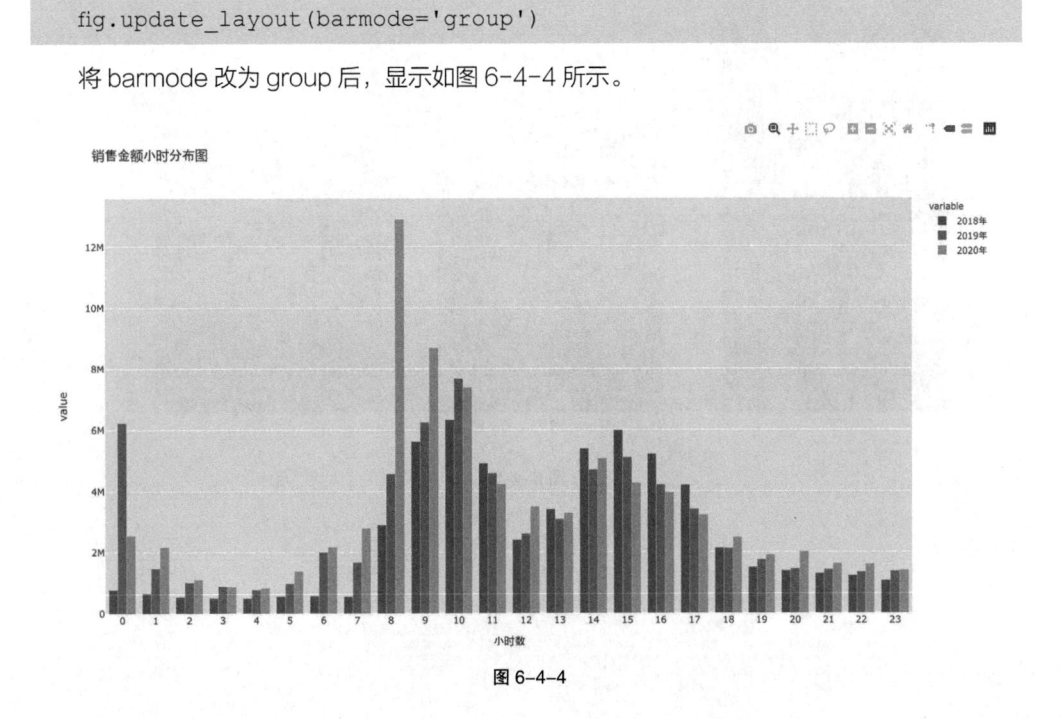

```
fig.update_layout(barmode='group')
```

将 barmode 改为 group 后，显示如图 6-4-4 所示。

销售金额小时分布图

图 6-4-4

堆叠模式

将柱状图样式设置为堆叠模式：

```
fig.update_layout(barmode='stack')
```

px.bar() 默认为堆叠模式：

```
import plotly.express as px

wide_df=px.data.medals_wide()

fig=px.bar(wide_df,x="nation",y=["gold","silver","bronze"],title="Wide-Form Input")
fig.show()
```

执行结果，如图 6-4-5 所示。展示各国奖牌数量对比的数据使用堆叠模式就比较合适。

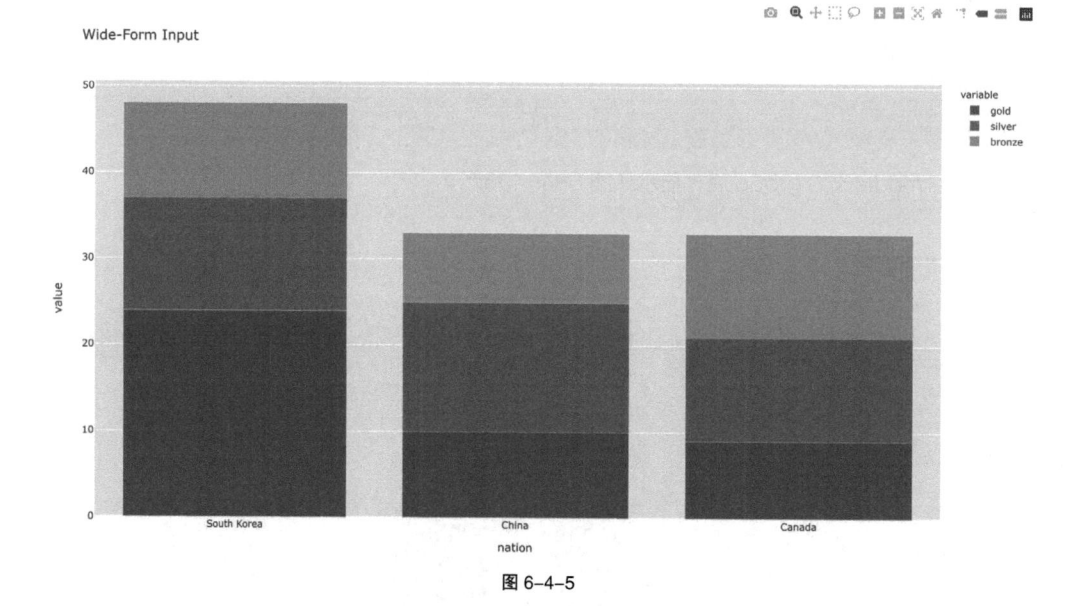

图 6-4-5

更新轨迹

如果要在柱状图上显示值,则可以使用 text、texttemplate、textpostion 进行设置。

- text:文本。

- texttemplate:文本格式。

- textposition:文本位置,参数包括 inside、outside、auto、none。

在 go 中的代码如下:

```
import plotly.graph_objects as go
import pandas as pd
# 数据
df=pd.DataFrame([
["0",785000.3136,6233305.906,2550087.434],
["1",663447.2369,1474453.377,2161913.495],
["2",544830.5425,1017369.783,1106571.396],
["3",509194.6006,886328.0422,873527.5098],
["4",503029.011,780999.9469,835981.5658],
["5",568517.6568,974911.3402,1384659.422],
["6",575106.1942,1995157.798,2162251.593],
["7",566139.5672,1671248.118,2786747.31],
["8",2891405.893,4568150.727,12901974.4],
["9",5623159.234,6250077.456,8695038.749],
["10",6331223.117,7673817.55,7394275.271],
["11",4912722.445,4588916.734,4236846.746],
["12",2397516.769,2610582.933,3499778.456],
["13",3396716.959,3072826.157,3273558.027],
["14",5389401.79,4705490.72,5070085.002],
["15",5994764.104,5106133.511,4266857.715],
["16",5212544.355,4206025.853,3959896.309],
["17",4201251.793,3401392.14,3215455.694],
["18",2137976.947,2118454.015,2484051.181],
["19",1498460.563,1753987.645,1911221.654],
["20",1391622.851,1455084.691,2013835.543],
["21",1299623.069,1431128.782,1622985.52],
```

```
    ["22",1234589.467,1343933.443,1597251.852],
    ["23",1073408.838,1386597.902,1412144.315]]
    ,columns=["小时数","2018年","2019年","2020年"])
    # 轨迹
    bar_2018=go.Bar(x=df['小时数'],y=df['2018年'],name='2018年',
text=df['2018年'])
    bar_2019=go.Bar(x=df['小时数'],y=df['2019年'],name='2019年',
text=df['2019年'])
    bar_2020=go.Bar(x=df['小时数'],y=df['2020年'],name='2020年',
text=df['2020年'])
    # 画布
    fig=go.Figure([bar_2018,bar_2019,bar_2020])
    # 更新轨迹
    fig.update_traces(texttemplate="%{text:.2s}",textposition='outside')
    # 更新样式
    fig.update_layout(title='销售金额小时分布图',xaxis_title='小时数',
yaxis_title='销售金额',yaxis_tickformat='.2r')
    # 显示画布
    fig.show()
```

执行结果，如图 6-4-6 所示。

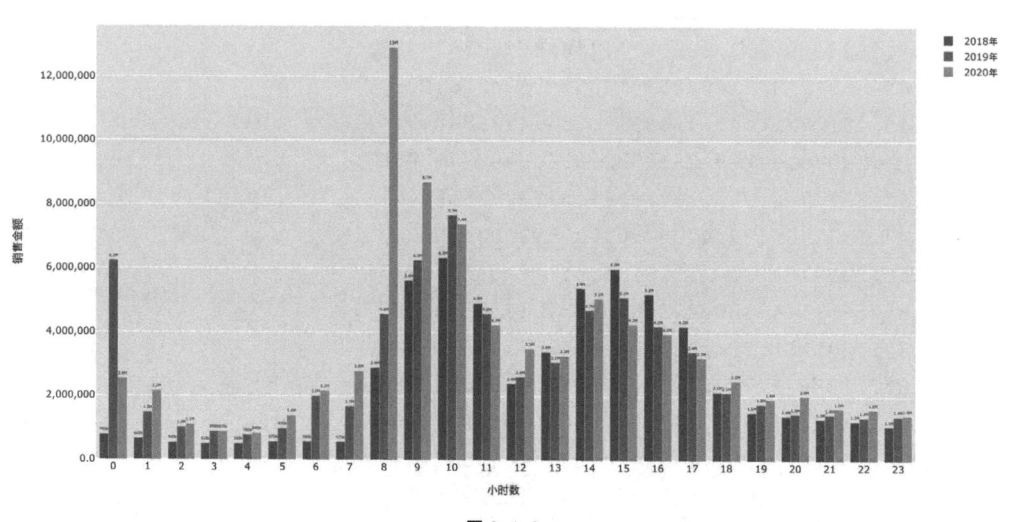

图 6-4-6

在之前的基础上给 3 个 bar 添加了 text 属性。设置文本格式和文本位置时，可以像设置 text 一样在创建 bar 轨迹时进行设置，也可以在创建后通过 update_traces 更新轨迹进行批量修改。

在 px 中写一行代码 fig = px.bar(df,x=' 小时数 ',y=['2018 年 ','2019 年 ','2020 年 '], title=' 销售金额小时分布图 ') 即可完成 3 个 bar 的创建。但由于 px 只能设置一个 text 且不能接收列表，所以还需要使用 fig.update_traces() 对每个 bar 的 text 进行修改。

在 px 中的代码如下：

```
import plotly.express as px
import pandas as pd
# 数据
df=pd.DataFrame([
["0",785000.3136,6233305.906,2550087.434],
["1",663447.2369,1474453.377,2161913.495],
["2",544830.5425,1017369.783,1106571.396],
["3",509194.6006,886328.0422,873527.5098],
["4",503029.011,780999.9469,835981.5658],
["5",568517.6568,974911.3402,1384659.422],
["6",575106.1942,1995157.798,2162251.593],
["7",566139.5672,1671248.118,2786747.31],
["8",2891405.893,4568150.727,12901974.4],
["9",5623159.234,6250077.456,8695038.749],
["10",6331223.117,7673817.55,7394275.271],
["11",4912722.445,4588916.734,4236846.746],
["12",2397516.769,2610582.933,3499778.456],
["13",3396716.959,3072826.157,3273558.027],
["14",5389401.79,4705490.72,5070085.002],
["15",5994764.104,5106133.511,4266857.715],
["16",5212544.355,4206025.853,3959896.309],
["17",4201251.793,3401392.14,3215455.694],
["18",2137976.947,2118454.015,2484051.181],
["19",1498460.563,1753987.645,1911221.654],
["20",1391622.851,1455084.691,2013835.543],
["21",1299623.069,1431128.782,1622985.52],
["22",1234589.467,1343933.443,1597251.852],
```

```
            ["23",1073408.838,1386597.902,1412144.315]]
           ,columns=[" 小时数 ","2018 年 ","2019 年 ","2020 年 "])
# 创建 Figue 对象（画布 + 轨迹）
fig=px.bar(df,x=' 小时数 ',y=['2018 年 ','2019 年 ','2020 年 '],title=' 销售金
额小时分布图 ')
# 更新轨迹
fig.update_traces(text=df['2018 年 '],selector=dict(name='2018 年 '))
fig.update_traces(text=df['2019 年 '],selector=dict(name='2019 年 '))
fig.update_traces(text=df['2020 年 '],selector=dict(name='2020 年 '))
fig.update_traces(texttemplate='%{text:.2s}',textposition='outside')
# 更新样式
fig.update_layout(barmode='group')
# 显示画布
fig.show()
```

这次在使用 update_traces 时，增加了一个 selector 参数，它的作用是限定更新的范围。例如，根据每个 bar 的名称进行限定，从而实现分别更新 3 个不同 bar 的需求。对于图中有多条轨迹的情况，可以用 type、color 等属性进行限定。

自定义更新轨迹

我们使用 3 行代码分别对每个 bar 的轨迹进行了更新。

```
fig.update_traces(text=df['2018 年 '],selector=dict(name='2018 年 '))
fig.update_traces(text=df['2019 年 '],selector=dict(name='2019 年 '))
fig.update_traces(text=df['2020 年 '],selector=dict(name='2020 年 '))
```

如果要画 5 个轨迹、10 个轨迹呢？还是要一个一个写代码吗？答案是不用的，我们可以使用 Figure 对象中的 for_each_trace() 方法。

```
fig.for_each_trace(
    lambda trace:trace.update(text=df[trace.name])
)
```

在 for_each_trace 中设置一个函数名用来处理每一个轨迹。这里我们使用了匿名函数 lambda 将文本值等于轨迹名称对应的数据。如果对匿名函数感到困惑，我们也可以将其修改为

普通函数。

```
def add_text(trace):
    trace.update(text=df[trace.name])

fig.for_each_trace(add_text)
```

通过这个例子我们知道了可以将更新逻辑写在一个函数里，而具体要写什么逻辑，我们可以自己定义。本节主要介绍了柱状图的绘制，以及如何更新轨迹。需要注意的是，这些方法也适用于其他图形，一些通用的用法穿插在各个图形的介绍中的。这样做的目的就是让大家能根据具体的案例慢慢学会这些用法。

6.5 饼图

以下为饼图函数。

- 在 go 中的写法：go.pie(labels=,values=)

- 在 px 中的写法：px.pie(df,names=,values=)

基本用法

饼图能够直观地查看数据结构占比，在数据分析中经常被用到。

在 go 中的代码如下：

```
import plotly.graph_objects as go

# 数据
labels=['Oxygen','Hydrogen','Carbon_Dioxide','Nitrogen']
values=[4500,2500,1053,500]
# 轨迹
pie=go.Pie(labels=labels,values=values)
# 画布
```

```
fig=go.Figure(pie)
# 更新轨迹 文本显示百分比和 label 名称，文本位置为内部
fig.update_traces(textinfo='percent+label',textposition='inside')
# 更新样式
fig.update_layout(title=' 结构图 ')
# 显示画布
fig.show()
```

执行结果，如图 6-5-1 所示。

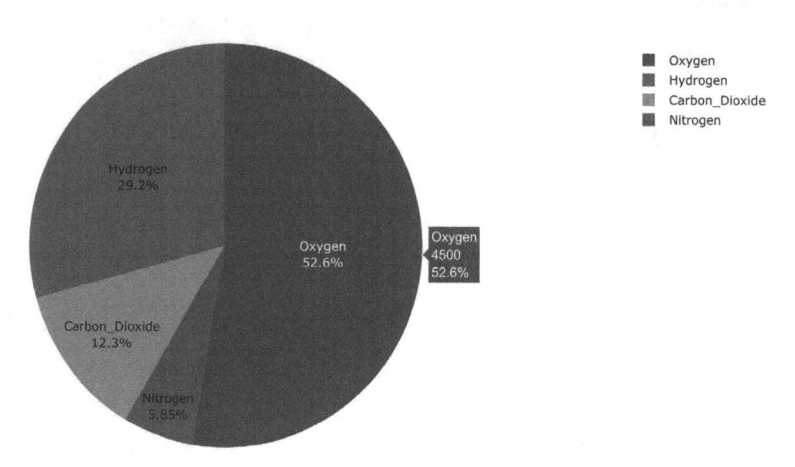

图 6-5-1

在 px 中的代码如下：

```
import plotly.express as px
# 数据
labels=['Oxygen','Hydrogen','Carbon_Dioxide','Nitrogen']
values=[4500,2500,1053,500]
# 创建 Figure 对象，画布和轨迹
fig=px.pie(names=labels,values=values,title=' 结构图 ')
# 更新轨迹，文本显示百分比和 label 名称，文本位置为内部
fig.update_traces(textinfo='percent+label',textposition='inside')
# 显示画布
fig.show()
```

执行结果与图 6-5-1 一致。

甜甜圈

设置甜甜圈中间的空心区域：

```
fig.update_traces(hole=0.3)
```

执行结果，如图 6-5-2 所示。

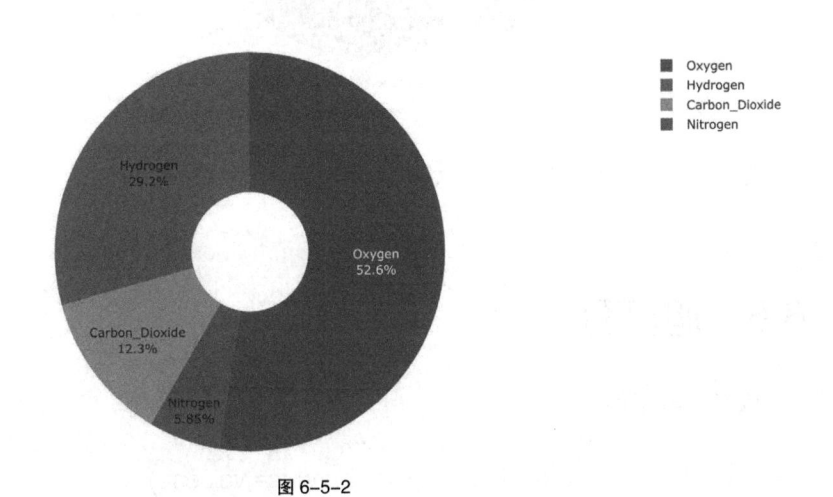

图 6-5-2

通过参数 hole 控制甜甜圈中间的空心区域大小，数值以百分比显示。

突出显示

将饼图中的某一块突出显示：

```
fig.update_traces(pull=[0,0,0.2,0])
```

执行结果，如图 6-5-3 所示。

结构图

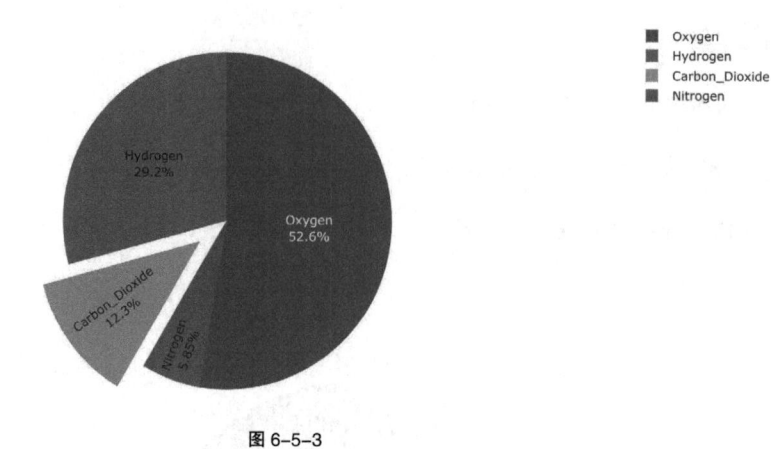

图 6-5-3

通过参数 pull 控制突出位置的大小，数值以百分比显示。

6.6 旭日图

以下为旭日图函数。

- 在 go 中的写法：go.sunburst(labels=,parents=,values=)

- 在 px 中的写法：px.Sunburst(path=[],values=)

旭日图与饼图类似均可以展示结构占比，区别是饼图展示的是单一层级关系，而旭日图展示的是多层级关系。

基本用法

有了生产成本结构数据，就可以利用该数据展示成本结构了，如图 6-6-1 所示。

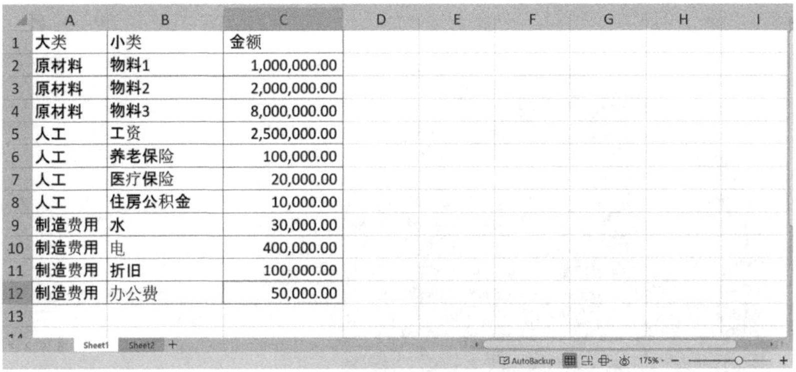

	A	B	C
1	大类	小类	金额
2	原材料	物料1	1,000,000.00
3	原材料	物料2	2,000,000.00
4	原材料	物料3	8,000,000.00
5	人工	工资	2,500,000.00
6	人工	养老保险	100,000.00
7	人工	医疗保险	20,000.00
8	人工	住房公积金	10,000.00
9	制造费用	水	30,000.00
10	制造费用	电	400,000.00
11	制造费用	折旧	100,000.00
12	制造费用	办公费	50,000.00

图 6-6-1

本节使用 6.1 节介绍的利用 pandas 读取剪贴板的方法获取数据。打开本书配套资源中的“数据 .xlxs”，复制图 6-6-1 中的表格到剪贴板后运行以下代码：

```
import plotly.express as px
import pandas as pd
# 数据
df=pd.read_clipboard(delimiter='\s+',thousands=',')
# 创建 Figure 对象 画布和轨迹
fig=px.sunburst(df,path=df.columns[:-1],values=df.columns[-1])
# 显示画布
fig.show()
```

执行结果，如图 6-6-2 所示。

df.columns 为列名 [' 大类 ',' 小类 ', 金额]。因此，我们创建的 Figure 对象实例为 fig = px.sunburst(df,path=[' 大类 ',' 小类 '],values=' 金额 ')。

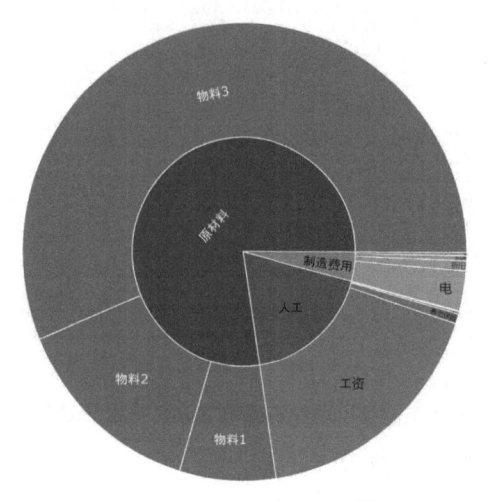

图 6-6-2

在 go 中的代码比在 px 中的代码复杂得多：

```
import plotly.graph_objects as go
# 数据
labels=['人工','制造费用','原材料','住房公积金','养老保险','医疗保险',
        '工资','办公费','折旧','水','电','物料1','物料2','物料3']
parents=['','','','人工','人工','人工','人工','制造费用','制造费用',
         '制造费用','制造费用','原材料','原材料','原材料']
values=[2630000.0,580000.0,11000000.0,10000.0,100000.0,20000.0,2500000.0,
        50000.0,100000.0,30000.0,400000.0,1000000.0,2000000.0,8000000.0]

# 轨迹
sunburst=go.Sunburst(labels=labels,parents=parents,values=values)
# 画布
fig=go.Figure(sunburst)
# 更新轨迹  文本为 value+label
fig.update_traces(textinfo='value+label')
# 显示画布
fig.show()
```

执行结果，如图 6-6-3 所示。

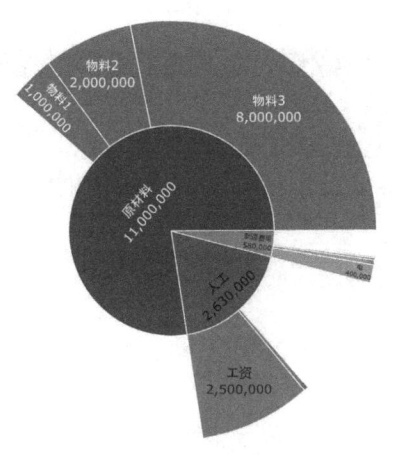

图 6-6-3

可以看到 labels 和 parents 还不是 Excel 表格中大类与小类的对应关系，在此基础上还需要添加大类中的"人工""制造费用""原材料"所属的父级。

我们还可以观察到图 6-6-3 并没有像图 6-6-2 那样填充满，如果需要填充满，需要添加一行代码：

```
fig.update_traces(branchvalues='total')
```

纯关系图

前面的关系图中都包含了数值，数值的大小决定了图占比的大小。如果不使用 values 参数，那么绘制的图形的每一层级的大小是平均的。下面以 3 层的组织架构为例，我们使用 px 绘制出旭日图，如图 6-6-4 所示。

复制图 6-6-4 中的表格到剪贴板后，运行以下代码：

```
import plotly.express as px
import pandas as pd
# 数据
```

```
df=pd.read_clipboard(delimiter='\s+',thousands=',')
# 轨迹 + 画布
fig=px.sunburst(df,path=df.columns)
# 显示画布
fig.show()
```

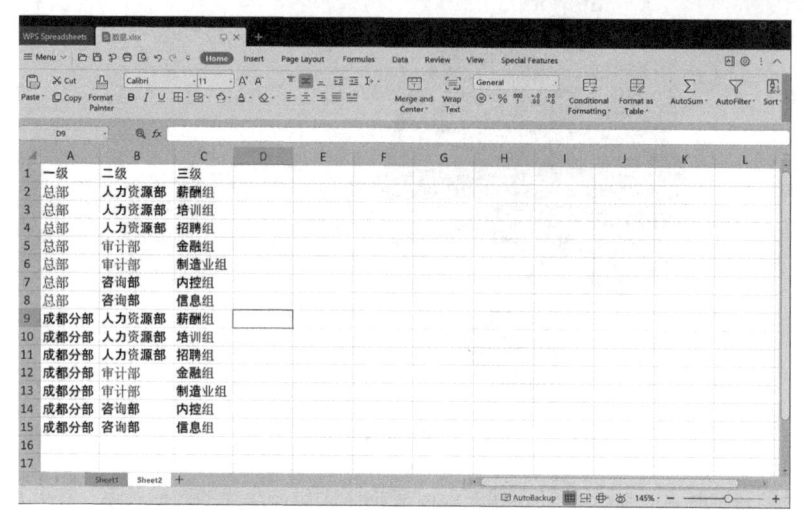

图 6-6-4

执行结果,如图 6-6-5 所示。

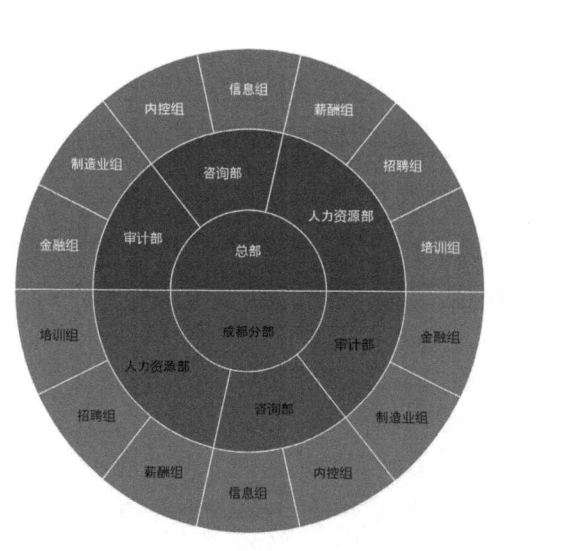

图 6-6-5

对于多层级结构关系图，使用 px 可以轻松绘制，并且在浏览器上双击某一个层级，就可以查看相关层级的结构。

6.7 桑基图

桑基图是一种特定类型的流程图，图中延伸的分支的宽度对应数据流量的大小，通常应用于能源、材料成分、金融等数据的可视化分析。我们先来看一个官方文档中的例子。

运行以下代码：

```
import plotly.graph_objects as go

# 轨迹
sankey=go.Sankey(
    node=dict(
        pad=15,
        thickness=20,
        line=dict(color="black",width=0.5),
        label=["A1","A2","B1","B2","C1","C2"],
        color="blue"
    ),
    link=dict(
        source=[0,1,0,2,3,3],# 对应 label 的索引值
        target=[2,3,3,4,4,5],
        value=[8,4,2,8,4,2]
    ))
# 画布
fig=go.Figure(sankey)
# 更新样式
fig.update_layout(title_text="Basic Sankey Diagram",font_size=10)
# 显示画布
fig.show()
```

执行结果，如图 6-7-1 所示。

Basic Sankey Diagram

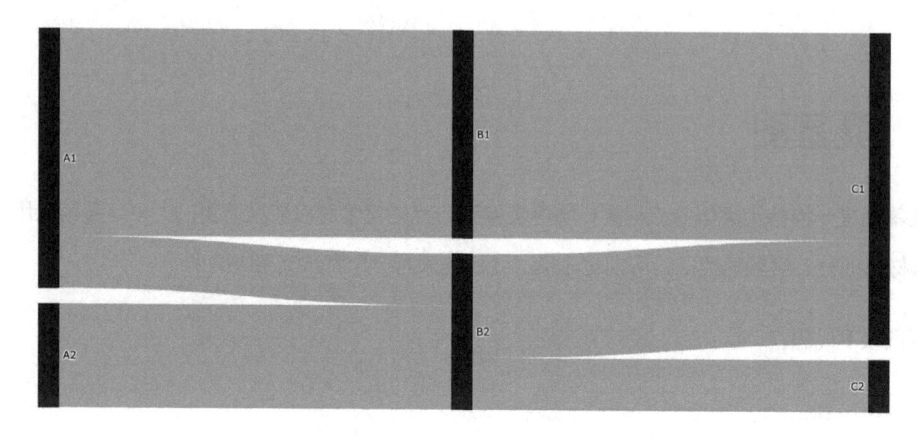

图 6-7-1

根据图 6-7-1 可以得到数据，如表 6-7-1 所示。

表 6-7-1

一级	二级	三级	值
A1	B1	C1	8
A1	B2	C1	2
A2	B2	C1	2
A2	B2	C2	2

桑基图是由 node 和 link 组成的，而 node 节点的关键参数 label 就是所有层级节点的名称如 A1、A2、B1、B2……而 link 的关键参数包括 source、target、value。

我们根据表 6-7-1 还原一下 label、source、target、value 的计算逻辑。首先，label 指将所有非数值的列的值去重得到节点：A1、A2、B1、B2、C1、C2。然后将表中相邻两列数据进行组合并求值。例如，将前两列数据透视得到：

label	B1	B2
A1	8	2
A2	0	4

也就是 A1-B1=8，A2-B2=4，A1-B2=4，分别取节点的索引如 A1 为 0，A2 为 1，B1 为 2，依次类推，可以得到：

```
source = [0,1,0]
target = [2,3,3]
value  = [8,4,2]
```

使用相同方法，将第二列数据与第三列数据进行组合，最终得到 source、target、value 列表。如果要画一个桑基图，那么将会面临非常复杂的数据处理工作。但只要有计算逻辑，我们就可以编写出通用的函数完成处理任务。

下面以成本结构数据为例，根据表 6-7-2 中的生产成本数据绘制出图 6-7-2。

表 6-7-2

大类	小类	金额
原材料	物料 1	1,000,000.00
原材料	物料 2	2,000,000.00
原材料	物料 3	8,000,000.00
人工	工资	2,500,000.00
人工	养老保险	100,000.00
人工	医疗保险	20,000.00
人工	住房公积金	10,000.00
制造费用	水	30,000.00
制造费用	电	400,000.00
制造费用	折旧	100,000.00
制造费用	办公费	50,000.00

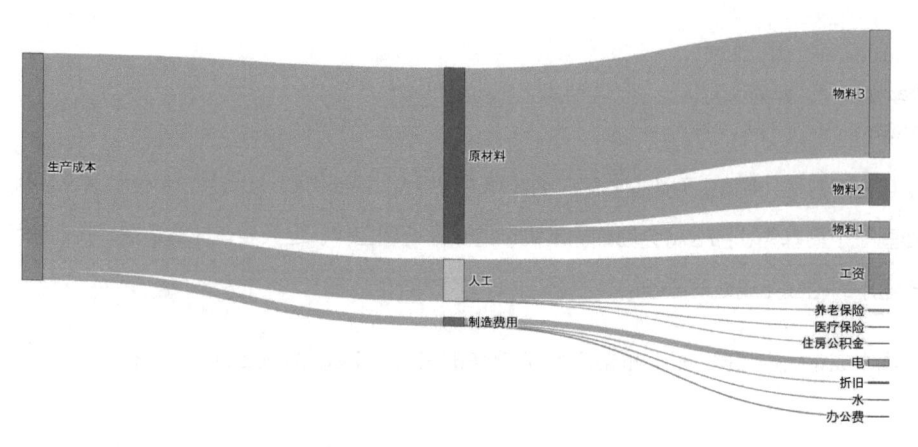

图 6-7-2

复制本书配套资源中的 Excel 表（即表 6-7-2）后，运行以下代码即可生成图 6-7-2。需要注意的是，df2data() 是可以应用到所有二维表的，但要保证表的最后一列为数值。

```
import plotly.graph_objects as go
import pandas as pd


def get_label(df):
    """
    根据两列节点及最后的数值列进行计算
    df: 列数为 3 的 DataFrame 表
    value: 最后一列
    return:labels,parents,values
    """
    # 前两列的名称列表
    groupby_name=list(df.columns[:2])
    # 将前两列组合并求和
    df=df.groupby(groupby_name,as_index=False).sum()
    # 第二列为节点列表
    labels=list(df.iloc[:,1])
    # 第一列为父节点列表
```

```python
    parents=list(df.iloc[:,0])
    # 最后一列为数值列表
    values=list(df.iloc[:,-1])
    return labels,parents,values

def df2sunburst(df,top="",value=False):
    """ 将 DataFrame 转换为旭日图所需数据
    df:DataFrame 二维表
    top:是否添加顶级节点名称,默认为空
    value:最后一列是否为数值,默认为 False
    return:labels,parents,values
    """
    # 如果 df 为空
    if df.empty:
        return [],[],[],[]
    # 将空值用 "" 填充
    df=df.fillna("")
    # 节点列表
    labels=[]
    # 父节点列表
    parents=[]
    # 值
    values=[]
    # 计数器
    num=0
    if top:
        # df 在第一列插入值为 top 的列
        df.insert(0,'top',top)
    # else:
        # df.insert(0,'top','')
    # 若最后一列为数值
    if value:
        # 设置最后一列的列名为 'value'
        df.columns=list(df.columns[:-1])+ ['value']
    else:
        # 否则添加最后一列,列名为 value,值为 0
        df['value']=0
```

```python
        # 原始数据中非数值列的列数
        num=len(df.columns)-2
        for i in range(num):
            # 循环获取相邻两列数据,最后的数值列为 sub_df
            sub_df=df.iloc[:,[i,i+1,-1]]
            # 根据这两列计算出节点列表、父节点列表,以及对应值
            tmp_labels,tmp_parents,tmp_values=get_label(sub_df)
            labels += tmp_labels
            parents += tmp_parents
            values += tmp_values
        return labels,parents,values

    def df2data(df,top="",value=False):
        """将 DataFrame 转换为桑基图所需数据
        df:DataFrame 二维表
        top:是否添加顶级节点名称,默认为空
        value:最后一列是否为数值,默认为 False
        return:labels,sources,targets,values
        """
        # 利用 df2sunbusrt 计算出 targets 名称,sources 名称, valuestargets,sources,values=df2sunburst(df,top,value)
        # 将 targets 和 sources 名称合并并去重
        labels=list(set(targets + sources))
        # 创建节点名称与索引值的对应关系字典
        label2index={value:index for index,value in enumerate(labels)}
        # 计算出 targets 索引
        targets=[label2index[target] for target in targets]
        # 计算出 sources 索引
        sources=[label2index[source] for source in sources]
        # 返回各项值
        return labels,sources,targets,values

    if __name__ == "__main__":
        df=pd.read_clipboard(delimiter='\s+',thousands=',')
        label,source,target,value=df2data(df,top="生产成本",value=True)
        sankey= go.Sankey(
            node =dict(
```

```
            label=label
        ),
        link=dict(
            source=source,
            target=target,
            value= value,
        )
)
fig=go.Figure(sankey)
fig.show()
```

我们构造了 df2data() 函数，将"DataFrame"直接转换为桑基图需要的数据。再用 df2data() 调用 df2sunburst() 函数，将"DataFrame"转换为旭日图所需的数据。

作业：

将 df2data() 函数保存为代码片段，利用其他数据尝试编写代码生成桑基图。

6.8 直方图

以下为直方图函数：

- 在 go 中的写法：go.Histogram(x=,histnorm=)

- 在 px 中的写法：px.histogram(x=,histnorm=)

直方图可以展示出数据的概率分布。我们经常使用它来观察数据是集中的还是分散的，以及与正态分布曲线作比较，查看是否有异常偏离的情况。

基本用法

在 go 中的代码如下：

```
import plotly.graph_objects as go
```

```
import numpy as np

# 数据
x=np.random.randn(50000)
# 轨迹
histogram=go.Histogram(x=x,histnorm='probability')
# 画布
fig=go.Figure(histogram)
# 显示画布
fig.show()
```

执行结果，如图 6-8-1 所示。

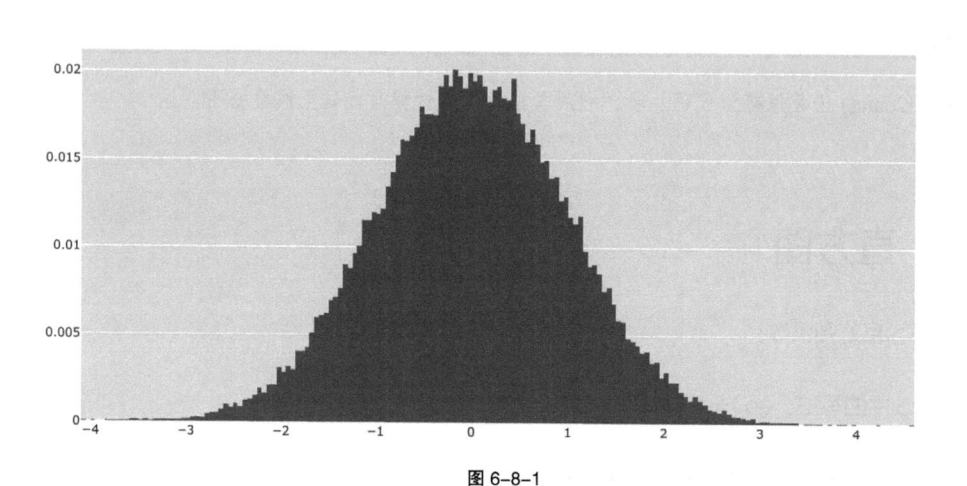

图 6-8-1

numpy 是科学计算包，x=np.random.randn(50000) 的含义为生成 50000 个随机数。

上面代码中的 histnorm 可以设置的值有以下几种。

- " "：频数（空文本代表绘制的是频数）。

- "percent"：百分比。

- "probability"：概率。

- "density"：密度。

- "probability density"：概率密度。

其中默认为频数，"percent"与"probability"均表示概率。

正态分布

若随机变量 x 服从一个位置参数为 μ、尺度参数为 σ 的概率分布，并且其概率密度函数为

$$f(x) = \frac{1}{\sqrt{2\pi}\sigma} \exp\left(-\frac{(x-\mu)^2}{2\sigma^2}\right)$$

则这个随机变量就被称为"正态随机变量"。正态随机变量服从的分布就称为"正态分布"。其中 normdis() 函数可根据公式计算出概率密度值，并且将分析的数据与正态分布曲线放在一起进行比较分析。具体代码如下：

```python
import plotly.graph_objects as go
import numpy as np

def normdis(x,mu,sigma):
    """ 正态分布概率密度函数
    x: 区间
    mu: 平均值
    sigma: 标准差
    return: 概率密度
    """
    p=np.exp(-((x - mu)**2)/ (2* sigma**2))/ (sigma * np.sqrt(2*np.pi))
    return p


if __name__ == "__main__":
    # 读取数据
    data=np.random.randn(50000)
    mean=np.mean(data)# 平均值
    std=np.std(data)# 标准差
    max=np.max(data)# 最大值
```

```
        min=np.min(data)# 最小值
        x= np.arange(min,max,0.01)# 构造区间
        y=normdis(x,mean,std)# 计算正态分布概率密度
        # 轨迹
        histogram=go.Histogram(x=data,histnorm='probability density',
name='概率密度')
        line=go.Scatter(x=x,y=y,mode="lines",name='正态分布概率密度')
        # 画布
        fig=go.Figure([histogram,line])
        # 显示画布
        fig.show()
```

执行结果，如图 6-8-2 所示。

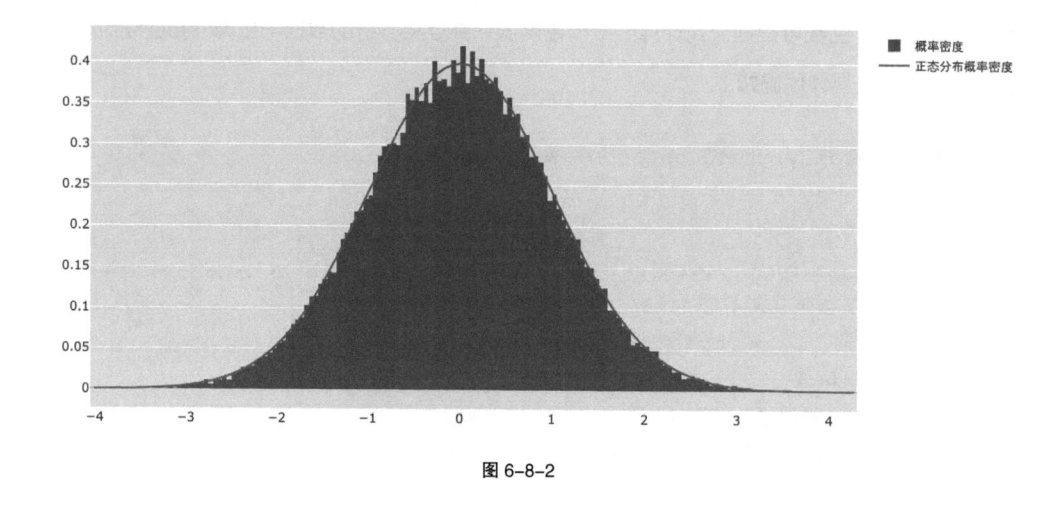

图 6-8-2

对比分析

在 IT 审计中，除了将概率密度直方图与正态分布进行对比分析，还需要对两年的数据进行对比分析。此时需要将两年的数据绘制在一张图上。具体代码如下：

```
    if __name__ == "__main__":
        # 读取数据
        data=np.random.randn(50000)
        data_contract=np.random.randn(50000)
```

```
mean=np.mean(data)# 平均值
std=np.std(data)# 标准差
max=np.max(data)# 最大值
min=np.min(data)# 最小值
x= np.arange(min,max,0.01)# 构造区间
y=normdis(x,mean,std)# 计算正态分布概率密度
# 轨迹
histogram=go.Histogram(x=data,histnorm='probability density',
name='概率密度',marker_color='#EB89B5')
histogram_contract=go.Histogram(x=data_contract,histnorm=
'probability density',name='概率密度对比',marker_color='#330C73')
line=go.Scatter(x=x,y=y,mode="lines",name='正态分布概率密度')
# 画布
fig=go.Figure([histogram,histogram_contract,line])
# 更新样式
fig.update_layout(bargap=0.2,bargroupgap=0.1)
# 显示画布
fig.show()
```

执行结果，如图 6-8-3 所示。

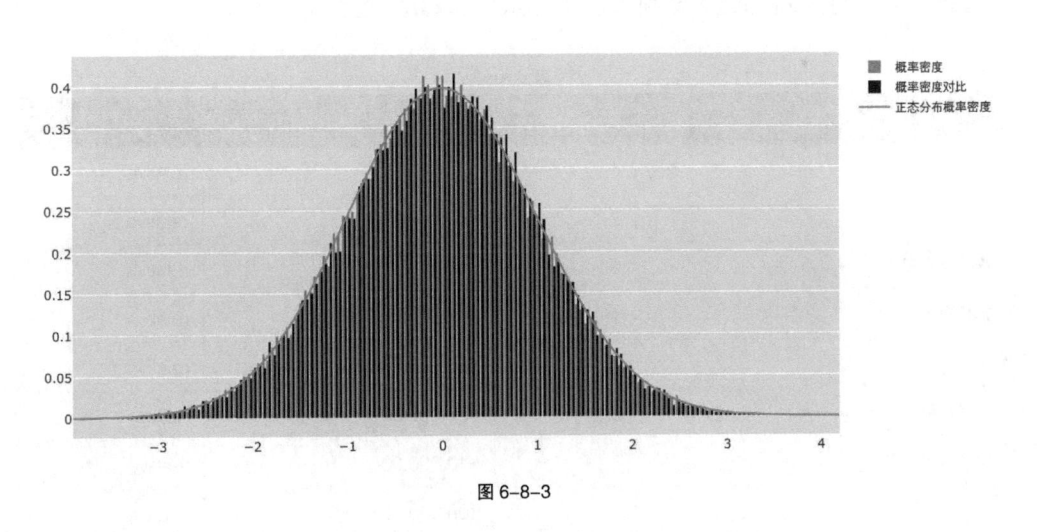

图 6-8-3

假设 data 和 data_contract 分别为两年的数据，这里为其分别绘制 histogram 和

histogram_contract。更新样式：

- 参数 bargap 为设置相邻条形图间的间隙。

- 参数 bargroupgap 为设置相同坐标条形图间的间隙。

如果不设置 bargroupgap 样式，那么两年的数据将重合在一起，不容易观察。通过增加间隙能够让图形更加美观。

6.9 瀑布图

以下为瀑布图函数。

- 在 go 中的写法：go.Waterfall(orientation=,measure=,x=,y=)

瀑布图是由麦肯锡顾问公司独创的图表类型，因为形似瀑布流水所以称之为"瀑布图"。此种图表采用绝对值与相对值结合的方式，适用于表达数个特定数值之间的数量变化关系。瀑布图可以比较直观地反应出贡献（正向、负向）。在本节中我们将用它绘制一张利润表。

表 6-9-1 为一张利润表，其中的数据仅为示意，非真实数据。

表 6-9-1

项目	序号	金额	样式
营业收入	1	1,000,000.00	relative
营业成本	2	-500,000.00	relative
税金及附加	3	-100,000.00	relative
销售费用	4	-100,000.00	relative
管理费用	5	-100,000.00	relative
财务费用	6	-50,000.00	relative
资产减值损失	7	-10,000.00	relative
公允价值变动收益	8	100,000.00	relative
投资收益	9	30,000.00	relative

续表

项目	序号	金额	样式
其他收益	10	20,000.00	relative
营业利润	11	290,000.00	total
营业外收入	12	100,000.00	relative
营业外支出	13	-60,000.00	relative
利润总额	14	330,000.00	total
所得税（30%）	15	-99,000.00	relative
净利润	16	231,000.00	total

在本书配套资源中下载本示例文件。首先利用 pandas 读取粘贴板的数据，复制表格后，运行以下代码。

```
import plotly.graph_objects as go
import pandas as pd

# 数据
df=pd.read_clipboard(delimiter='\s+',thousands=',')
# 轨迹
waterfall=go.Waterfall(orientation="h",measure=df['样式'],y=df['项目'],x=df['金额'])
# 画布
fig=go.Figure(waterfall)
# 更新样式
fig.update_layout(title='2020年利润表',xaxis_tickformat=',.2r')
# 显示画布
fig.show()
```

- orientation 为瀑布方向，h 为水平方向，v 为垂直方向。

- measure 可以设置为 relative、total、absolute，默认为 relative。

使用 tickformat=',.2r' 将 x 轴的数值变更为千分位格式。

执行结果，如图 6-9-1 所示。

图 6-9-1

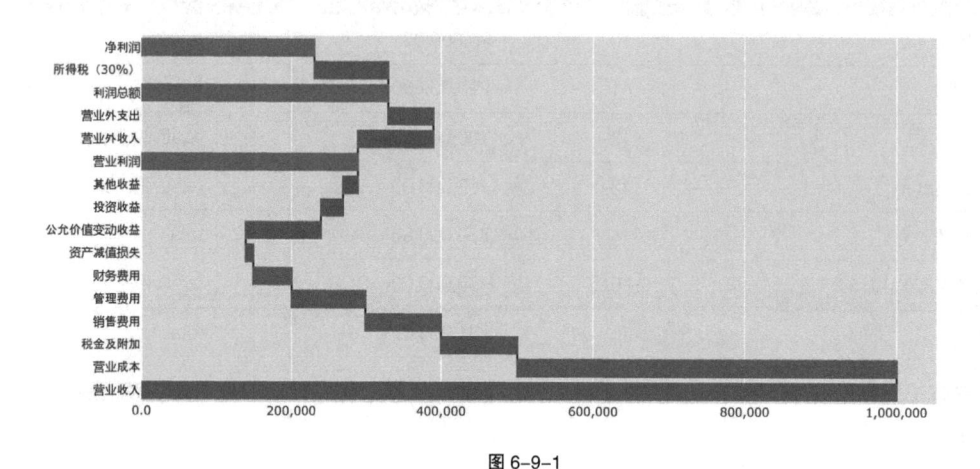

可以看出瀑布图是比较简单的，只要在 Excel 中填列好数据，利用 pandas 读取粘贴板，即可快速生成。

作业：

添加一列 2021 年利润表数据，在一张图上展示 2020 年、2021 年利润表的瀑布图。

6.10　蜡烛图

以下为蜡烛图函数。

- 在 go 中的写法：go.Candlestick(x=,open=,high=,low=,close=)

蜡烛图就是炒股常见的 K 线图，可以展示出股票交易的开盘价、收盘价、高点、低点。我们以贵州茅台 2020 年日线数据为例进行说明。笔者已将数据保存为 CSV 文件，大家可以从本书配套资源中找到。

使用 pd.read_csv() 读取数据后，再使用 pd.to_datetime() 将 Tushare 中交易日期格式

20200101 转换为标准日期格式。在国内红色代表涨、绿色代表跌，我们可以使用 increasing_line_color 和 decreasing_line_color 分别自定义涨、跌颜色。同时使用 update_layout() 更新样式，将 x 轴的日期格式设置为 2020-01，替代默认的英文日期格式。dtick 代表的是坐标间隔，由于横坐标是日期，因此设置 M1 代表间隔为 1 个月，同理 Y1 代表间隔为 1 年，D1 代表间隔为 1 天，默认的间隔是 2 个月即 M2。如果坐标是数字格式的，那么可以设置 dtick 为数字。在 6.3 节，我们对部分坐标样式的设置进行了介绍，大家可以再次温习一下。

```python
import plotly.graph_objects as go
import pandas as pd
# 数据
df=pd.read_csv('茅台.csv')
# 将交易日期'20200101'格式转化为标准日期
df['trade_date']=pd.to_datetime(df['trade_date'],format="%Y%m%d")
# 轨迹
candle=go.Candlestick(x=df['trade_date'],open=df['open'],high=df['high'],
                      low=df['low'],close=df['close'],
                      increasing_line_color= 'red',decreasing_line_color= 'green')
# 画布
fig=go.Figure(candle)
# 更新样式
fig.update_layout(title='贵州茅台2020年日线图',xaxis_tickformat="%Y-%m", xaxis_dtick="M1")
# 显示画布
fig.show()
```

执行结果，如图 6-10-1 所示。

贵州茅台2020年日线图

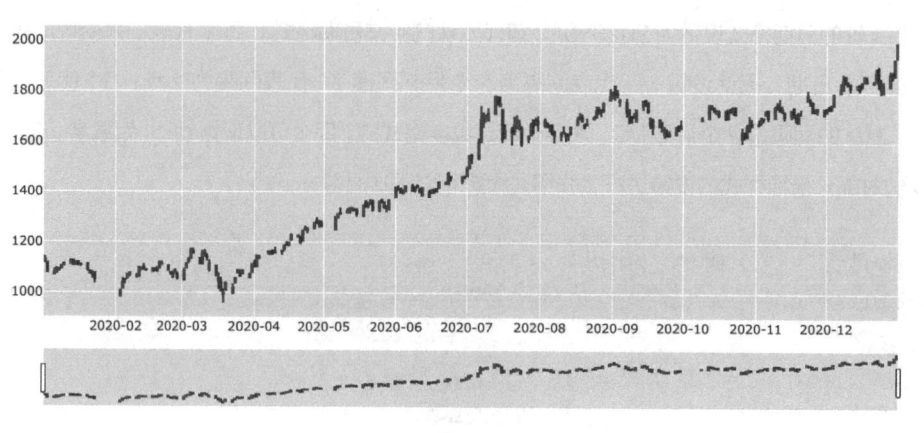

图 6-10-1

在本书中笔者结合 IT 审计工作中数据分析的经验，将常用到的 SQL 和 Python 的知识进行了介绍。但限于笔者的水平有限，不能将所有知识讲解得面面俱到。希望读者可以结合自己的工作实际，利用丰富的网络资源和官方文档继续学习下去，以便更高效地解决工作中的实际问题。

反侵权盗版声明

电子工业出版社依法对本作品享有专有出版权。任何未经权利人书面许可，复制、销售或通过信息网络传播本作品的行为；歪曲、篡改、剽窃本作品的行为，均违反《中华人民共和国著作权法》，其行为人应承担相应的民事责任和行政责任，构成犯罪的，将被依法追究刑事责任。

为了维护市场秩序，保护权利人的合法权益，我社将依法查处和打击侵权盗版的单位和个人。欢迎社会各界人士积极举报侵权盗版行为，本社将奖励举报有功人员，并保证举报人的信息不被泄露。

举报电话：（010）88254396；（010）88258888

传　　真：（010）88254397

E-mail：dbqq@phei.com.cn

通信地址：北京市万寿路173信箱
　　　　　电子工业出版社总编办公室

邮　　编：100036